INHALT

Dieses Buch ist Tom Downes, Lorenza Menegoni, Phyllis Curott, Rodger Parson sowie der Trommel gewidmet, um die wir uns damals in Brooklyn immer versammelten.

Viele Menschen haben dazu beigetragen, daß dieses Buch entstehen konnte. Ich möchte Susan Lee Cohen, meiner Agentin, dafür danken, daß Sie Vertrauen in den Erfolg dieses Projektes hatte; außerdem gilt mein Dank Joy Oliveira Steltzner, Maura Shaw, Sarah Wiehe und Cait Johnson für das Lesen des Manuskripts und für ihre ermutigenden wichtigen Vorschläge; Brooke Isberg dafür, daß sie mich dazu brachte, sie über die Fortschritte des Buches auf dem laufenden zu halten; Linda Gunnarson, meiner Lektorin, dafür, daß sie das Projekt mit großem Enthusiasmus übernommen hat; Kathy Glass für die gute Manuskriptbearbeitung; Jack Maguire für seine tägliche Hilfe sowie für seine eigene inspirierende spirituelle Lebensweise und – last but not least – Peg Elliot Mayo, der es mit einem Knopfdruck Licht werden ließ....

VORWORT

Eine Bekannte von mir, die eine Autorität auf dem Gebiet der Geheimlehren ist, stellte mir einmal folgende Frage: »Warum sollte ein normaler Mensch ein Interesse daran haben, Schamanismus bei einem Wochenend-Workshop zu erlernen?« Sie dachte dabei an die klassische schamanische Initiation bei Stammesvölkern, die – wie sie es formulierte – folgendermaßen abläuft: »Während du ruhig in deiner Jurte sitzt und an nichts Böses denkst, schießt plötzlich ein scheußliches Ungeheuer mit vier Köpfen durch die Tür, packt dich am Hals, zieht dich durch den Rauchabzug in irgendeine öde Welt, wo es dich weiter traktiert, dich zerreißt und in einen übelriechenden Schleim tunkt, dich wieder zusammenschustert und wieder durch den Rauchabzug fallen läßt. Dann sagt das Ungeheuer: ›So! Jetzt bist du ein Schamane!‹«

Ich mußte meiner Bekannten recht geben. Wenn das die schamanische Initiation ist, wem könnte daran wohl gelegen sein? Diese Beschreibung klingt nach allem anderen als nach einer angenehmen Möglichkeit, das Wochenende zu verbringen, vor allem dann, wenn man auch noch Geld dafür bezahlen soll. Zum Glück ist diese klassische Beschreibung der Initiation eines Schamanen, die bei vielen indigenen Kulturen in ähnlicher Form bekannt ist, nicht die einzige Möglichkeit. Einen anderen Verlauf nahm die Initiation bei Aua, einem Iglulik-Eskimo-Schamanen.

Als Aua geboren wurde, schien er leblos zu sein, und die Nabelschnur hatte sich um seinen Hals gewickelt, aber Ardjuaq, eine Schamanin aus einem Nachbardorf, sagte voraus, daß das Neugeborene, das neben seiner Mutter lag, ein großer Schamane werden würde. »Er ist geboren, um zu sterben, aber er soll leben«, prophezeite sie. Während seines ganzen Lebens befolgte seine Familie streng die entsprechenden Rituale und berücksichtigte die jeweiligen Tabus, damit er bei Gesundheit blieb und darauf vorbereitet wurde, ein Schamane zu werden. Aua wurde erwachsen, heiratete, hatte vier Kinder und führte das Leben eines normalen Mannes in seiner Stammesgemeinschaft, er jagte und fischte, hielt sich jedoch stets an die alten Rituale und Lebensweisen, die einem zukünftigen Schamanen geziemen. Aber die Berufung zum Schamanen stellte sich nicht ein.

Aua besuchte ältere Schamanen, machte ihnen Geschenke und bat sie, ihn zu unterrichten, doch es war vergebens. Sie gaben seine Geschenke weg und überließen Aua sich selbst. Er erklärte: »Trotzdem trachtete ich noch danach, mit Hilfe anderer zum Schamanen zu werden, aber damit hatte ich kein Glück.« Frustriert begab Aua sich schließlich in die Stille und Einsamkeit der Wildnis, wurde schwermütig, weinte viel und versuchte zu verstehen, warum er ständig unglücklich war.

Aber eines Tages veränderte sich etwas. Aua erzählt: »...ich fühlte eine große, unerklärliche Freude, eine so gewaltige Freude, daß ich sie nicht zurückhalten konnte, sondern heraussingen mußte, einen mächtigen Gesang, in dem nur Platz für ein Wort war: Freude, Freude!« Dies war der Wendepunkt in Auas spiritueller Entwicklung. »Mitten in einem solchen Anfall von geheimnisvoller und übermächtiger Verzückung wurde ich ein Schamane und wußte selbst nicht, wie mir geschah. Aber ich war ein Schamane. In gänzlich anderer Weise konnte ich sehen und hören. Ich hatte mein *Qaumaneq* erlangt, meine Erleuchtung, das Schamanenlicht an Verstand und Leib, und das in einer solchen Weise, daß nicht nur ich es war, der durch das Dunkel des Lebens schauen konnte, sondern dasselbe Licht strahlte auch von mir aus, unsichtbar für die Menschen, aber sichtbar den Geistern der Erde und des Himmels und der See, und diese kamen nun zu mir und wurden meine Hilfsgeister.« Er sagt: »Eine solche mächtige Seherkraft erfüllte mich, daß ich direkt durch das Haus und die Erde sehen konnte und in den Himmel hinein.« Bei diesen Visionen halfen Aua seine zwei wichtigsten Geister. Der eine war ein »Küstengeist«, den er als kleine Frau wahrnahm, die »munter und aufgeweckt« war und »einem süßen lebendigen Püppchen ... nicht größer als ein menschlicher Arm« glich. Der andere Geist war ein Hai, ein Geschöpf, das in den Gewässern bei Auas Heimat selten war. »Diese beiden, der Küstengeist und der Hai, waren meine Haupthelfer, und sie konnten mir immer zur Seite stehen, wenn ich es wollte.« Und um die beiden Geister zu rufen, sang er ein Lied, das aus nur wenigen Worten bestand: »Freude, Freude, Freude, Freude!«[1]

Die Suche nach einem spirituellen Weg kann verwirrend sein, da wir letztendlich nach einem Weg für die Seele suchen, und die wahre Reise der Seele durch das Leben liegt häufig in der Schattenlandschaft direkt unter unserem Wachbewußtsein verborgen. Als moderne westliche Menschen haben wir ohnehin oft nur eine schwache Verbindung zu unserer Seele, da ein großer Teil unserer Kultur und unserer Lebensweise entweder die tiefsten Sehnsüchte der Seele ignoriert oder nicht die Voraussetzungen dafür bietet, daß wir eine enge Beziehung zu unserer Seele pflegen können. Wir erleben zwar kurze Einblicke, leise Ahnungen und feine Andeutungen darüber, was unsere Seele wirklich braucht, wir sind jedoch häufig völlig ratlos, wenn es darum geht, die richtige Richtung zu finden, die unsere Seele bei ihrer Entwicklungsreise einschlagen muß.

Viele von uns verbringen Jahre damit, durch die Dunkelheit zu stolpern, während sie das Licht und die Freude des Lebens suchen. Wir tappen umher, warten darauf, daß uns das Licht erscheint, und versuchen, unseren Glauben, unsere Offenheit und die Bereitschaft nicht zu verlieren, von dem einzuschlagenden Weg nicht abzuweichen. Trotz all unserer Bemühungen jedoch werden der Ort, der Zeitpunkt und die Möglichkeit der Erleuchtung häufig von Kräften bestimmt, die mächtiger sind als unsere eigenen.

Auf seinem Weg von seiner Geburt bis zu dem Zeitpunkt, als er ein Schamane wurde, hat Aua viele Irrwege, Umwege und Sackgassen erlebt, und dennoch hat er durch die langen Jahre der Vorbereitung und des Wartens hindurch gespürt, daß es seine wahre Bestimmung war, den Weg des Schamanen zu gehen. Wie Aua ergeht es vielen Menschen in anderen Kulturen – einschließlich unserer eigenen –, Menschen, die früher oder später in ihrem Leben eine starke Berufung zu einer bestimmten spirituellen Lebensweise erkennen, und zwar ungeachtet der zahlreichen Stolpersteine, die auf ihrem Weg liegen. Weltliche Ablenkungen, falsche Ratschläge, mangelnde Unterstützung durch andere und die fehlende eigene Bereitschaft, die notwendigen Änderungen vorzunehmen, um ein wirklich spirituelles Leben zu führen, halten uns jahrelang davon ab, unseren Weg zu finden. Aber in einem auf geheimnisvolle Weise richtigen Augenblick klart der Himmel auf, und wir sehen die Wahrheit: Wir sind auf dem richtigen Weg. Und wie Aua werden wir von Freude überwältigt.

Das Wort *Schamane* stammt aus der tungusischen Sprache aus Zentralasien und bezeichnet einen Menschen, der einen Zustand spiritueller Erregung benutzt, um in normalerweise nicht wahrnehmbare Wirklichkeiten der geistigen Welt zu gelangen, um Hilfe für sich selbst oder andere zu erhalten. Die Sprachforscher jedoch streiten sich über die genaue Etymologie des Wortes. Woher stammt dieses Wort? Was war seine ursprüngliche Bedeutung? Welche archaischen Praktiken und Rituale haben zu diesem geheimnisvollen Wort *Schamane* geführt, das immer noch die Macht hat, uns erschauern zu lassen?

Zu den frühen Wortwurzeln, von denen *Schamane* abgeleitet worden sein kann, gehören die Wörter für »Wissen« und für »Hitze« – zwei Vorstellungen, die die reichen Traditionen des klassischen Schamanismus und seiner modernen Versionen vollständig erfassen. Der Schamane ist jemand, der von einem bestimmten Wissen entfacht wurde, das aus der geistigen Welt stammt. Und wie bereits vor Jahrtausenden, so gilt auch heute, daß man durch die Praxis des Schamanismus auf einen Weg geführt wird, der eine zunehmende Bewußtheit bezüglich der spirituellen Geheimnisse des Universums zur Folge hat.

Im Mittelpunkt des Schamanismus stehen die gelenkten Visionserlebnisse, die den angehenden Schamanen mit den geistigen Wesenheiten in Kontakt bringen, die ihn führen, beschützen, lehren und sein Leben segnen. Beim traditionellen Schamanismus sind die Geistwesen des jeweiligen Schamanen der Stammeskultur eigen, beim modernen Core-Schamanismus sind die Geistwesen persönlicher Art und entstammen der persönlichen spirituellen Erfahrung, der Kultur und dem Glaubenssystem jedes einzelnen schamanisch tätigen Menschen.

Der Schwerpunkt dieses Buches liegt auf dem »Core-Schamanismus«, das heißt, den Hauptelementen des traditionellen Schamanismus der Naturvölker, die weltweit vorhanden sind und in das tägliche Leben integriert werden können, ähnlich der Art und Weise, wie auch andere spirituelle Übungen, wie beispielsweise Yoga, Meditation, das Führen eines Tagebuchs und das Gebet, konsequent durchgeführt werden können. Der Core-Schamanismus als spiritueller Weg setzt keinen speziellen religiösen Glauben voraus, regt die Menschen, die Schamanismus praktizieren, jedoch stets dazu an, sich den Animismus zu eigen zu machen: die archaische Weltsicht unserer Vorfahren, nach der alle erschaffenen Dinge – Menschen, Tiere, Pflanzen, Landschaften, die Elemente und

Jahreszeiten – eine intelligente und kommunikative Lebenskraft bzw. eine Seele besitzen. Den meisten modernen Menschen ist diese Sicht des Universums fremd, in den folgenden Kapiteln werden die Leser jedoch mit dieser Sichtweise der natürlichen Welt vertraut gemacht und es wird ein Programm für eine spirituelle Lebensweise auf der Grundlage traditioneller schamanischer Methoden vorgeschlagen, die in Stammeskulturen auf der ganzen Welt angewendet werden.

Insbesondere werden wir uns mit der spannenden Renaissance des Schamanismus in der modernen Zeit befassen (erstes Kapitel), mit der wesentlichen Bedeutung der Tiergeister in der Praxis des Schamanismus (zweites Kapitel) und mit den klassischen Methoden des Reisens in den unteren und den oberen Bereich der geistigen Welt (drittes Kapitel).

Unsere Verbindungen zur Erde und den Horizonten und Landschaften, die unser tägliches Leben umfassen, sind bei der Praxis des Schamanismus von Bedeutung, daher werden wir Methoden für Visionserlebnisse erlernen, um mit den Geistern der Natur und der materiellen Welt in Kontakt zu treten, sie zu ehren und mit ihnen zu leben, ob wir nun in einer ländlichen Umgebung oder in der Stadt leben (viertes, fünftes und sechstes Kapitel).

Als Kinder hatten wir spontane schamanische Erlebnisse, die mit einem starken Gefühl des Einsseins mit dem Universum einhergingen. Dies waren unsere frühesten mystischen Erfahrungen, und wir werden Möglichkeiten dafür kennenlernen, wie wir diese Erfahrungen in unser schamanisches Leben als Erwachsene integrieren können (siebentes Kapitel).

Die Geister unserer Vorfahren und auch die Geister von in jüngster Zeit verstorbenen Verwandten und Freunden spielen im Schamanismus eine wichtige Rolle als geistige Lehrer, daher werden wir bewährte Methoden zur Stärkung unserer geistigen Verbindungen zu denjenigen Menschen kennenlernen, die bereits in die nächste Welt gegangen sind (achtes Kapitel).

Schließlich werden wir uns im letzten Kapitel mit der Gründung und Leitung schamanischer Trommelgruppen befassen, wobei auch einige Vorschläge für Reisen in die andere Welt gemacht werden, die unser spirituelles Leben bereichern können (neuntes Kapitel).

Nicht jeder, der Schamanismus praktiziert, wird ein Schamane, aber jeder, der ein Interesse an schamanischer Weisheit hat und sich ihr widmet, kann ein schamanisch Tätiger werden – ein Mensch wie Sie, der in der Dunkelheit des Lebens einen spirituellen Weg sucht, der persönlich, kreativ, lebensbejahend und voller Freude ist. Ich hoffe, daß Ihnen die folgenden Kapitel bei Ihrer Suche nach diesem Weg helfen werden.

ERSTES KAPITEL

DIE ENTWICKLUNG DES MODERNEN SCHAMANISMUS

Eine der bemerkenswertesten spirituellen Entwicklungen unserer Zeit ist der zunehmend unter westlichen Menschen bestehende Wunsch, archaischere Formen der Spiritualität kennenzulernen, bei denen die Erde als ein lebendiges und bewußtes Wesen verehrt wird. Bei diesen älteren spirituellen Traditionen werden häufig Visionstechniken eingesetzt, die uns ermöglichen, mit den Geistwesen der Natur des Landes, des Meeres und des Himmels in Kontakt zu kommen. Die Menschen der heutigen Zeit, die in der vorherrschenden Kultur aufgewachsen sind, spüren ein tiefes Verlangen in ihrer Seele, die Werte und Bräuche wiederzuentdecken, mit denen ihre entfernten Ahnen aus Stammeskulturen die Erde verehrt haben, wobei das Leben dieser Ahnen in den ökologischen Wirklichkeiten der natürlichen Welt verwurzelt war. Menschen, die ein sehr städtisches und von der modernen Technik geprägtes Leben führen, suchen nach Möglichkeiten, um wieder in Kontakt mit archaischeren Völkern zu kommen, die von den Naturgeistern lernten, wie sie in Harmonie und in einem verwandtschaftlichen Verhältnis zu den verschiedenen Lebensgemeinschaften der Erde leben können.

Es erscheint so, als würde die Erde positiv auf diese Entwicklungen reagieren, da sich derzeit eine Form des Schamanismus herausbildet, die westlichen Menschen zugänglich ist und in der die einzelnen Richtungen des Verlangens der Seele in einem spirituellen Weg zusammengeführt werden können, der alte Weisheiten und das moderne Leben miteinander in Einklang bringt; dies ist der moderne Schamanismus.

Als jemand, der den modernen Schamanismus praktiziert, werde ich häufig gefragt, wie eine jahrtausendealte spirituelle Tradition, die sich in Stammeskulturen entwickelt hat und aus animistischen Vorstellungen über die Natur entstanden ist, an die Bedürfnisse des modernen Menschen angepaßt werden kann, dessen Sensibilität durch das städtische

Leben, die komplizierte Technik sowie durch die etablierten Religionen geprägt wurde, in denen die Natur entweder ignoriert oder mit Mißtrauen betrachtet wird. Zwar wird der Schamanismus mit mysteriösen und exotischen Phänomen in Verbindung gebracht, im Grunde genommen ist die Kernerfahrung des Schamanismus jedoch einfach, zeitlos und universell.

Schamanismus kann man auf viele Arten definieren und beschreiben. Im Grunde handelt es sich um eine bestimmte Sichtweise der Realität und die Verwendung von auf Erfahrung basierenden Methoden, um innerhalb dieser Sicht der Realität zu interagieren. Meine persönliche Definition des Schamanismus lautet: *Schamanismus ist der beabsichtigte Versuch, enge und dauerhafte Beziehungen zu persönlichen Hilfsgeistern herzustellen, indem man die alltägliche Wirklichkeit bewußt verläßt und in die nichtalltäglichen Bereiche der geistigen Welt reist.*

Auf diese Definition werden wir noch genauer eingehen. Vorläufig können wir die Geschichte von Aua heranziehen, um die zugrundeliegende Vorstellung zu verdeutlichen. Die schamanische Sichtweise der Wirklichkeit besteht darin, daß es unsichtbare Welten des Geistes gibt, die jenseits der materiellen Erde und des materiellen Himmels liegen. Die wichtigste Methode der Interaktion innerhalb dieser Sichtweise der Wirklichkeit ist die schamanische Reise, die aus verschiedenen Methoden besteht, mit denen das Bewußtsein des Schamanen so verändert wird, daß es sich außerhalb von Raum und Zeit der alltäglichen Wirklichkeit bewegen kann, um die geistigen Welten zu erkunden, zu denen die meisten Menschen nur in Mythen und Träumen Zugang haben. Freundlich gesonnene Hilfsgeister, wie Auas Hai und Küstengeist, begleiten die Schamanen auf diesen Reisen und lehren sie, wie sie ihre Visionen der nichtalltäglichen, heiligen Wirklichkeit zu einer freudebringenden, gleichzeitig aber herausfordernden Unterstützung für das alltägliche Leben machen können. Dies ist die schamanische Erfahrung des Core-Schamanismus. Sie ist nicht an eine bestimmte Kultur, einen bestimmten Kontinent oder ein bestimmtes Zeitalter gebunden.

Obwohl das Interesse an Schamanismus in der westlichen Welt in den letzten Jahrzehnten schnell gewachsen ist, erscheint die Vorstellung immer noch befremdlich, daß westliche Menschen ein spirituelles Leben auf der Grundlage animistischer Überzeugungen und Rituale führen, die sich in Stammeskulturen herausgebildet haben. Wie können Menschen der westlichen Mittelschicht, die höchstwahrscheinlich in einer der etablierten Religionen des zwanzigsten Jahrhunderts aufgewachsen sind, einem spirituellen Weg folgen, der so weit von dem kulturellen Kontext entfernt zu sein scheint, in dem ihr tägliches Leben verläuft? Müßten wir nicht zu abgelegenen Stammesgemeinschaften reisen, in denen schamanische Praktiken überlebt haben, und einen traditionellen Schamanen suchen, der dazu bereit wäre, uns als Schüler zu akzeptieren? Und würde die Ausbildung zum Schamanen nicht eine jahrelange strenge Übung und Unterweisung erfordern?

Eine Analogie aus Fernost

Um die oben beschriebenen Bedenken zu verstehen und sie entkräften zu können, kann es hilfreich sein, als Analogie die Geschichte des Zen-Buddhismus im Westen zu betrachten. Vor 150 Jahren hätten wir einem westlichen Menschen wahrscheinlich die gleichen Fragen gestellt, der beabsichtigt hätte, *irgendeine* Form von Buddhismus zu praktizieren. Hätte er nicht nach Fernost reisen müssen, einem Kloster beitreten müssen, dessen Mönche bereit gewesen wären, ihn als Novizen aufzunehmen, und hätte es nicht viele Jahre intensiver Studien und Übungen bedurft, um selbst ein Mönch zu werden? Zur damaligen Zeit hätte man diese Frage bejahen müssen. Mitte des neunzehnten Jahrhunderts waren beispielsweise in den Vereinigten Staaten von Amerika nur sehr wenige Menschen – mit Ausnahme von EMERSON, THOREAU, FULLER und anderen aus dem Kreis der »New England Transcendentalists« – mit überhaupt irgendeiner Form des Buddhismus vertraut, und die Wahrscheinlichkeit, in den Vereinigten Staaten einen Zen-Mönch oder einen anderen buddhistischen Mönch zu treffen und von ihm lernen zu können, war gleich null.

Dies alles hat sich ab Anfang des zwanzigsten Jahrhunderts geändert. Durch die Bemühungen von D.T. SUZUKI (und anderen) wurde Zen in den Vereinigten Staaten eingeführt. Zen-Lehrer wanderten ein, es wurden Zen-Zentren gegründet, schließlich gingen einige Amerikaner nach Japan, um Unterricht zu nehmen, und kamen zurück, um Zen zu lehren, so daß die Praxis des Zen den Amerikanern nach und nach vertraut wurde. In der heutigen Zeit, nahezu siebzig Jahre bzw. drei Generationen später, hat sich der Zen-Buddhismus so sehr an die amerikanische Kultur angepaßt, daß viele Befürworter und praktizierende Zen-Buddhisten den von ihnen praktizierten Zen-Buddhismus als eine amerikanische Form dieses Buddhismus betrachten.

Dies ist jedoch nicht erstaunlich, da dies ganz allgemein der Geschichte des Buddhismus seit seinen Anfängen vor ungefähr 2500 Jahren entspricht. Aufgrund seiner Beständigkeit und seiner universellen Botschaft paßt sich der Buddhismus an die Länder an, in die er eingeführt wird. Heute gibt es tibetische, koreanische, chinesische, japanische und andere von der jeweiligen Kultur geprägte Ausdrucksformen der Lehren und Praktiken Buddhas. Es war nur eine Frage der Zeit, bis sich eine amerikanische Form des Buddhismus herausbilden würde.

Einige kulturelle Anpassungen, die man beim amerikanischen Zen-Buddhismus feststellen kann, stammen direkt aus der amerikanischen Kultur des zwanzigsten Jahrhunderts. Beispielsweise bezeichnet der Ausdruck »monk« (Mönch) entweder einen Mann oder eine Frau, während im Osten die Männer Mönche und die Frauen Nonnen werden. Im amerikanischen Buddhismus wurde der Begriff des »Zen practitioner« eingeführt, mit dem ein Laienschüler des Buddhismus bezeichnet wird, der in manchen Zen-Zentren die gleiche Ausbildung wie die Mönche erhält, jedoch weiterhin in der Welt außerhalb des Klosters lebt. Die administrativen Strukturen von Zen-Gemeinschaften sind häufig weniger hierarchisch und stärker demokratisch, so wie es bei einer Gemeinschaft zu erwarten wäre, die vorwiegend aus Amerikanern besteht.

Diese Entwicklung des Zen-Buddhismus im Westen entspricht der derzeitigen Entwicklung des Schamanismus.

Schamanismus in der modernen amerikanischen Kultur

Was D.T. Suzuki für den Buddhismus geleistet hat, hat MICHAEL HARNER für den Schamanismus getan. Er brachte den Schamanismus dem amerikanischen Durchschnittsbürger näher. Als ausgebildeter Anthropologe, der Mitte der fünfziger Jahre weitreichende Feldforschungen bei den Stämmen der Jívaro und Conibo in Südamerika betrieben hatte, wurde Harner von den einheimischen Schamanen akzeptiert und von ihnen in ihren Heilmethoden und ihren spirituellen Sichtweisen der Wirklichkeit unterrichtet. Mit der Zeit erkannte Harner, gestützt durch fortgesetzte Forschungen, persönliche Praxis und eigene Studien anderer schamanischer Traditionen, einen einheitlichen Kern schamanischer Praktiken, die unter indigenen Kulturen weitverbreitet waren. Fasziniert von der Vorstellung, daß der Schamanismus, wenn er wirklich eine universelle menschliche Fähigkeit wäre, auch von westlichen Durchschnittsbürgern praktiziert werden können müßte, begann Harner in den 70er Jahren damit, einige Freunde und einige seiner Studenten in schamanischen Visionstechniken und Techniken des Reisens in die geistige Welt zu unterweisen.

Die Resultate waren verblüffend. Seine ersten Schüler entdeckten ihre schamanischen Fähigkeiten so schnell und leicht, daß sie häufig sagten, es sei, als ob sie sich an etwas erinnerten, von dem sie nicht wußten, daß sie es wußten. Heute – eine Generation später – ist Harner selbst immer noch erstaunt, wie leicht es westlichen Menschen fällt, die grundlegenden Methoden der schamanischen Reise in die geistige Welt der nichtalltäglichen Wirklichkeit zu erlernen.

Anfang der 80er Jahre wagte Harner den mutigen Schritt, die *Foundation for Shamanic Studies* (ursprünglich *Center for Shamanic Studies* genannt) zu gründen, um ein umfassendes Progamm an Kursen im sogenannten Core-Schamanismus (»Kern-Schamanismus«, d.h. die zentralen Methoden des Schamanismus, die praktisch auf der ganzen Welt vorkommen) anzubieten. Inzwischen lehrt die *Foundation for Shamanic Studies* auf der ganzen Welt, sogar unter indigenen Völkern, die Lehrer der Foundation einladen, um grundlegende schamanische Methoden wiederzubeleben oder erneut einzuführen. In vielen Fällen kommen die Einladungen von Stammesgesellschaften, die viele ihrer Traditionen durch den Einfluß des Christentums und des wissenschaftlichen Rationalismus verloren haben, die im Laufe ihrer Geschichte überall auf der Welt wenig von einheimischen spirituellen Praktiken hielten.

Mit den Jahren fanden Harners Methoden der Lehre und Praxis des Schamanismus Anerkennung, da sie auf fundierten spirituellen Prinzipien und Heilprinzipien beruhen, die authentisch sind und dem klassischen Schamanismus entstammen, der bei indigenen Völkern besteht. Diese Praktiken sind sehr wirksam, wenn es darum geht, das Leben der Völker physisch, emotional und spirituell zu tranformieren und zu bereichern. Die wohl größte Bestätigung fanden Harners Methoden jedoch im Sommer 1993, als zehn schamanisch Tätige aus den Vereinigten Staaten von Amerika und aus Europa, die von der *Foundation for Shamanic Studies* unterstützt wurden, nach Tuwa eingeladen wurden, einer neuen Republik, die sich zwischen der Mongolei und Sibirien befindet und nach dem Zerfall der ehemaligen Sowjetunion gebildet wurde.

Trotz der Säuberungsaktionen STALINS im Hinblick auf Schamanen und trotz der Versuche der Kommunisten, spirituelle Praktiken jeglicher Art in der Sowjetunion auszurotten – beispielsweise dadurch, daß der Besitz einer Trommel verboten wurde – haben einige wenige Schamanen diese Anordnungen mißachtet und die alten Bräuche fortgeführt, haben Schamanismus heimlich praktiziert und die spirituellen Traditionen und die Heiltraditionen ihrer Vorfahren bewahrt. Sie behielten ihre Trommeln auch auf das Risiko hin, dafür getötet zu werden. Im Jahre 1993 haben sich westliche schamanisch tätige Menschen auf Einladung der tuvinischen Regierung hin mit diesen traditionellen Schamanen getroffen, um Kenntnisse auszutauschen, Rituale abzuhalten und voneinander schamanische Methoden zu lernen. Es war eine bemerkenswerte Woche. Die westlichen schamanisch Tätigen wurden nicht nur von den sibirischen Schamanen akzeptiert, sondern die Besucher aus dem Westen führten auch eindrucksvolle Heilungen bei einheimischen Menschen, auch bei Schamanen durch. Die Tuvinier und die Besucher aus dem Westen verstanden sich gut und führten gemeinsam schamanische Zeremonien durch, da beide Gruppen nach den gleichen Prinzipien und grundlegenden Methoden vorgingen.

Ein merkwürdiger Vorfall, der sich bei der Tuwa-Expedition ereignete, bestätigte den Core-Schamanismus auf eine eher humorvolle Weise. Einer der Teilnehmer vergaß seine Rassel im Hotelzimmer, als die Gruppe morgens aufbrach, und bemerkte dies erst, als sie bereits aufs Land hinausgefahren war. Als dieser Teilnehmer später schamanisch arbeiten sollte, stellte er fest, daß er keine Rassel hatte. In der Tasche hatte er jedoch – westlichem Lebensstil und westlicher Technik sei Dank – eine kleine Kunststoffpackung Pfefferminz-Pastillen. Er zog die Kunststoffpackung heraus und schüttelte sie, und es funktionierte. Die Wirksamkeit des Core-Schamanismus, in diesem Fall die Methode, rasselnde Geräusche zu verwenden, um eine Bewußtseinsveränderung zu erleichtern, wurde in der Region eindeutig demonstriert, aus der das Wort *Schamane* ursprünglich kommt, dem Herzen Zentralasiens.

Eine ähnliche Lektion wurde mir erteilt, als ich Koordinator der Dozenten einer schamanischen Kurswoche eines holistischen Seminarzentrums war. Unter den Dozenten waren auch ein Schamane aus Korea und einer aus Guatemala. Während der Einführung für die Dozenten gerieten die beiden in eine freundliche, jedoch von Konkurrenz geprägte Diskussion darüber, welche Kraft ihre jeweiligen Trommeln hätten. Der koreanische Schamane bestand darauf, daß es wichtig sei, Hirschleder für die Trommel zu verwenden, während der Schamane aus Guatemala die Vorzüge und Stärken von Jaguarleder pries. Wenn ich in koreanischem oder guatemaltekischem Schamanismus ausgebildet worden wäre, hätte ich sicherlich entsprechend Partei ergriffen, ich lehnte mich jedoch zurück, genoß das Gespräch und widerstand der Versuchung, in meine Trommeltasche zu greifen und meine Remo-Handtrommel aus Mylar herauszuziehen, einem Kunststoffmaterial, das von MICKEY HART, dem früheren Schlagzeuger der legendären Rockgruppe Grateful Dead, populär gemacht wurde. Ich hatte sie für 19,95 Dollar im Schlagzeugladen gekauft. Mylar hat viele Vorzüge. Zum einen wird es im Gegensatz zu Tierleder bei feuchtem Wetter nicht weich, bei dem eine Trommel aus Tierleder ihren klaren Klang verliert und in manchen Fällen völlig unbrauchbar wird. Der größte Vorzug von Mylar ist seine Zuverlässigkeit. Ich glaube, ich hätte meine Position sehr wortgewandt darstellen können, aber ich bin mir sicher, daß ich den koreanischen und den guatemaltekischen Schamanen nicht dazu hätte bewegen können, auf Mylar umzusteigen.

Es ist wichtig, die Traditionen indigener schamanischer Praktiken zu ehren und sich an diese zu halten, wenn man in diesen Traditionen ausgebildet wurde und diesen traditionellen Schamanismus praktiziert. Beim Core-Schamanismus ist es jedoch möglich, die grundlegenden Prinzipien und die allgemeinen Methoden an Situationen anpassen, die über die Traditionen einer bestimmten Kultur hinausgehen. Ich besitze auch eine Trommel, für die die Haut eines Tieres verwendet wurde, dessen Geist ich stets würdige, wenn ich die Trommel benutze. Aber als ein Vertreter des Core-Schamanismus bin ich nicht dazu gezwungen, ausschließlich diese Trommel zu verwenden, insbesondere in feuchten regnerischen Nächten, wenn ich kein Feuer habe, um die Trommel zu spannen.

Schamanen und Menschen,
die Schamanismus praktizieren

Im Winter 1982/83 lernte ich während eines dreitägigen Intensivseminars in Core-Schamanismus von Michael Harner schamanische Praktiken kennen. Wie viele Menschen war auch ich gleich von der schamanischen Reise als einer Methode fasziniert, um ohne Gefahren und auf lebendige Weise Wirklichkeiten zu entdecken, von denen ich schon lange vermutete, daß es sie gab, zu denen ich jedoch bisher keine Zugangsmöglichkeiten hatte. Das schamanische Reisen entfachte wieder meine Kindheitsinstinkte, die mir sagten, daß es Geistwesen in der Natur gab, daß »Wunderländer« direkt unter der Oberfläche der Erde existierten, daß die Feenreiche, über die ich in meiner Jugend soviel gelesen und von denen ich geträumt hatte, wirklich erreichbar waren und entdeckt werden konnten. Nach diesem Seminar war ich entschlossen, weiterhin schamanische Reisen zu machen, und durch einen glücklichen Zufall fand ich bereits nach ein paar Wochen eine kleine Gruppe von Männern und Frauen, die sich einmal pro Woche trafen, um Schamanismus zu praktizieren. Es war, als ob die Geistwesen über meiner Entwicklung wachten; die Gruppe traf sich nämlich einmal pro Woche in einem Sandsteinhaus in Brooklyn, das nur zwanzig Minuten zu Fuß von meiner damaligen Wohnung entfernt lag. Noch heute bin ich dankbar für das, was ich von diesen Menschen sowie von den Geistwesen, die Lehrer für uns alle waren, gelernt habe; dies war eine der wertvollsten schamanischen Ausbildungen, die ich erhalten habe.

Wenn man als moderner Mensch Schamanismus als spirituellen Weg praktiziert, so darf dies nicht als eine Ausbildung zum *Schaman*en betrachtet werden. Das vorliegende Buch ist kein Handbuch für die Schamanenausbildung. Statt dessen soll es die grundlegenden Informationen und Methoden für Menschen liefern, die Schamanismus *praktizieren* wollen – Methoden dafür, wie man ein schamanisch Tätiger wird, d.h. jemand, der als ein Schüler des empirischen Schamanismus bezeichnet werden könnte. Ich ziehe es vor, den Ausdruck *Schamane* nur für Menschen zu verwenden, die in den traditionellen Methoden des Schamanismus ausgebildet sind, die bestimmten indigenen Stämmen und Kulturen eigen sind. Schamanen können Männer oder Frauen von Naturvölkern sein, die das Glück hatten, in traditionellen Gemeinschaften zu leben, in denen der Schamanismus als wesentliche spirituelle Tradition und Heiltradition überlebt hat. Der Ausdruck *Schamane* kann jedoch auch auf westliche Menschen angewendet werden, die Schüler indigener Schamanen waren und umfassend in den alten Traditionen ihres Volkes ausgebildet wurden.

Die traditionellen Wege der Schamanenwerdung sind von Kultur zu Kultur unterschiedlich, häufig bestehen sogar unterschiedliche Wege in einer einzigen Kultur. AMERICO YABAR, ein Q'ero-Schamane aus den Anden erklärte, daß in seiner Kultur für die Initiation eines Schamanen stets eine Botschaft erforderlich sei, die »vom Blitz, von einem Meister, der entscheidet, ob man bereit ist, oder von einem inneren Gefühl des zukünftigen Schamanen kommen kann, das ihm sagt, daß er zu diesem Weg berufen wurde. Alle drei Initiationswege sind seltsam und schwierig.«[1]

Ein schamanisch Tätiger darf sich selbst nicht als Schamanen betrachten. Ein schamanisch Tätiger ist einfach nur jemand, der Schamanismus praktiziert. Hierbei übt man regelmäßig, konsequent und mit einem starken Wunsch, sich zu verbessern. Ob man schließlich die Fähigkeiten und Kräfte eines Schamanen erwirbt und dazu in der Lage sein wird, die gleichen Heilungen für andere durchzuführen, die Schamanen für ihre Stammesgemeinschaft durchführen, ist für uns von sekundärer Bedeutung. Falls man diese Fähigkeiten erlangt, ist das schön; es geschieht, wenn die Geistwesen uns akzeptieren und uns als Kanäle für das Heilen benutzen. Falls es nicht passiert, ist die Praxis des Schamanismus als solche dennoch bereits lohnend und wertvoll. Schamanismus ist ein spiritueller Weg, den zu gehen es sich sowohl für die eigene persönliche Entwicklung als auch zum Wohle der nichtmenschlichen Gemeinschaften lohnt, mit denen wir uns diesen Planeten teilen.

Da Schamanismus sowohl ein spiritueller Weg als auch eine Philosophie und ein System der Heilung ist, sollte uns von Anfang an klar sein, wie diese beiden Aspekte zueinander in Beziehung stehen und welche Rolle sie für unsere Hinwendung zum Schamanismus spielen. Das vorliegende Buch befaßt sich – wie bereits der Titel sagt – in erster Linie mit der täglichen Praxis des Schamanismus als spirituellem Weg. Auch bei Stammesvölkern ist die Komponente der spirituellen Entwicklung bedeutender als die Fähigkeit zu heilen, da in Stammeskulturen die Ursachen für Krankheit und Heilung im Grunde spiritueller Art sind. Als die Ursache von Krankheiten, Unfällen und Unglück allgemein wird der Verlust der spirituellen Kraft eines Menschen betrachtet, und der Schlüssel für die schamanischen Heilverfahren ist die Wiedervereinigung des Menschen mit der spirituellen Kraft. In Stammeskulturen hängt die Lebensqualität des einzelnen und des Kollektivs von der Verbundenheit mit der Welt der Geistwesen ab. Daher müssen Schamanen eine starke persönliche Beziehung zu Hilfsgeistern haben, um wirksam heilen zu können. Wie die Expedition nach Tuwa gezeigt hat, ist es nicht ungewöhnlich, daß moderne Menschen, die Schamanismus praktizieren, die gleichen Fähigkeiten zu heilen erlangen wie Schamanen aus Stammeskulturen, da die tatsächlichen Heiler letztendlich nicht die Schamanen sind, sondern die Geistwesen. Der Schamane bzw. der schamanisch Tätige fungiert als Kanal für die spirituelle Energie und die Kraft, die er von seinen persönlichen Verbündeten in der geistigen Welt erhält.

Core-Schmanismus praktizieren

Schamanismus ist der absichtliche Versuch, dauerhafte Beziehungen zu persönlichen Hilfsgeistern herzustellen, indem man in die nichtalltägliche Wirklichkeit reist, in der sich die Geistwesen befinden. Wir wollen nun einige Aspekte dieser Definition näher betrachten.

In erster Linie ist Schamanismus eine Sichtweise der Natur des Universums, die die üblicherweise unsichtbare geistige Welt miteinschließt. Schamanen verwenden für diese nichtalltägliche Wirklichkeit verschiedene Ausdrücke und Begriffe, die meisten dieser Begriffe bringen jedoch eindeutig zum Ausdruck, daß die nichtalltägliche Wirklichkeit die Welt ist, in der sich die Geistwesen des Landes und die der Tiere, verstorbene Vorfahren, Götter und Göttinnen und andere geistige Wesenheiten befinden.

Ein weiterer Aspekt ist, daß Schamanen Methoden verwenden, um das Bewußtsein zu verändern, damit sie ihren Geist bzw. ihre Seele – das, was viele westliche Menschen lieber mit dem Ausdruck »Bewußtsein« bezeichnen – in die nichtalltägliche Wirklichkeit der geistigen Welt schicken können, um direkte Erfahrungen mit bestimmten Geistwesen zu haben, die ihre Freunde, Führer, Beschützer, Lehrer und Verbündete werden. Diese Hilfsgeister können die Geister der Natur, der Tiere, der Pflanzen, der Elemente, der Vorfahren, Götter, Göttinnen oder der Lehrer aus verschiedenen religiösen Traditionen sein. Das Schicken des Bewußtseins in die geistige Welt wird als die schamanische Reise bezeichnet, und es ermöglicht dem Reisenden, das Leben und die Probleme des Lebens aus einer losgelösten spirituellen Perspektive zu betrachten, die in einem normalen Bewußtseinszustand nur schwer erreicht werden kann. Eine universelle Methode zur Veränderung des Bewußtseins für diese Reise ist ein konstanter hypnotisierender Trommelrhythmus.

Außerdem gilt, daß dauerhafte persönliche Beziehungen zu Hilfsgeistern aufgebaut und gepflegt werden, weil man dadurch Wissen, Weisheit, praktische Heilmethoden und andere wesentlichen Informationen erfahren möchte, die zum eigenen persönlichen Nutzen oder zum Nutzen anderer in der Gemeinschaft aus der nichtalltäglichen Wirklichkeit mitgebracht werden können.

In Stammeskulturen dienen Schamanen als Heiler, spirituelle Berater, Wahrsager, Geleiter der Seelen in das Land der Toten, Kräuterheilkundige, Traumdeuter, Zeremonienmeister, Geschichtenerzähler und Bewahrer der Stammesmythen. Diese »schamanischen Dienste« sind der spirituellen Orientierung des Schamanen untergeordnet und von dieser abhängig, da jegliche Macht oder Fähigkeit, diese Funktionen gut ausführen zu können, auf die Beziehung des Schamanen zu seinen Hilfsgeistern zurückgeht. Selbstverständlich braucht man kein Schamane zu sein oder sich auf Hilfsgeister zu stützen, um Träume zu deuten, Heilkräuter zu verordnen, Zeremonien zu leiten oder Geschichten zu erzählen. Wenn jemand diese Tätigkeiten ohne die Hilfe von geistigen Verbündeten ausführt, handelt es sich lediglich um gewöhnliche menschliche Dienste, denen die spirituelle Kraft fehlt, die vom Schamanismus ausgeht. Was die Fähigkeit des Schamanen, die genannten Aufgaben zu erfüllen, von der eines normalen Menschen unterscheidet, ist die intensive Beziehung des Schamanen zu seinen Hilfsgeistern sowie das Wissen um die Vorgehensweise, das er von seinen geistigen Helfern erhalten hat. Macht und Ansehen eines Schamanen hängen somit direkt von seiner spirituellen Lebensweise ab.

Der Schamane ist nicht die einzige Person in der Gemeinschaft, die Visionen hat und über geistige Helfer verfügt. In animistischen Gesellschaften nehmen die meisten Menschen an Visionsaktivitäten teil, bei denen ein Kontakt und ein Austausch mit Geistwesen erforderlich ist; zu diesen Aktivitäten gehören beispielsweise die Visionssuche, Fasten, Schwitzzeremonien, nächtliches Wachen oder längeres Tanzen und Chanting (rhythmischer Sprechgesang), bei dem sich die Teilnehmer mit ihren persönlichen Geistern vereinen. Die meisten Menschen pflegen mit diesen Mitteln während ihres ganzen Lebens dauerhafte Beziehungen zu ihren Hilfsgeistern. Was den Schamanen von den anderen unterscheidet, sind die Intensität, die Ernsthaftigkeit, die Hingabe und die Berufung, die er für diesen Aspekt des Lebens empfindet und die bei ihm weitaus stärker ausgeprägt sind als bei anderen Stammesmitgliedern. In dieser Hinsicht gleichen Schamanen den Mönchen, Geistlichen und Mystikern anderer religiöser Traditionen, die zum Teil die gleichen spirituellen Übungen anwenden wie normale Menschen, jedoch ihr Leben diesen Übungen gewidmet haben und diese strikter und mit größerer Hingabe ausführen, häufig aus einem tiefen Gefühl der Berufung heraus.

In den letzten Jahren hatten viele westliche Menschen spontane schamanische Erfahrungen, die denen von in Stammeskulturen lebenden Menschen ähnlich waren. Intelligente Tiere erscheinen in Träumen oder in der materiellen Wirklichkeit; Stimmen mit eindeutigen Botschaften sind im Wind oder in Bächen hörbar; fremdartige Wesen erscheinen, offenbar aus nichtterrestrischen Welten; die Geister von Verstorbenen besuchen die Lebenden und richten Anweisungen oder Bitten an sie; schwere Erkrankungen machen einem Menschen die Notwendigkeit einer stärker spirituell ausgerichteten Lebensweise bewußt; durch Todesnähe-Erlebnisse werden die bisherigen Vorstellungen der Menschen von der Realität vollständig zerstört, so daß diese Menschen ihr Leben in stärkerem Maße altruistisch ausrichten. Menschen mit solchen Erlebnissen bedürfen häufig der Hilfe von Menschen mit schamanischen Kenntnissen, damit sie die Bedeutungen ihrer Erlebnisse verstehen können, da ahnungslose Menschen bei solchen Erlebnissen ansonsten häufig meinen, sie würden verrückt, halluzinierten oder würden von Dämonen besessen. In einer Stammeskultur würden diese Menschen zu den Alten gehen, die schamanisches Wissen besitzen und ihnen helfen würden, diese Vorfälle als mögliche Initiationskrisen zu deuten, die zu spirituellem Wachstum führen. In unserer Kultur suchen wir Therapeuten auf, die die nichtalltägliche Erfahrung als psychologisches oder pathologisches Phänomen einstufen, oder wir wenden uns an die Kirche, die unser Erlebnis vielleicht als dämonisch betrachtet.

Während all der Jahre, in denen ich bereits aus persönlichen spirituellen Gründen und zur Heilung anderer Core-Schamanismus praktiziere, habe ich zahllose Männer und Frauen kennengelernt, bei denen erst derartige Erlebnisse zur Beschäftigung mit Schamanismus führten. Für viele von ihnen wurde der Schamanismus die wichtigste Methode zur spirituellen Entwicklung. Ihr Ziel ist es nicht, Heiler, Wahrsager oder spirituelle Berater für andere Menschen zu sein, obwohl sie sich häufig unbeabsichtigt in dieser Rolle befinden, wenn Familienmitglieder und Freunde, die von ihrer Beschäftigung mit Schamanismus wissen, sie um Hilfe bitten. Manchmal ersetzt der Schamanismus die religiösen Traditionen, in denen diese Menschen aufgewachsen sind; bei anderen dienen die Praktiken des Schamanismus als zusätzliche spirituelle Übungen, die ihr religiöses Leben intensivieren und es unmittelbarer, persönlicher, herzlicher machen und stärker auf die Erde ausrichten. In allen Fällen haben die Praktiken des Core-Schamanismus im Leben dieser Menschen die Funktion einer spirituellen Übung.

Menschen, die modernen Schamanismus praktizieren, haben häufig verschiedene spirituelle Wege beschritten und viele heilige Reisen unternommen, die sie zum jetzigen Punkt ihrer spirituellen Entwicklung geführt haben. Sie können als »Pioniere des Heiligen« bezeichnet werden, da ihnen keine umfassende Unterweisung aus erster Hand durch indigene Schamanen zur Verfügung stand und sie daher ihre spirituellen Übungen aus Informationen entwickelt haben, die sie in der Literatur über Schamanismus gelesen, aus Seminaren mit Lehrern des Schamanismus und vor allem von ihren eigenen Hilfsgeistern erhalten haben. Diese Menschen waren von entscheidender Bedeutung und entwickelten eine westliche Form des Schamanismus, der unseren Vorstellungen von Unabhängigkeit, Eklektizismus, Selbstausdruck und Pragmatismus Rechnung trägt und Möglichkeiten findet, die westlichen Wesenszüge zu mildern, die der schamanischen Denkweise entgegengesetzt sind, wie z. B. Rationalismus, Materialismus, gedankenloser Konsumwahn und das unablässige Bedürfnis nach Führung und Beherrschung. Idealerweise werden wir einen Schamanismus herausbilden, der an das moderne Leben in der westlichen Welt angepaßt ist und das Positive unserer Gesellschaft integriert, gleichzeitig aber jene Bereiche reformiert, die der menschlichen Seele und der Gesundheit unseres Planeten abträglich sind.

Ein Anliegen des Schamanismus auf der ganzen Welt ist die Gesundheit des Planeten und seiner zahlreichen Arten von Bewohnern, seien sie tierischer, pflanzlicher, mineralischer oder menschlicher Gestalt. Wir leben in einer Zeit, in der sich die Gesundheit des Planeten in einem kritischen Zustand befindet, und zwar aufgrund des Eingreifens durch den Menschen. Der Zustand der Erde in den kommenden Jahrzehnten kann durch spirituelle Praktiken stark verbessert werden, wobei die alten schamanischen Rituale unserer Vorfahren an die moderne Zeit angepaßt werden und gleichzeitig das heilige Wissen indigener Völker bewahrt wird, die jahrtausendelang im Einklang mit der Natur gelebt haben. Niemand ist jedoch der Meinung, daß wir das moderne Leben vollständig aufgeben und in die Wildnis gehen sollten – »aussteigen«, wie manche sagen –, und wir sollten unsere Hoffnungen nicht in einen romantischen Primitivismus setzen, der sich für Menschen, die von modernen westlichen Sensibilitäten geprägt wurden, unweigerlich als unzufriedenstellend und nicht lebbar erweisen würde. Wir versuchen nicht, einen Stamm von »Möchtegern-Eingeborenen« zu schaffen, die Stammesbräuche indigener Völker der ganzen Welt bei fehlgeleiteten Bemühungen übernommen haben, eine erdverbundenere Form der Spiritualität zu finden. Was wir brauchen, ist ein gangbarer Weg, um die Kernelemente des Schamanismus an die moderne Welt anzupassen und den Schamanismus als eine Methode dafür neu zu entwickeln, unser Engagement für unsere eigene Gesundheit und unser eigenes Wohlergehen sowie das anderer Lebewesen und des Planeten Erde zu stärken. Hierzu müssen wir jedoch eine Möglichkeit finden, wie die Praktiken des Schamanismus als spirituelle Übung genutzt werden können, die unsere spirituelle Entwicklung im Laufe unseres Lebens unterstützt und bereichert, zumal das Leben das wertvollste Geschenk ist, das wir besitzen. Das Leben ist die heilige Reise, die uns heimführt.

Wo sind unsere Wurzeln?

Die westliche Zivilisation besitzt vielfältige Wurzeln und hat unterschiedliche Wege der Entwicklung genommen. Der Westen als Kultur hat seine Wurzeln tief in alten europäischen Traditionen und wurde von Zeit zu Zeit stark von den Werten und der Lebendigkeit von Menschen aus anderen Teilen der Erde geprägt. Der »Westen« ist ein vielfältiges kulturelles Mosaik aus vielen Rassen und Traditionen. Unabhängig davon, woher wir stammen oder welche Wege unsere Entwicklung genommen hat, so stellen wir doch fest – wenn wir weit genug in unserer Geschichte zurückgehen –, daß unsere Vorfahren in Stämmen lebten und sich um das Lagerfeuer versammelten, Menschen, die sangen, sich heilige Geschichten und Träume erzählten und göttliche Geister verehrten, von denen ihr Leben abhing. Auch wenn unsere Vorfahren keine Europäer waren, so können wir doch, wenn wir in den aus Europa stammenden Traditionen erzogen wurden, die in vielen westlichen Schulen gelehrt werden, die Spuren der europäischen schamanischen Praktiken nutzen, die noch in westlichem Brauchtum, in Feenlegenden, magischen Praktiken und erdverbundenen spirituellen Bräuchen vorhanden sind, denen wir als Kinder häufig in Märchen und Sagen begegnet sind.

Für westliche Menschen, die Schamanismus als spirituellen Weg praktizieren möchten, ist es aus verschiedenen Gründen wichtig, das schamanische Wissen des Westens zu kennen und zu würdigen. Zum einen besitzen viele von uns – wenn es denn ein genetisches Gedächtnis gibt – ein angeborenes Wissen über schamanische Praktiken, das tief in unserer Psyche verborgen ist. Wenn man schamanische Methoden kennenlernt, ist dies häufig so, als würde Wissen von Vorfahren freigesetzt, als würden wir uns an Wissen erinnern und es neu anwenden, das während der längsten Zeit unseres Lebens in uns schlummerte. Dies könnte der Grund für die von vielen Lehrern des Core-Schamanismus berichtete Erfahrung sein, daß ihre Schüler die Praxis des Schamanismus so bereitwillig und schnell lernen. Und vielleicht haben auch deshalb viele Amerikaner europäischer Abstammung das Gefühl, endlich »nach Hause zu kommen«, wenn sie schamanische Praktiken erlernen. Zum anderen ist es ein tiefer Wunsch aller Rassen und Kulturen, die eigenen persönlichen Wurzeln – in diesem Fall die spirituellen Wurzeln – zu entdecken. Amerikaner lehnen häufig ihre europäische Vergangenheit ab, weil sie fälschlicherweise meinen, durch diese Ablehnung ihre »amerikanische Gesinnung« unter Beweis stellen zu müssen, oder weil sie sich vor dem schützen möchten, was sie als die Degeneriertheit, den Aberglauben und die Korruption der Alten Welt betrachten. Solche

Bemühungen können sich jedoch psychologisch nachteilig auswirken und dazu führen, daß diese Menschen sich von ihrer Vergangenheit abschneiden und sich in den Krisen des modernen Lebens sozusagen mit einem geschichtlichen Kurzzeitgedächtnis treiben lassen. Die Weisheit, die wir brauchen, um die Zukunft meistern zu können, müssen wir aus einem alten Brunnen schöpfen, der wesentlich tiefer ist als die relativ seichten Gewässer des ungefähr 200jährigen Bestehens der Vereinigten Staaten von Amerika. Aus vielen Gründen wird unser spirituelles Leben ganz allgemein und insbesondere unsere Praxis des Schamanismus intensiviert, wenn wir die Form des Schamanismus kennenlernen und verwenden, die in Westeuropa zuhause ist.

Der dritte Grund ist, daß wir nicht voreilig bestimmte Zeremonien und spirituelle Praktiken von heutigen indigenen Kulturen übernehmen und dabei annehmen sollten, daß wir uns diese Praktiken zu eigen machen könnten. Diese Einstellung ist in den Vereinigten Staaten zu einem sehr unglücklichen Trend geworden, da viele Vertreter des New Age meinen, sie könnten sich bei allen Bräuchen der Ureinwohner bedienen. Die meisten Versuche dieser Art stellen einen kulturellen Imperialismus dar, der der Beschlagnahmung des Landes und der Bodenschätze von Ureinwohnern nicht unähnlich ist. Der Raub spiritueller Praktiken entspricht dem Raub von Wäldern, Weiden und Wildtieren. Außerdem wäre es naiv zu glauben, daß Praktiken, die eine einzigartige natürliche Umgebung, spezielle religiöse Voraussetzungen und die gesellschaftliche Unterstützung erfordern, die nur in jahrtausendealten Stammeskulturen vorhanden sind, ausgegraben und in städtischen Umgebungen wieder eingepflanzt werden könnten, ohne ihre Wirksamkeit und den wesentlichen Einfluß der jeweiligen Geister des Landes zu verlieren, von denen die Wirksamkeit der Praktiken abhängt.

Nur mit größter Vorsicht und Feinfühligkeit bezüglich der spirituellen Integrität von Naturvölkern können wir es wagen, deren spirituelle Traditionen entsprechend unserer Bedürfnisse anzupassen. Meiner Meinung nach ist die Voraussetzung hierfür, daß man von den Stammesältesten dieser Traditionen unterwiesen wurde und von diesen die Erlaubnis erhalten hat, deren Praktiken zu übernehmen. Dies gilt insbesondere für spirituelle Bräuche, die nicht auch in anderen Kulturen verbreitet sind (d.h. die nicht zu den universellen schamanischen Praktiken, d.h. zum Core-Schamanismus, gehören) und die so eng mit der Lebensweise eines bestimmten Volkes verflochten sind, daß jeder Versuch, diese Bräuche aus ihrem kulturellen und religiösen Kontext zu reißen, in dem sie heilig sind, einen Akt der Entweihung darstellen würde.

Es gibt jedoch zahlreiche alte spirituelle Praktiken, auf die keine Kultur und kein Stamm ein Monopol beanspruchen kann. Ein Beispiel hierfür ist die einfache Handlung, einen heiligen Kreis zu schaffen, in dessen Mitte eine spirituelle Praktik vollzogen werden soll. Mehrere Möglichkeiten, wie man dies machen kann, werden in einem späteren Kapitel ausführlicher geschildert. An dieser Stelle beschränken wir uns vorläufig auf die Feststellung, daß der Core-Schamanismus zwar kaum etwas über die Schaffung eines heiligen Kreises sagt, viele schamanisch arbeitende Menschen jedoch von Natur aus dazu neigen, einen speziellen Bereich für ihre schamanischen Handlungen dadurch zu schaffen, daß sie die vier Himmelsrichtungen und die verschiedenen Geistwesen und Kräfte würdigen, die in diesen Richtungen wohnen. In jedem Fall ist nachgewiesen, daß Menschen auf der ganzen Welt den Kreis als ideale Form verwenden und verwendet haben, in der sie beten und Rituale vollziehen. Viele von uns neigen jedoch dazu, Bräuche der Indianer für die Anrufungen der Himmelsrichtungen zu übernehmen, ohne sich der Heiligkeit dieser Riten bewußt zu sein oder diese zu respektieren, anstatt unsere eigenen Riten dafür zu entwickeln, die Himmelsrichtungen anzurufen und einen Kreis zu schaffen. Es entspricht der Philosophie des Core-Schamanismus, nicht gedankenlos andere Traditionen zu übernehmen oder anzupassen, sondern zu versuchen, unsere eigenen Methoden zu entwickeln, wobei durchaus die Möglichkeit besteht, uns auch von anderen Kulturen inspirieren zu lassen. Es kann oft schwierig sein, dies in Erinnerung zu rufen.

Trotz dieser Warnungen sollten wir bedenken, daß viele spirituelle Praktiken – sowohl alte als auch heutige – nicht an bestimmte Kulturen gebunden sind. Fasten, Schwitzrituale, Visionssuche, Trommeln und Rasseln, Chanting, Tanzen, der Kontakt zu helfenden Tiergeistern sowie die Arbeit mit den Elementen Erde, Luft, Feuer und Wasser sind nur einige dieser kulturenübergreifenden Phänomene, die wie bestimmte Lieder und Geschichten mehrerer Völker zu eigen sind und an viele verschiedene soziale und ökologische Umfelder angepaßt werden können.

Die Geschichte der Religion ist die Geschichte kultureller und theologischer Entlehnungen. Das Christentum geht auf jüdische Gebete und

Bräuche zurück und hat diese abgeändert. Die Katholiken singen das von Martin Luther stammende Kirchenlied »Ein feste Burg ist unser Gott«. Christen, Anhänger des Wicca-Kultes und andere neue Heiden singen das beschwingte Lied »The Lord of the Dance«. Einige Indianer-Schamanen, die in christlichen Konfessionen aufgewachsen sind, zählen Jesus und die Jungfrau Maria zu ihren Hilfsgeistern.

Ein vierter Grund ist, daß viele westliche Menschen diejenigen religiösen Traditionen nicht aufgeben wollen, in denen sie aufgewachsen sind. Dies ist beim Schamanismus auch nicht notwendig. Der Core-Schamanismus ist keine Religion, sondern eine spirituelle Lebensweise. Core-Schamanismus kann auf unserem Glauben aufbauen und diesen stärken, unabhängig davon, welchem Glauben wir anhängen. Eine Wiederbelebung der europäischen schamanischen Traditionen kann unsere zentralen religiösen Überzeugungen und Übungen intensivieren, insbesondere wenn diese auch auf europäische Quellen zurückgehen.

Aus diesen und anderen Gründen, die im folgenden noch deutlich werden, würden wir gut daran tun, die schamanischen Prinzipien und Praktiken zu berücksichtigen, die in europäischen Volksbräuchen überlebt haben, und diese in unsere spirituelle Lebensweise einfließen zu lassen, sofern dies möglich und angemessen ist. Es gibt vieles in westlichen Stammes- und Dorfkulturen, das wir nutzen können – und auch nutzen *sollten,* da in diesen Kulturen die Wurzeln der westlichen Zivilisation liegen, die es so dringend nötig hat, sich wieder an ihr altes heiliges Wissen zu erinnern.

Was ist eine spirituelle Übung?

Eine Übung kann sowohl Bestandteil der Bereiche Sport, Musik, Kunst und Handwerk als auch der Spiritualität sein. Das Wort *Übung* suggeriert eine gewisse Regelmäßigkeit, durch die man eine Verbesserung erreichen will. Im wörtlichen Sinne *übt* man eine Übung.

Spirituelle Übungen haben unabhängig von der jeweiligen Religion, aus der sie stammen, häufig viele Gemeinsamkeiten: Gebet, Meditation, Lesen, Lernen, Unterstützung durch andere Anhänger und die Notwendigkeit einer Beratung und Anleitung durch spirituelle Lehrer. Eine spirituelle Übung umfaßt außerdem Rituale und zeremonielle Handlungen, von denen manche nur in einer bestimmten Religion üblich sind, während andere wirklich interkulturell sind und in mehreren Religionen vorkommen. Hierzu gehören das Fasten, Wallfahrten zu heiligen Stätten, nächtliches Wachen, das Anzünden von Kerzen und heiligen Feuern, das Verbrennen von Kräutern und Räucherwerk, die Einrichtung von Altären und Schreinen, Praktiken der Askese sowie die Verwendung sakraler Werkzeuge und Gegenstände, die typisch für die einzelnen Traditionen sein können.

Jemand, der einem spirituellen Weg folgt, hat sich dazu entschlossen, die betreffenden Übungen mit Hingabe regelmäßig auszuführen: Einige Übungen werden täglich, andere wöchentlich, monatlich oder in bestimmten Jahreszeiten durchgeführt, während manche nur bei bestimmten Anlässen durchgeführt werden, wenn der Übende sich dazu bereit oder aufgefordert fühlt, sie durchzuführen. Wichtig für eine spirituelle Übung ist die eigene Verpflichtung, einem spirituellen Weg zu folgen und diesem treu zu bleiben, wobei man einige Elemente dieses Weges regelmäßig oder sogar täglich in das alltägliche Leben integriert.

Der Schamanismus als spiritueller Weg erfordert ähnliche Übungen, die sich aus der grundlegenden Verpflichtung dazu ergeben, persönliche Beziehungen zu Geistwesen und der geistigen Welt zu entwickeln und zu pflegen. Die grundlegende Übung ist die schamanische Reise, die durch rituelle rhythmische Sprechgesänge (Chanting) oder durch Tanzen zu Trommeln oder Rasseln begleitet wird. Trommeln, Rasseln, Tanzen und Chanting sind Handlungen, die mit der Zeit so eng mit der schamanischen Reise und dem Kontakt zu den Hilfsgeistern verbunden sind, daß es nützlich ist, diese Handlungen um ihrer selbst willen auszuführen, auch wenn man keine Zeit oder Lust hat, in die geistige Welt zu reisen.

Zusätzlich zu der schamanischen Reise sind die meisten rituellen Handlungen, mit denen die Geister der Natur, der Elemente, Tiere, Pflanzen, Jahreszeiten und der Verstorbenen geehrt werden, für die Praxis des Schamanismus geeignet, auch die Errichtung und Pflege von Altären und heiligen Stätten in einem Gebäude oder im Freien, an denen diese Rituale durchgeführt werden können. Auch das Lesen und das Lernen über Schamanismus und andere animistische spirituelle Bräuche bereichern die Praxis, wir müssen jedoch, wie bereits an anderer Stelle erwähnt wurde, beim Entlehnen oder Anpassen von sakralen Bräuchen ethische Aspekte sowie Aspekte der Wirksamkeit berücksichtigen.

Eine spirituelle Übung kann man zwar sehr zurückgezogen betreiben – wie in einer Art Einsiedelei, in der man alleine betet und seine Rituale zelebriert –, die meisten Menschen brauchen jedoch die Unterstützung und Ermutigung durch andere. Sogar Einsiedler wenden sich an spirituelle Beichtväter und Führer, manchmal regelmäßig. Für Menschen, die Schamanismus praktizieren, ist eine Trommelgruppe die wirksamste Möglichkeit, Unterstützung durch andere zu erfahren und Erfahrungen austauschen zu können. Eine Trommelgruppe kann je nach dem zur Verfügung stehenden Raum nur drei oder vier Mitglieder oder bis zu zehn oder zwölf Mitglieder umfassen, die sich treffen, um zu trommeln und zu reisen. Die Gruppe kann sich einmal pro Woche, zweimal oder einmal im Monat oder so häufig treffen, wie die Mitglieder dies möchten. Die Gruppe kann auch gelegentlich zusammen kommen, um heilige Tage der Jahreszeit zu feiern oder andere Rituale, vielleicht zu Heilungszwecken, durchzuführen.

Ich empfehle auch den alten irischen Brauch eines »Seelenfreundes«. Dieser Brauch aus der frühen irischen Kirche geht wahrscheinlich auf noch ältere druidische oder schamanistische Bräuche zur Unterstützung des Geistes zurück. Die wichtigste Idee hierbei ist, daß jeder von uns – insbesondere wenn wir persönliche Visionsarbeit betreiben – einen persönlichen Freund oder eine Freundin braucht, dem oder der wir die Freuden, Sorgen, Herausforderungen und Kämpfe des spirituellen Lebens anvertrauen können. In der frühen irischen Kirche konnte es sich bei einem Seelenfreund um einen Mönch, eine Nonne, einen Priester oder eine sonstige weibliche oder männliche Person handeln, sogar um jemanden, der jünger als man selbst ist. Wichtig ist nicht der gesellschaftliche oder kirchliche Status des jeweiligen Seelenfreundes, sondern daß die Person wirklich ein »Freund Ihrer Seele« ist, jemand, der Sie kennt und Ihre spirituellen Ziele versteht, und jemand, den Sie wegen seiner Ratschläge und seines Verständnisses in spirituellen Angelegenheiten respektieren.

In vielen heutigen buddhistischen Zentren ist es üblich, den Buddhismus stärker im Leben zu verankern, indem man ihn in künstlerische, sportliche, intellektuelle Aktivitäten sowie in Aktivitäten des Alltags miteinbezieht. Dies ist auch beim Schamanismus empfehlenswert. Hierbei geht es im Grunde darum, daß der schamanisch Tätige sein Interesse an Schamanismus als Thema oder Gegenstand für künstlerische, sportliche und intellektuelle Aktivitäten nimmt.

Als künstlerische schamanische Aktivität könnte man beispielsweise Trommeln und Rasseln bauen oder verzieren, Szenen und Erlebnisse aus schamanischen Reisen zeichnen oder malen, Gedichte über schamanische Reisen schreiben und das Spielen spontaner »Geistlieder« auf einfachen Instrumenten wie z.B. einer Flöte erlernen. Bei einer sportlichen Aktivität kann es sich um jede Art von sportlicher Aktivität handeln, die im Freien praktiziert wird und einen den Geistwesen der Natur näherbringt (beispielsweise Wandern, Campen, Bergsteigen, Kanufahren), oder Joggen, Radfahren und Schwimmen in Gegenwart von Krafttieren. Mit intellektuellen Aktivitäten ist einfach das Lesen und Lernen über Schamanismus gemeint. Da in den letzten Jahren unzählige Bücher und Artikel zu Schamanismus veröffentlicht wurden, dürfte dies keine besondere Schwierigkeit darstellen.

Mit einer Aktivität des alltäglichen Lebens ist gemeint, daß eine schamanistische Aktivität täglich in das Leben integriert werden sollte. In den folgenden Kapiteln werden hierfür verschiedene Möglichkeiten vorgestellt, wie z.B. das Beten, Singen, die Invokation oder Rituale, die in uns das stärken, was DAVID SUZUKI und PETER KNUDTSON in ihrem ausgezeichneten Buch *Wisdom of the Elders: Honoring Sacred Native Visions of Nature* als »native mind« (Eingeborenendenken) bezeichnet haben. Bei diesem Denken wird alles Leben als von Natur aus heilig betrachtet; es wird keine Herrschaft über die Natur angestrebt; es wird ein göttliches Wesen vorausgesetzt, das den Kosmos erfüllt und ihn zu etwas Heiligem macht; die Verantwortung für ein Leben in Einklang mit der Erde wird von ganzem Herzen übernommen; es werden Opfer gebracht und Dankbarkeit wird zum Ausdruck gebracht; das Universum und alles in ihm wird als lebendig, dynamisch und veränderlich, jedoch gleichzeitig von einer vereinigenden Lebenskraft belebt betrachtet; bei diesem Denken wird erkannt, daß die Zeit kreisförmig verläuft; die Geheimnisse des Lebens werden akzeptiert; es wird Verwandtschaft und Mitgefühl mit allen Kreaturen empfunden; und schließlich feiern die Menschen mit dieser Denkweise voller Freude ihr persönliches Leben und das »Höhere Leben«, dessen Teil sie sind.[2]

Für viele Menschen ist das Führen eines Tagebuches eine gewohnte spirituelle Übung. Manche Menschen schreiben ihre Meditationen oder

Gebete auf; andere wiederum führen ein Tagebuch, um die Wege ihrer Seele zu beobachten und aufzuzeichnen und die Ereignisse des Lebens aus einer spirituellen Perspektive zu kommentieren. Menschen, die Schamanismus praktizieren, können ebenfalls ein Tagebuch führen, um Reisen, Träume und die sich ereignenden Synchronizitäten aufzuschreiben. Unser psychisches, spirituelles Leben ist holistisch und nicht so sehr in einzelne Bereiche aufgeteilt wie ein großer Teil unseres alltäglichen Lebens. Unser Ego kann Alltagserfahrungen zwar in Fragmente zergliedern, die Teile fügen sich jedoch in den nichtalltäglichen Bewußtseinszuständen wieder zusammen. Ein Tagebuch hilft dabei, dies zu erkennen.

Auf gesunde Weise zwischen den Welten wandern

Wenn man eine gesunde spirituelle Lebensweise beibehalten will, braucht man ein gesundes Gleichgewicht zwischen dem, was wir im Westen gerne »das Heilige und das Profane« nennen. Der westliche Rationalismus, der auf einer Neigung zur Betonung der Dualität von Erfahrungen beruht, hat die Kluft zwischen dem Heiligen und dem Unheiligen in einer Weise vergrößert, die unsere Vorfahren verblüfft hätte, die alle Erfahrungen des Lebens als ein feines Gewebe betrachteten, das als heilig galt. In den meisten Stammeskulturen war der Begriff des Profanen für die wenigen Gegenstände oder Menschen vorbehalten, die nicht offiziell für einen speziellen religiösen Zweck oder eine spezielle religiöse Aktivität bestimmt oder hierfür initiiert – transformiert – worden waren. Unsere frühen Vorfahren haben uns zum größten Teil ein bedeutendes spirituelles Erbe hinterlassen, in dem die gesamte Schöpfung heilig ist und alle Handlungen auf eine heilige Weise ausgeführt werden können und sollen.

Dennoch zwingt uns die moderne Gesellschaft in viele alltäglichen Verantwortlichkeiten, die in keiner Weise heilig zu sein scheinen, jedoch erforderlich sind, um das Leben, den Wohlstand und den sozialen Status in unseren Gemeinschaften zu erhalten. Leider ist unser stark sektioniertes Leben schnell, hektisch und sorgenvoll, voller Anforderungen, die häufig nur wenig oder gar keinen Raum für umfassende spirituelle Übungen lassen. Die große Mehrzahl der westlichen Menschen hat das Heilige in ein paar Stunden offizieller religiöser Aktivitäten an ein oder zwei Tagen in der Woche verbannt.

Daher müssen wir unsere spirituellen Aktivitäten vorsichtig und bedacht in dem Maße in unser allgemeines weltliches Leben integrieren, in dem dies jedem einzelnen möglich ist. Wir müssen echte Wanderer zwischen den Welten werden, die sowohl in der alltäglichen als auch in der nichtalltäglichen Wirklichkeit über eine solide Grundlage verfügen. Wir müssen uns auf verschiedenen Ebenen »im Gleichgewicht« bewegen, wobei wir nicht zuletzt den ständigen Anforderungen des Alltagslebens, unserer Familie, unserer Freunde, unserer Arbeitsstelle und unseres sozialen Engagements gerecht werden müssen. Es wäre schlecht, wenn unsere Beschäftigung mit Schamanismus einen Keil zwischen uns und diejenigen Menschen in unserem Leben treiben würde, die unsere Vorstellungen oder unsere spirituellen Interessen nicht teilen. Dies kann jedoch leichter geschehen, als wir denken. Viele Menschen, die sich mit Schamanismus befassen, tun dies »im stillen Kämmerlein«, ohne daß ihre Familie, ihre Freunde oder Kollegen davon wissen, aus Angst, die Anerkennung wichtiger Menschen in ihrem Leben zu verlieren, die dem Schamanismus ablehnend gegenüberstehen.

Andererseits müssen wir darauf bedacht sein, daß wir unseren Glauben an schamanische Erfahrungen nicht durch eine Kultur schwächen oder untergraben lassen, die dem Schamanismus feindlich gegenübersteht. Wir müssen unser Engagement für Glaubensvorstellungen stärken, die von der vorherrschenden Kultur als »primitiv« oder »heidnisch« im negativen Sinne dieser Ausdrücke betrachtet werden, und wir dürfen uns nicht einschüchtern und von dem abbringen lassen, was wir wissen, an das wir glauben und zu dessen Anwendung wir uns berufen fühlen. Wenn man Schamanismus praktiziert, muß man ein Gefühl dafür haben, wie weit man die Tür des stillen Kämmerleins öffnen kann, wann man andere hereinschauen läßt und wann man, wenn überhaupt, jemand anderen zum Mitmachen einlädt. Zum jetzigen Zeitpunkt hat nicht jeder die Freiheit, sein »spirituelles stilles Kämmerlein« zu verlassen und sein spirituelles Leben so offen zu leben, wie er es gerne möchte.

Aus Gründen der psychischen und der emotionalen Gesundheit sollten wir uns daher bemühen, das richtige Gleichgewicht zwischen der alltäglichen und der nichtalltäglichen Wirklichkeit zu finden, und wir soll-

ten dabei berücksichtigen, was die verschiedenen Wirklichkeiten von uns
verlangen; wir sollten den Wirklichkeiten die ihnen angemessene Menge
an Zeit widmen, damit wir in beiden Welten weiterhin erfolgreich zurechtkommen. Dies galt früher und gilt auch heute noch für in Stammeskulturen lebende Schamanen. Westliche Anthropologen und Eth-
nographen »diagnostizierten« zwar zunächst, daß alle Schamanen
verrückt seien – da sie behaupteten, sie redeten mit Bäumen, verließen
ihren Körper, reisten in die geistige Welt und nähmen die Gestalt von
Tieren an –, es wurde jedoch bald deutlich, daß die Schamanen, falls sie
verrückt waren, dennoch in ihrem Alltagsleben gut zurechtkamen und
ein hohes Ansehen genossen! Schamanen gehören zu den Mitgliedern
ihrer Gemeinschaft, die am meisten bewundert und respektiert werden,
und zwar sowohl wegen ihrer spirituellen Dienste als auch wegen der
alltäglichen Aufgaben im dörflichen Leben, an denen sie ebenso beteiligt sind wie jeder andere auch. Die Menschen eines Stammes wissen
hingegen sehr wohl, wer die Psychotiker in ihrem Dorf sind: Diejenigen, die ihre Visionserlebnisse nicht kontrollieren können, die die Stimmen, die sie aus der geistigen Welt vernommen haben, nicht »abschalten« können, die nicht zwischen der alltäglichen und den nichtalltäglichen Wirklichkeiten unterscheiden können – Menschen, die *immer nur*
mit Bäumen reden, aber nicht mit ihrer eigenen Familie. Wenn Schamanen ihre Grundlage in der alltäglichen Wirklichkeit und die Fähigkeit
verlieren, Erfahrungen in der nichtalltäglichen Wirklichkeit zu kontrollieren, kommen sie nicht nur im Alltagsleben nicht mehr zurecht, sie sind
auch nicht mehr als Schamanen geeignet. Um ein erfolgreicher Schamane oder schamanisch Tätiger zu sein, muß man in der Lage sein, zwischen den Welten hin- und herzuwandern; man muß ihre jeweilige Geographie kennen und darf nicht von den Brücken zwischen den Welten
stürzen. Wenn wir in einer Sintflut persönlicher Erlebnisse der nichtalltäglichen Wirklichkeit ertrinken, sind wir weder für andere noch für
uns selbst von irgendeinem Nutzen.

   Wir müssen auch dazu bereit sein, die Verantwortung zu übernehmen, die mit der Praxis des Schamanismus verbunden ist. Wenn wir den
Geistwesen eine aktivere Rolle in unserem Leben zugestehen, wird sich
unser Leben verändern. Vielleicht stellen Sie fest, daß Sie bestimmte
Dinge nicht mehr tolerieren können, die für viele ihrer Bekannten selbstverständlich sind. Süchte, der Mißbrauch anderer Menschen, berufliche

Tätigkeiten, die dem Wohle des Ganzen schaden, sogar das selbstzer-störerische Verhalten unserer engsten Freunde – dies alles kann uns dazu zwingen, radikale Veränderungen in unserem Leben vorzunehmen. Wir müssen ebenfalls anderen schamanisch arbeitenden Menschen zur Seite stehen, wenn diese in Not sind oder unseren Rat suchen.

Schließlich müssen wir auch dazu bereit sein, uns dem zu stellen, was christliche Mystiker als die »dunkle Nacht der Seele« bezeichnen, das heißt die Zeiten, in denen unsere spirituellen Bemühungen nicht zu-friedenstellend sind, in denen wir uns sogar von unseren hilfreichsten Geistwesen verlassen fühlen, die Zeiten, in denen uns Selbstzweifel pla-gen und wir den Eindruck haben, daß alles, was wir tun, völlig sinnlos sei. Diese Art von Niedergeschlagenheit ist sogar in etablierten spiritu-ellen Traditionen sehr schlimm, in denen viele andere Menschen da sind, bei denen man Hilfe und Ermutigung finden kann. Noch schlimmer ist die dunkle Nacht der Seele für jemanden, der einem spirituellen Weg folgt, dem die meisten Menschen unserer Kultur verständnislos ge-genüberstehen.

Trotz dieser Warnungen kann es ein großes Abenteuer sein, sich der Herausforderung zu stellen, die heiligen und »unheiligen« Aspekte un-seres Lebens in einer schamanisch bedeutsamen Art und Weise zu ver-einen. Wir leben in einer materialistischen, agnostischen Kultur, in der diejenigen, die nicht wissen, was sie glauben, den Glauben durch mate-riellen Besitz ersetzen, um ihrem Leben Stabilität zu verleihen, und die-jenigen, die wissen, was sie glauben, intolerant und mißtrauisch ge-genüber anderen werden, die ihren Glauben nicht teilen. Dies ist vielleicht die Finsternis des Lebens, die dringend erhellt werden müßte: Das Schattenreich der Intoleranz, der Bigotterie, der Konsumsucht und der seelenlosen Unterhaltung, durch die die ewige Flamme der Seele er-stickt wird.

Wenn man Menschen, die bereits längere Zeit schamanisch arbeiten, danach fragt, was sie durch ihre Beschäftigung mit Schamanismus ge-lernt haben oder wie sie sich dadurch verändert haben, erhält man von der überwältigenden Mehrheit die Antwort, daß sie keine Angst mehr vor dem Universum haben und daß sie sich nicht mehr isoliert und al-leine fühlen. Vielmehr fühlen sie sich in der Natur und im Universum insgesamt zuhause; sie wissen in ihrem Herzen, daß die Schöpfung hei-lig und voller Freude und Göttlichkeit ist. In unterschiedlichem Maße kommen sie zu der Ansicht, die mit der an die Menschen gerichteten Botschaft des »Höchsten Wesens der Stärke«, das die Eskimos »Sila« nennen, übereinstimmt. NAJAGNEG, ein Eskimo-Schamane, erzählte dem dänischen Forscher KNUD RASMUSSEN, daß Sila, »die Seele des Universums ... eine Stimme hat, die so zart und freundlich ist, daß nicht einmal Kinder Angst vor ihm haben. Seine Botschaft lautet: Hab' keine Angst vor dem Universum.«[3]

ZWEITES KAPITEL

KRAFTTIERE

In vielen Geschichten der Welt, in denen die Erschaffung der Erde beschrieben wird, ist von einer kurzen Zeitdauer die Rede, in der Menschen und Tiere dieselbe Sprache sprachen. Zu einem bestimmten Zeitpunkt kam es dann aufgrund eines Mißgeschicks, einer Untugend oder aufgrund einer aus einer menschlicher Schwäche heraus begangenen unglücklichen Handlung zu einer Beendigung dieses Zustands. Von diesem Zeitpunkt an gingen Tiere und Menschen getrennte Wege und konnten nicht mehr miteinander kommunizieren. In vielen Kulturen jedoch bilden einige wenige privilegierte Menschen eine Ausnahme, und durch transformative Erfahrungen erlangen einige Menschen wieder die Fähigkeit der Kommunikation zwischen den Arten. Sie sprechen mit Tieren, Bäumen, Flüssen und mit den Sternen. Schamanen gehören zu diesen glücklichen Männern und Frauen, die – wie es die Kelten von Druiden und Dichtern sagen – die »Zaubersprache der Vögel« sprechen lernen.

Der Schamane kann den Zustand der paradiesischen Zeit wiedererlangen, da die Seele bzw. der Geist des Schamanen in einer ekstatischen Trance außerhalb der normalen Bedingungen von Zeit und Raum reist und in den geistigen Kosmos gelangt, wo Menschen und Tiere immer noch miteinander sprechen können. Ein freundschaftliches Verhältnis zu Tiergeistern zu haben, ist in der Tat ein Kennzeichen der Fähigkeit des Schamanen, das gegenwärtige Dilemma der Menschen zu transzendieren und wieder in einen Zustand zu gelangen, der dem ursprünglichen Paradies gleicht, das die Menschheit im Anbeginn der Zeit verlassen mußte.

Man könnte sich fragen, warum Tiergeister für den schamanisch arbeitenden modernen Menschen so wichtig sind, da er doch im Gegensatz zum traditionellen Schamanen meist nicht mehr in ländlichen Dorf-

gemeinschaften sehr nahe bei Tieren lebt. Heutzutage haben wir in unserem Alltagsleben nicht mehr mit Tieren zu tun, die frei in ihrer natürlichen Umgebung leben. Warum sollte ein schamanisch arbeitender
Mensch, der in einer städtischen und technologisierten Welt lebt, ein
Tier als Hilfsgeist einem menschlichen Geistwesen oder einem Engel
vorziehen? Der Schamane wird bei seiner spirituellen Arbeit und bei
Heilungen sicherlich auch durch andere Geistwesen unterstützt, bei denen es sich nicht um Tiere handelt, wie z.B. Elementargeister, Devas,
Engel, Landgeister und Ahnengeister sowie Personen, die vor nicht so
langer Zeit verstorben sind.

Geschichtlich gesehen entwickelte sich der Schamanismus in Stammeskulturen, in denen Tiere eine wesentliche Rolle im Leben der Menschen spielten und für deren Überleben selbst von Bedeutung waren.
Die moderne Zivilisation scheint zwar die Abhängigkeit der Menscheit
von Tieren weitgehend überwunden zu haben, und auch die Wildnis
schrumpft kontinuierlich von Jahr zu Jahr, aber dennoch haben wir uns
nicht vollständig von der Erde und dem Tierreich abgeschnitten. Tiere
bevölkern nach wie vor unsere Träume, Vorstellungen und Phantasien.
Kleine Kinder träumen beispielsweise häufiger von Tieren als von ihrer
Familie und ihren Freunden, und zwar nicht nur von Hauskatzen und
Hunden, sondern auch von Bauernhoftieren und von wilden Tieren,
von Geschöpfen, die sie vorwiegend aus Zoos, Büchern, aus dem Fernsehen und aus Filmen kennen. Es scheint so, als ob wir in unseren ersten
Lebensjahren immer noch aus früheren Zeitaltern darauf programmiert
wären, sowohl eine Beziehung zu als auch ein Interesse für wildlebende
Tiere zu haben.

Auch die westliche Zivilisation hat sich nicht sehr weit vom Tierleben
entfernt. Vor nur einem Jahrhundert ließ man Schweine sogar in den
größten Städten frei herumlaufen, damit sie Abfälle fressen konnten; die
Verkehrsmittel wurden von Pferden gezogen; Greifvögel tauchten regelmäßig in städtischen Parks auf. In den Vereinigten Staaten beispielsweise war es nicht ungewöhnlich, daß ein Wolf, Fuchs oder Reh sich in
ein Wohngebiet verirrte. Man konnte lebende Hühner auf dem Markt
kaufen. Viele Menschen besuchten dort weiterhin ihre Großeltern und
Verwandten, die noch auf abgelegenen Farmen auf dem Land lebten.
Das Leben – das Tierleben – verlief freier zwischen städtischen und
ländlichen Umgebungen.

Es ist auffallend, daß sich die modernen Zoos genau in der Zeit entwickelten, als Tiere allmählich aus dem Alltagsleben verschwanden, und
zwar ungefähr ab der letzten Jahrhundertwende. Auch die Beliebtheit
von Heimtieren ist ein noch junges Phänomen. Vor hundert Jahren wurden Katzen hauptsächlich deshalb gehalten, damit die Mäuse nicht über-
hand nahmen, und bellende Hunde schützten das Haus vor Eindring-
lingen. Daß jemand, der in einer Wohnung im zehnten Stock eines
Hochhauses lebt, sich Katzen oder Hunde hält, ist in der menschlichen
Geschichte eine ziemlich befremdliche Vorstellung. Und doch sind wir
heute eine Nation von Heimtierhaltern geworden. Ein angeborenes Bedürfnis nach dem Kontakt zu Tieren überlebt anscheinend eindeutig,
auch wenn wir in einer vom Menschen geschaffenen Umgebung leben,
in der die körperliche Anwesenheit von lebenden Tieren unwichtig zu
sein scheint.

Tiere: Lehrer und Versorger

In der gesamten Geschichte haben Tiere sowohl körperlich als auch psy-
chisch wichtige Funktionen erfüllt, indem sie materielle Unterstützung
und spirituelle Erkenntnisse für das menschliche Leben lieferten. In nahezu sämtlichen Schöpfungsgeschichten der Welt wird geschildert, daß
die Tiere bereits lange vor dem Menschen auf unserem Planeten lebten
und daher in unseren Augen den Status von Pionieren und Erstgebore-
nen haben. Sie kennen die Erde sehr gut, da sie bereits lange mit ihr in
Beziehung stehen. Sie führen ein geheimes Leben, tief verborgen in den
Wäldern, den Gewässern, Gebirgen und Wüsten, in die die Menschen
– wenn überhaupt – nur selten vordringen.

Tiere leben natürlich und spontan, sie tun das, wofür sie geschaffen
wurden, ohne die Selbstzweifel, die Unsicherheit, die Klagen und
Schuldgefühle, die für das menschliche Handeln typisch sind. Sie stehen
vor uns als Musterkreaturen der Schöpfung, die leben, wie es für sie bestimmt ist, und die entweder zusammen mit anderen Geschöpfen oder
in Konkurrenz mit diesen in einem Netz gegenseitiger Abhängigkeit
überleben. Tiere verlieren nie die Gewißheit, daß sie Geist sind, sie reagieren vollkommen von ihrem Geist erfüllt auf alles, was ihnen das Leben bringt, sei es Nahrung, spielerischer Spaß, Sex oder der Tod.

Unsere Vorfahren waren bei ihrem materiellen Leben zum großen Teil
von Tieren abhängig. Tiere lieferten Nahrung, Kleidung, Schmuck,
Werkzeuge, Waffen, Medizin, Schutz, Transportmittel und Kamerad-
schaft. Sie fungierten als Vorboten des Jahreszeitenwechsels, von Gefahren und Wetterschwankungen.

Im Vergleich zu menschlichen Wesen besitzen die Tiere insgesamt betrachtet mehr Stärke und größere Fähigkeiten. Unter den Tieren gibt es
Spezies, die schneller rennen, besser schwimmen, sehen, hören und rie-
chen, schneller auf Felsen und Bäume klettern und erfolgreicher jagen
können als der Mensch – ganz abgesehen von der Fähigkeit zu fliegen.
Ich bezweifle, daß ich auch nach jahrelanger Übung in der Lage wäre,
so schnell die Beute anzuspringen wie meine Katze. Viele Tiere leben
länger und sind körperlich stärker als wir. Manche Tiere überleben in
Umgebungen, die für den Menschen zu rauh und unwirtlich sind, wie
z.B. in Wüsten, am Grund von Seen und Meeren und in Höhlen, die tief
in die Erde gegraben sind.

Es ist kein Wunder, daß Menschen früherer Zeiten die Tiere als Gottheiten oder Formen der Göttlichkeit betrachteten, die über Weisheit,
Wissen und eine intuitive Beziehung zu anderen Lebensformen verfügen, die sich der Mensch erst hart erarbeiten muß, wenn er es überhaupt
schafft, sie sich anzueignen. Es ist nicht erstaunlich, daß unsere Vorfahren sich Tiergeister als Lehrer, Begleiter und Führer durch die Geheimnisse des Lebens suchten. Die archaischen Geschichten darüber,
daß Menschen und Tiere vor dem Sündenfall eine gemeinsame Weisheit
und ein gemeinsames Wissen besaßen, zeugen davon, wie wertvoll Tiere
als Begleiter und Lehrer sind. Die Vielzahl an Sagen und Märchen über
freundliche Tiere als Begleiter des Helden auf seiner Reise sind Zeug-
nis des älteren schamanischen Wissens über unsere Abhängigkeit von
Tieren. Irgendwie spüren wir, daß Tiere von vielen Veränderungen ver-
schont blieben, die stattfanden, als das paradiesische Zeitalter zu Ende
ging. Ihre gelassene Selbstsicherheit und die Tatsache, daß sie immer
noch nach den Gesetzen der Natur, im Gleichgewicht und im Einklang
mit ihrer Umgebung leben, können uns Menschen als Vorbild dienen
und einen Maßstab liefern, eine Erinnerung an natürliche Gesetze, auch
wenn wir, die wir die größeren schöpferischen Fähigkeiten besitzen, die
Umwelt verändern.

Krafttiere

Die indigenen Völker der Pazifikküste im Nordwesten Amerikas und Kanadas, wie die Küsten-Salish und die Okanagon, bezeichnen ihre helfenden Tiergeistwesen als Krafttiere. Hiermit ist nicht gemeint, daß das Geisttier körperlich groß oder stark wäre. Mit Kraft ist hier die spirituelle Kraft gemeint, die aus innerem Wissen, Informationen oder Weisheit herrührt, die das Krafttier bereitwillig mit seinem menschlichen Freund teilt. Jedes Tier verfügt über Kraft, da es Teil der Natur und ein notwendiger Mitspieler im Spiel der Schöpfung ist. Unabhängig davon, ob das Krafttier der Bär, Rabe, Kojote, die Maus, das Backenhörnchen oder der Delphin ist, glaubt der Schamane, daß ein bestimmter Tiergeist sich einen bestimmten Menschen aussucht, mit dem er sich anfreundet, da der Tiergeist und der Mensch sich gegenseitig brauchen, da sie sich gegenseitig die Unterstützung und Hilfe geben können, die sie auf ihrer Reise durch die vielen Bereiche der Existenz brauchen.

Manche Menschen hatten bereits ihr Leben lang eine Vorliebe für ein bestimmtes Tier. Manchmal geht dieses Totemtier auf ein Kinderspielzeug oder ein Kinderbuch zurück, das die Träume und Phantasien des Kindes angeregt hat. Als Erwachsene haben wir uns vielleicht das Interesse an den tierischen Freunden aus unserer Kindheit bewahrt und sammeln Darstellungen dieser Tiere, lesen über sie, sehen uns gerne Filme über sie an oder beschäftigen uns auf andere Weise mit diesen Tieren. Für viele Menschen ist es eine Enttäuschung, daß dieses Tier oft nicht das Krafttier für die Praxis des Schamanismus ist. Das Pferd, die Krähe oder Eule, die uns als Kinder und Erwachsene stets fasziniert hat, taucht bei der Praxis des Schamanismus unter Umständen nicht auf. Ich weiß dies aus eigener Erfahrung. Schon seit meiner Kindheit war ich von Walen fasziniert. Ich war wahrscheinlich einer der wenigen Schüler meiner High-School-Klasse, die *Moby Dick* bis zum bitteren Ende lasen. Ich las es sogar später noch alle paar Jahre, wenn ich von Walbeobachtungsausflügen im Sommer am Cape Cod wieder inspiriert worden war. Wie viele andere Leute auch, sammelte ich mein Lieblingstier: Wale als Gemälde, Holzschnitzereien, Skulpturen, auf Kalendern, Notizpapier, T-Shirts und Wale als kleine Figürchen aus jedem erdenklichen Material, von Glas bis Gummi. Auch heute noch liegt ein Gummi-Wal auf meinem Computer-Monitor.

Ich war mir sicher, daß ein Wal – oder *der* Wal, wie er als Krafttier genannt würde – mein geistiger Begleiter sein würde, als ich mit schamanischer Arbeit begann. Aber auch nach vier oder fünf Jahren der Praxis des Schamanismus hatte ich den Wal immer noch nicht getroffen.
Erst später tauchte der Wal als Hilfsgeist für eine bestimmte Art von
Heilungsreise auf.

Dies soll nicht heißen, daß Ihr Lieblingstier oder Familientiertotem
in keinem Fall Ihr Krafttier sein wird. Ich möchte Sie lediglich darauf
hinweisen, daß Sie bei Ihren ersten Versuchen im Schamanismus mit of-
fenem Herz und Verstand vorgehen sollten und den Geistwesen die Entscheidung darüber überlassen sollten, welches Krafttier im Moment für
Sie am geeignetsten ist. Außerdem besteht weltweit die Vorstellung, daß
die Geistwesen, auch Tier- und Naturgeister, uns ebenfalls als Gefährten brauchen. Das Tier, das Ihr erstes Krafttier wird, sucht Sie sich vielleicht aus, weil seine eigenen spirituellen Bedürfnisse oder Aufgaben zu
den Ihren passen.

Sie können darauf vertrauen, daß Ihr Krafttier und Sie dafür bestimmt
sind zusammenzuarbeiten, um individuelle und beiderseitige Ziele zu
erreichen sowie das universelle Ziel, den paradiesischen Zustand wiederherzustellen, in dem Menschen und Tiere sich darüber bewußt waren, daß sie miteinander verwandt sind. Man kann es sogar so sehen, daß
ein Tiergeist als Begleiter auch eine Voraussetzung für das schamanische
Reisen ist, da man, um in den geistigen Kosmos der nichtalltäglichen
Wirklichkeit zu gelangen, zuerst wieder das Verhältnis zu Tieren – oder
zumindest zu einem Tier – aufbauen muß, das ganz zu Anfang vorgesehen war: ein Verhältnis, das von gegenseitigem Respekt, gegenseitiger
Unterstützung und Freundschaft geprägt ist.

Wenn Sie ein Tier als Begleiter haben, mit dem Sie kommunizieren
können, so ist dies der erste Schritt, um wieder in die »Zeit außerhalb
der Zeit« zu gelangen – die Anfangszeit, Traumzeit oder Schöpfungs-
zeit, die in den nichtalltäglichen Bereichen der Wirklichkeit, jenseits unseres normalen Bewußtseinszustands immer noch vorhanden ist. Mit einem Krafttier als Begleiter werden Sie sich auf Ihrem Weg durch die
traumähnlichen Welten des Geistes nicht verirren, da Tiere sich auf
ihrem Weg durch die Reiche der Natur und die Geheimnisse der Erde
nie verirrt haben. Auf eine direktere und spontanere Weise als wir folgen die Tiere den vielen Rufen des Lebens, und dies im Vertrauen dar-

auf, daß sie sowohl als Körper als auch als Geist wissen, was die Natur verlangt und was getan werden kann und muß, um unsere Verbindungen zum Universum aufrechtzuerhalten.

Ihrem Krafttier begegnen

Es bestehen mehrere Möglichkeiten dafür, wie traditionelle Schamanen ihr Krafttier finden. Diese verschiedenen Möglichkeiten können alle auch von Menschen benutzt werden, die Core-Schamanismus praktizieren.

Visionssuche für ein Krafttier

Die anspruchsvollste Methode dafür, einem Tiergeistwesen zu begegnen, ist die Visionssuche (Vision Quest) oder das nächtliche Wachen an einer abgelegenen Stelle in der Natur, weit entfernt von Ihrem Wohnort und Ihrer normalen Umgebung. In den einzelnen Traditionen bestehen unterschiedliche Anweisungen dafür, wieviele Tage und Nächte man sich dort aufhalten soll, ob man fasten oder auf bestimmte Nahrungsmittel und Getränke verzichten soll, ob man die ganze Zeit wach bleiben soll oder ob man auch schlafen soll, wenn dies nötig wird, ob man mit Ausnahme einer Decke unbekleidet sein soll und so weiter. Als jemand, der Core-Schamanismus praktiziert, können Sie die verschiedenen Methoden, die auf der Welt verwendet werden, in Betracht ziehen, für sich beurteilen und diejenigen wählen, die für Sie unter den Umständen, in denen Sie sich befinden, am besten zu sein scheinen. (Weitere Anweisungen für die Visionssuche enthält das sechste Kapitel.)

Die zentrale Idee ist, daß man mindestens 24 Stunden – obwohl eine längere Dauer vorzuziehen wäre – zurückgezogen, allein und ohne die normalen Ablenkungen des Lebens verbringt, während man zu den Geistwesen betet, damit sie einem den persönlichen Hilfsgeist in Form eines Tieres zeigen mögen.

Wenn Ihr Krafttier zu einer Tierart gehört, die in der Region lebt, in der Sie sich zur Visionssuche aufhalten, kann es sein, daß Ihnen das Tier während Ihrer Visionssuche oder nächtlichen Wache in seiner körperli-

chen Gestalt erscheint. Vielleicht sehen Sie während des Wachens mehrere Tiere. In diesem Fall müssen Sie ein von Herzen kommendes Gebet an jedes erscheinende Tier schicken und es fragen, ob sein Geist Ihr
Krafttier sein soll. Wenn es Ihr Krafttier sein soll, wird es eine offen-
sichtliche Bewegung oder ein Geräusch machen oder sich ungewöhnlich verhalten, wobei Sie eindeutig wissen werden, daß dies eine positive Antwort ist. Beispielsweise kann das Tier mehrmals auftauchen oder
weiterhin in der Nähe bleiben, nachdem es sie bemerkt hat, so daß es
anscheinend keine Angst vor Ihnen hat; es kann Sie direkt rufen oder
nachts aufwecken. Es kann sein, daß Sie Tiere nicht in der materiellen
Welt sehen, sondern im Schlaf von ihnen träumen. Dies ist ein Grund
dafür, warum Sie vielleicht nicht die ganze Zeit wach bleiben sollten:
Ein Tiergeist kann einen Traum benutzen, um Ihnen zu erscheinen.

Andererseits wird der Schlafentzug während einiger Nächte dazu
führen, daß Sie in einen veränderten Bewußtseinszustand gelangen, in
dem Sie eine größere Bewußtheit bezüglich Ihrer Umgebung sowohl
auf der materiellen als auch auf der geistigen Ebene haben werden.
Wenn Ihre Sinne geschärft sind, hören Sie vielleicht ein Tier tief in den
Wäldern oder sehen einen Vogel hoch am Himmel fliegen, den Sie normalerweise nicht bemerkt hätten.

Auch das Fasten schärft die Sinne. Wenn man zwei oder drei Tage
nichts gegessen hat, erscheinen einem Farben lebendiger, Licht und
Schatten deutlicher und Geräusche klarer. In diesem Bewußtseinszustand sind Sie möglicherweise empfänglicher für die Begegnung mit einem Tiergeist – oder anders ausgedrückt: Einem Tiergeist fällt es vielleicht leichter, Sie dazu zu bringen, ihn als bewußtes, reagierendes und
kommunikatives Wesen wahrzunehmen.

Das Gebet des Schamanen ist eine Bitte um Hilfe, in der er seine
Schwächen eingesteht, und eine Bitte an höhere Geistwesen, ihm Stärke,
Erkenntnis, Weisheit und Macht zu verleihen. Indianer beten darum,
daß die Geister sich unser erbarmen mögen.

Fasten und Wachbleiben sind bewährte Mittel, um die Gebete zu unterstützen, da durch sie unser aufrichtiges Bemühen darum zum Ausdruck kommt, Visionen und spirituelle Hilfe zu erhalten. Als kurze Zeiten des Leidens, die wir uns selbst auferlegt haben, strahlen sie wie
Leuchtfeuer ins Universum hinaus und zeugen von unserer Entschlossenheit und Aufrichtigkeit; und die höheren Mächte nehmen dies wahr.

BLACK ELK, ein heiliger Mann der Oglala, erklärte JOSEPH EPES BROWN in *The Sacred Pipe*, daß das »das Rufen nach einer Vision« im Sinne einer »Wehklage« erfolgen sollte. »In den alten Zeiten haben wir alle – Männer und Frauen – ständig wehgeklagt.« Manche, wie zum Beispiel CRAZY HORSE, wehklagten »viele Male während des Jahres, sogar im Winter, wenn es sehr kalt und schwierig war«. Wir sollten die Anweisungen von Black Elk nicht nur während unserer Suche nach einem Krafttier beachten, sondern auch während des schamanischen Reisens und der Visionsarbeit. Er sagt: »Der wichtigste Grund für das ›Wehklagen‹ ist, daß es uns dabei hilft, uns unseres Einsseins mit allen Dingen bewußt zu werden, zu wissen, daß alle Dinge mit uns verwandt sind.«[1]

Eine Warnung: Begeben Sie sich nur auf eine Visionssuche, wenn Sie Ihre Stärken und Ihre Grenzen kennen und jemand über Ihre Pläne informiert haben. Dies bedeutet, daß Sie nicht vier oder fünf Tage fasten sollten, wenn Sie dies vorher noch nie getan haben. Gehen Sie nicht für mehrere Tage in die Wildnis, ohne jemandem über Ihren Aufenthaltsort informiert zu haben. Auch in Stammeskulturen ist es üblich, daß ein älterer Schamane den Aufenthaltsort eines jüngeren bei dessen erster Visionssuche kennt.

Träumen, um einem Krafttier zu begegnen

Eine andere Möglichkeit, einem Krafttier zu begegnen, ist es, das Krafttier zu bitten, sich Ihnen nachts in einem Traum zu zeigen. Da wir in einer Kultur leben, in der Träume nicht wertgeschätzt werden und die uns auch nicht dazu ermutigt, uns an unsere Träume zu erinnern, ist dies nicht immer einfach. Sie müssen es vielleicht wirklich mehrere Nächte oder sogar mehrere Wochen lang versuchen und jeden Abend vor dem Schlafengehen Ihr Krafttier bitten, Sie in einem Traum zu besuchen und deutlich zu zeigen, daß es wirklich Ihr Krafttier ist. Aber nur Mut, Sie träumen nicht alleine: Wenn das Krafttier den Traum benutzen will, um sich Ihnen zu zeigen, dann wird es sich an Ihrem Traum beteiligen. Der Traum wird klar und deutlich sein, und Sie werden beim Aufwachen wissen, daß Sie den Kontakt zu einem Hilfsgeist in Gestalt eines Tieres hergestellt haben.

Rasseln oder trommeln, um einem Krafttier zu begegnen

Unsere frühen Vorfahren erfanden eine Vielzahl von Percussion-Instrumenten, die sie in heiligen Zeremonien verwendeten: Trommeln, Rasseln, hohle Baumstämme, Hölzer und Steine, mit denen Geräusche erzeugt wurden. Sie setzten diese heiligen Klänge ein, um sowohl ihr am tiefsten empfundenes als auch ihr höchstes Streben den Geistwesen mitzuteilen, zu denen auch die Geistwesen der Natur, der Wälder und des Tierreichs gehörten, von denen sie täglich umgeben waren. Daher wissen die Tiere, daß wir Menschen diese Klänge für heilige Zwecke verwenden. Wenn wir trommeln oder rasseln, um die Tiergeister zu uns zu rufen, werden sie kommen. Sie werden den archaischen Klang hören und auf ihn horchen.

Wenn Sie Ihrem Krafttier mit dieser Methode begegnen wollen, können Sie folgendermaßen vorgehen.

1. Dunkeln Sie den Raum ab, zünden Sie ein Feuer oder eine Kerze an, verbrennen Sie Räucherwerk oder angenehm duftende Kräuter, setzen Sie sich auf den Boden, entspannen Sie sich und beginnen Sie, in einem gleichmäßigen kontinuierlichen hypnotisierenden Rhythmus zu rasseln oder zu trommeln. Halten Sie die Augen geschlossen, oder schauen Sie mit leicht geöffneten Augen in die Kerzenflamme oder das Feuer.

2. Öffnen Sie Ihren Kopf und Ihr Herz dafür, Bilder und Laute von Tieren wahrzunehmen. Sie können auch einfach Tiere durch Ihr Bewußtsein ziehen lassen und einzelne Tiere in einem Strom von Bildern auftauchen und wieder verschwinden lassen.

3. Nach einer Weile, vielleicht nach fünf bis zehn Minuten, werden Sie feststellen, daß ein Tier immer wieder Ihre Aufmerksamkeit auf sich zieht; es kann den Eindruck haben, daß das Tier länger bleibt als die anderen oder daß es immer wieder kommt. Sie spüren vielleicht, daß Sie ständig an dieses Tier denken müssen. Es kann Ihnen so vorkommen, als wäre das Tier oder seine Energie im Zimmer anwesend. Dies kann ein Anzeichen dafür sein, daß dieses Tier Ihr Krafttier ist.

Fragen Sie es, ob es Ihr Krafttier ist, und beobachten Sie, wie es reagiert. Es sollte Ihnen ein eindeutiges Zeichen geben, wie zum Beispiel eine bestätigende Bewegung oder einen bestätigenden Laut. Vielleicht wird es auch zu Ihnen sprechen, entweder in stillen Worten, die Sie im Herzen hören, oder durch unmittelbare Gedankenübertragung.

4. Wenn Sie Ihr Krafttier entdeckt haben, trommeln bzw. rasseln Sie weiter, behalten Sie das Bild des Tieres vor Ihrem geistigen Auge und spüren Sie, daß es sich in Ihrer Nähe befindet. Spüren Sie seine Kraft. Sie können auch aufstehen und mit ihm tanzen.

Tanzen, um einem Krafttier zu begegnen

Das Tanzen selbst ist auch eine Möglichkeit, um einem Krafttier zu begegnen. Die folgende Methode ist an die Anweisungen angelehnt, die MICHAEL HARNER in seinem Buch *Der Weg des Schamanen* hierfür gibt.[2]

1. Beginnen Sie, indem Sie mit Ihrer Rassel laut und schnell rasseln, während Sie sich nacheinander allen vier Himmelsrichtungen zuwenden und die Tiergeister rufen, die in den einzelnen Himmelsrichtungen wohnen. Beginnen Sie im Osten, und wenden Sie sich anschließend dem Süden, Westen und Norden zu, wobei Sie ungefähr eine Minute in jede Richtung rasseln. Ich persönlich rufe Vögel und geflügelte Tiere aus dem Osten, Felltiere mit Pfoten und Klauen aus dem Süden, Fische, Wale, Delphine und andere Wassertiere aus dem Westen sowie hörner- und geweihtragende Tiere, Huftiere und Herdentiere aus dem Norden.

2. Wenn Sie mit dem Rasseln in die vier Himmelsrichtungen fertig sind, heben Sie Ihre Rassel über Ihren Kopf und rasseln Sie zu Ehren der Geistwesen des Himmels und der himmlischen Reiche über dem sichtbaren Himmel. Beugen Sie sich anschließend zum Boden und schütteln Sie die Rassel in der Nähe der Erde; hierbei würdigen Sie die Geistwesen des Pflanzenreiches und der Fruchtbarkeit.

3. Rasseln Sie weiterhin mit ganz oder teilweise geschlossenen Augen, und beginnen Sie zu tanzen. Versuchen Sie, dabei nicht verlegen zu werden, auch wenn Ihnen diese Bewegungen seltsam erscheinen. Es sieht niemand zu, außer die Geistwesen, die nicht kritisch sein werden, da sie wissen, das dies kein Schautanz oder Paartanz ist. Es gibt keine richtigen oder falschen Bewegungen, Schritte, Takte oder Abfolgen. Was Sie im Grunde machen, ist, dem Geist des Tieres zu erlauben, Ihren Körper zu bewegen.

4. Fangen Sie an, indem Sie sich einfach am Platz stehend wiegen oder langsam im Kreis um Ihr Feuer oder Ihre Kerze gehen. Rufen Sie die Tiergeister herbei und bitten Sie das Tier, das Ihr Hilfsgeist ist, in Ihren Körper zu gehen. Schließlich werden Sie die Gegenwart eines bestimmten Tieres in Ihrer Nähe oder sogar in Ihnen spüren. Ihr Körper wird sich wie von selbst bewegen; Sie werden sich keine Gedanken wegen des Tanzens machen müssen. Ihr Tiergeist tanzt durch Sie.

5. Es ist egal, ob Sie am Ende einfach nur im Kreis gehen oder schnell und ausdrucksvoll tanzen und dabei die Bewegungen des Tieres nachahmen, entweder realistisch oder in einer abstrakten Version der Tierbewegung. Wichtig ist, daß der Tiergeist Ihren Körper bewegt. Tanzen Sie weiter und erkennen Sie die Gegenwart des Tieres an, bis sie eine feste Verbindung zu dem Tier spüren. Wenn Sie das Gefühl haben, daß es Zeit zum Aufhören ist, hören Sie auf und heißen Sie das Tier in Ihrem Leben willkommen. Bitten Sie es, einen Teil seines Geistes, d.h. seiner Energie, in Ihrem Körper zu lassen.

Die Wirkung dieser letzten beiden Methoden, mit denen Sie Ihrem Krafttier begegnen können, d.h. Rasseln oder Trommeln und Tanzen, kann dadurch erheblich verstärkt werden, daß Sie ein oder zwei Personen bitten mitzumachen. Die zusätzlichen Trommel- und Rasselgeräusche werden es Ihnen erleichtern, in den veränderten Bewußtseinszustand zu gelangen, in dem Sie empfänglicher für Bilder und Geräusche der Geistwesen sein werden. Wenn Ihre Partner eigene Krafttiere haben, werden sie diese ebenfalls herbeirufen und diese Tiermächte werden noch weitere Tiere rufen, von denen eines Ihr Krafttier sein wird.

Reisen, um einem
Krafttier zu begegnen

Diese Reise ist wahrscheinlich Ihre erste. Gehen Sie entsprechend der im nächsten Kapitel beschriebenen Methode des schamanischen Reisens vor, und wenn Sie durch den Tunnel oder den Durchgang in die andere Welt gelangt sind, schicken Sie eine von Herzen kommende Bitte an den Tiergeist, der Ihr persönlicher Helfer und Führer ist, Ihnen auf dieser Reise zu begegnen. Die folgenden Richtlinien werden Ihnen bei dieser Reise helfen.

1. Falls ein Tier Sie erwartet, wenn Sie aus dem Tunnel kommen, fragen Sie es, ob es Ihr Krafttier ist, und bitten Sie es, Ihnen ein eindeutiges Zeichen zu geben, wie z.B. mit dem Kopf zu nicken, mit Ihnen herumzutollen oder wegzurennen und Ihnen mehrmals auf verschiedene Weise wieder zu erscheinen. Begrüßen Sie das Tier als Ihr Krafttier, und verbringen Sie die Zeit der Reise damit, das Tier kennenzulernen. Bitten Sie es, Ihnen zu zeigen, welche Fähigkeiten und Kräfte es hat oder was es gerne macht.

2. Falls Sie kein Tier erwartet, müssen Sie sich vielleicht ein wenig umsehen, nach dem Tier rufen und ihm mitteilen, daß Sie da sind. Manchmal prüfen uns die Geistwesen, um festzustellen, wie aufrichtig wir in unseren Bemühungen sind. Vielleicht necken sie Sie eine Weile, bevor sie sich zeigen.

3. Es kann auch sein, daß Sie von mehreren freundlichen Tieren erwartet werden. In diesem Fall müssen Sie Ihr Krafttier bitten, sich Ihnen durch ein eindeutiges Zeichen zu erkennen zu geben. Das wird es dann auch tun.

Was tun, wenn keine
Tiergeister erscheinen?

Wenn sich Ihnen beim Rasseln, Trommeln, Tanzen oder Reisen keine Tiergeister als Krafttier nähern, versuchen Sie es zu einem späteren Zeitpunkt nochmals. Bedenken Sie, daß Ihr Krafttier Sie vielleicht prüft, um festzustellen, wie stark Ihre Entschlossenheit wirklich ist, mit ihm in Kontakt zu kommen. Schamanen würden sagen, daß Sie in jedem Fall ein Krafttier haben, daß jeder Mensch hilfreiche Schutzgeister im Tierreich besitzt, da wir sonst bereits in der Kindheit gestorben wären. Dies entspricht dem Glauben, daß jeder von uns einen Schutzgeist im Reich der Engel hat, ob wir nun an unseren Schutzengel glauben, ihn bei Namen nennen und regelmäßig mit ihm kommunizieren oder nicht. Wenn Sie ein Krafttier finden möchten, geht es also nicht so sehr darum, es aktiv zu suchen, sondern darum, sich zu öffnen und empfänglich zu sein, damit das Krafttier, das Sie bereits seit vielen Jahren haben, sich Ihnen zeigen kann.

Ein Krafttier durch jemand anders holen lassen

Eine andere Möglichkeit, ein Krafttier zu finden, besteht darin, daß Sie einen Freund, der schamanisch arbeitet, bitten, eine schamanische Reise mit dem Zweck zu unternehmen, ein Krafttier für Sie zu holen. Wie hierbei vorgegangen wird, ist im neunten Kapitel beschrieben.

Die Beziehung zu Ihrem Krafttier vertiefen

Die Praxis des Schamanismus ist von starken persönlichen dauerhaften Beziehungen zu Hilfsgeistern abhängig. Das Krafttier ist häufig der wichtigste Hilfsgeist eines Schamanen. Bei den meisten Menschen, die Core-Schamanismus praktizieren, ist das Krafttier der geistige Führer, der sie auf jeder Reise begleitet, und die wichtigste Verbindung zur nichtalltäglichen Wirklichkeit darstellt. Das Krafttier kann auch Informationen liefern und andere Arten von Hilfe bieten, aber zuallererst fungiert es als ein Führer durch die andere Welt. Es kennt die Geographie der nichtalltäglichen Wirklichkeit und kann uns dahin bringen, wohin wir gehen müssen, um bestimmte Informationen zu bekommen oder Erfahrungen zu machen, beispielsweise kann es uns zu anderen Hilfsgeistern sowohl in Tier- als auch in Menschengestalt führen, die ebenfalls unsere Lehrer in der geistigen Welt werden.

Wenn ich eine Seelenrückholung durchführe, werde ich manchmal gefragt, woher ich wüßte, wohin ich in der geistigen Welt gehen muß, um verlorengegangene Seelen zu finden. (Bei einer Seelenrückholung muß man eine schamanische Reise machen, um Kraft einer Person zurückzugeben, die einen Seelenverlust aufgrund eines starken Traumas oder großen Leids erlitten hat, als Folge dessen ein Teil der Seele oder der Lebenskraft des Menschen den Körper verlassen hat.) Offen gesagt, ich habe keine Ahnung, wo sich die verlorengegangenen Seelen aufhalten. Aber ich habe ein besonderes Krafttier, das dies weiß, und dieses Tier bringt mich an den betreffenden Ort und stellt mich den jeweiligen Seelenteilen vor, die ich für einen Klienten zurückholen soll. Es klingt vielleicht merkwürdig, aber Seelenrückholungen sind wirklich keine Glanzleistungen. Ich habe eher das Gefühl, eine Art spiritueller Spediteur zu sein, der die Waren wie versprochen liefert. In Wirklichkeit vollbringt mein Krafttier die eigentliche Leistung, es weiß, wo es mich hinführen muß und wie es mich und die verlorengegangene Seele wieder zurück in diese Realität bringen kann.

Krafttiere sind etwas wie eine Kombination aus Begleiter, Reiseführer, spiritueller Berater und übernatürlicher Kumpel. Der Erfolg bei der schamanischen Arbeit hängt von der Tiefe und Fülle Ihrer Beziehung zu Ihren Hilfsgeistern ab, von einem Vertrauensverhältnis, das wie auch die Beziehungen in der alltäglichen Wirklichkeit nicht von heute auf morgen aufgebaut werden kann. Es können Monate oder Jahre der Praxis des Schamanismus vergehen, bevor Sie Ihr Krafttier (und andere Lehrer der nichtalltäglichen Wirklichkeit) gut genug kennen, um zu wissen, was das Krafttier kann oder nicht kann. Mit der Zeit werden Sie wahrscheinlich noch weitere Krafttiere bekommen, von denen jedes ein Spezialgebiet oder eine bestimmte Art des Wissens besitzt, die es Ihnen mitteilt.

Wie jeder gute Freund erwartet Ihr Krafttier gewisse Aufmerksamkeiten und Verpflichtungen von Ihnen. Die folgenden Vorschläge können Ihnen hierfür als Anregung dienen.

- Schenken Sie Ihrem Krafttier Beachtung, und suchen Sie es nicht nur auf, wenn Sie reisen müssen.

- Machen Sie täglich eine Anrufung des Krafttieres, oder sagen Sie jeden Tag eine Art »Guten-Morgen-Gebet« an das Krafttier.

- Stellen oder hängen Sie ein Bild Ihres Krafttieres an eine Stelle, an der Sie es jeden Tag sehen.

- Tragen Sie ein Amulett oder einen Anhänger zu Ehren des Tieres.

- Würdigen Sie den Kontakt zu Ihrem Krafttier auch bei Ihren sportlichen Betätigungen, indem Sie beim Laufen, Wandern, Radfahren oder Schwimmen das Krafttier auffordern, bei Ihnen zu sein.

- Beschäftigen Sie sich bei Ihren künstlerischen Betätigungen mit Ihrem Krafttier, indem Sie es zeichnen, malen, als Skulptur darstellen oder über es schreiben.

- Fragen Sie Ihr Krafttier, in welcher Weise Sie täglich den Kontakt zu ihm würdigen oder Zeit mit ihm verbringen sollen. Sie können immer mit ihm verhandeln, wenn es etwas verlangt, das wirklich unmöglich oder unrealistisch ist, wie z.B. daß Sie morgens um 3 Uhr aufstehen sollen, um mit ihm zu tanzen. (Geistwesen benötigen nicht soviel Schlaf wie wir!) Machen Sie ein Gegenangebot, oder schlagen Sie einen Kompromiß vor, in jedem Fall sollten Sie jedoch eine Aktivität, ein Ritual oder eine Übung vorschlagen, die Sie täglich oder fast täglich machen können, damit Sie sich Ihres Krafttieres bewußt sind und eine starke und dauerhafte Beziehung zu ihm aufbauen.

Sollen Sie anderen Menschen von Ihrem Krafttier erzählen?

In manchen indigenen Kulturen lassen die Schamanen niemand anders wissen, welches Krafttier sie haben, aus Furcht, ihre Macht und ihre Autorität könnten durch feindliche Schamanen untergraben werden, die dieses Wissen ausnutzen. Oder sie teilen die Identität ihres Krafttieres nur ausgewählten Personen mit, denen sie eindeutig vertrauen. Die meisten heutigen Menschen, die Schamanismus praktizieren, leben nicht in Kulturen, in denen feindliche Schamanen oder Zauberer ihr Wohlergehen bedrohen. Trotzdem ist es ratsam, nicht offen und achtlos über Ihr Krafttier zu reden. Wenn Sie die Identität Ihres Krafttieres als etwas, das Ihnen anvertraut wurde, oder als besonderes Geheimnis bewahren, können Sie auf diese Weise Ihre Beziehung zu dem Tier würdigen. Hingegen kann es manchmal angemessen oder sogar erforderlich sein, die Identität des Tieres preiszugeben, beispielsweise wenn man jemanden unterweist oder heilt. Der beste Weg ist es, das Krafttier direkt zu fragen, unter welchen Umständen man offen über es sprechen kann oder unter welchen Umständen man nie von ihm sprechen darf, und dann entsprechend den Wünschen des Tieres zu handeln. Es würde Ihnen sicherlich falsch erscheinen, angeberisch oder prahlerisch von dem Tier zu reden, um andere mit Ihren schamanischen Fähigkeiten zu beeindrucken. Sie sollten Ihr Krafttier nicht zum Gegenstand von Party-Plaudereien machen oder gegenüber anderen schamanisch Tätigen damit angeben, daß Ihr Krafttier stärker ist als deren Krafttiere. Auch wenn Ihr Krafttier tatsächlich das Krafttier eines anderen auffressen könnte, ist dies kein Thema, um andere damit zu übertrumpfen.

Wie das Krafttier seine
Beziehung zu Ihnen vertiefen kann

Wie bereits erwähnt wurde, geht die Beziehung zu Ihrem Krafttier nicht nur von Ihnen, sondern auch von Ihrem Krafttier aus. Sie werden vielleicht feststellen, daß Ihnen Ihr Krafttier auf unterschiedliche Weise erscheint, damit Sie es nicht vergessen. Im folgenden habe ich einige übliche Möglichkeiten dafür aufgeführt, wie Ihr Krafttier in Ihrem alltäglichen Leben auftauchen kann:

• Nachdem Sie Ihr Krafttier kennengelernt haben, sehen Sie es vielleicht in der alltäglichen Wirklichkeit häufiger als zuvor. Falls das Tier in Ihrer Gegend häufig anzutreffen ist, wie z.B. eine Krähe, ein Fuchs, ein Hase, Reh oder Habicht, können Sie ihm draußen begegnen.

• Falls das Tier in der materiellen Welt nicht in Ihrer Nähe lebt, sehen Sie es vielleicht in Zeitschriften, auf Reklametafeln, im Fernsehen oder in Kinofilmen.

- Sie hören vielleicht, wie andere Menschen sich über das Tier unterhalten.

- Sie träumen von dem Tier.

Eine psychologische und (auf Skepsis beruhende) Erklärung für diese Erscheinungen lautet, daß Sie, wenn Sie ein besonderes Interesse an einem bestimmten Tier entwickelt haben, stärker auf das Bild des Tieres achten, so daß es den Eindruck hat, als sähen Sie es öfter. Die schamanische Sichtweise lautet jedoch, daß das Tier tatsächlich in der einen oder anderen Form erscheint, indem es gewöhnliche Gegenstände und Situationen im Leben wählt, um Ihre Aufmerksamkeit auf sich zu ziehen, da es ebenso wie Sie eine Beziehung für die schamanische Arbeit aufbauen möchte. Die Verbindungen zwischen Tiergeistwesen und dem Geist der Menschen sind umfassend und erstaunlich, sie erstrecken sich über weite Zeiträume und viele Orte der Begegnung. Es kann durchaus sein, daß Sie eine wirklich verblüffende Begegnung mit Ihrem Tier oder mit Krafttieren von Bekannten, mit denen sie arbeiten, haben werden.

Für einen jungen Mann, der selbst auch Schamanismus praktizierte, habe ich einmal eine Seelenrückholung gemacht, und zwar als Ausgleich dafür, daß er für mich Brennholz sägte. Zwei Abende lang kam er mit seiner Kettensäge bei mir vorbei und zersägte einige abgestorbene Stämme und Äste aus dem Wald in der Nähe meines Hauses. Anschließend kam er wieder, damit wir die Seelenrückholung machen konnten. Genau am nächsten Abend tauchte ein Rotfuchs mit einem lahmen Bein auf meiner vorderen Veranda auf. Meine beiden Katzen kündigten seine Anwesenheit durch ein ungewöhnliches Miauen an, das lauter als sonst, aber in keiner Weise drohend war. Als ich hinaussah, saßen die beiden Katzen und der Rotfuchs ungefähr anderthalb Meter voneinander entfernt auf der Veranda. Sie schienen sich durch die Anwesenheit des jeweils anderen nicht gestört zu fühlen. (Sogar die Katze, die so stolz auf Ihre Beute-Anspringtechnik ist, kam zu der weisen Einsicht, daß dies keine Beute war.) Ich ging nach draußen, und der Fuchs sah mich eine Zeitlang an, stand dann auf, trottete direkt an mir vorbei die Verandastufen hinunter und verschwand im Wald. Während der nächsten paar Wochen lungerte der Fuchs ums Haus herum; mit den Katzen kam er ganz gut aus. Dann war er plötzlich verschwunden und kam nie mehr wieder.

Ungefähr zu dieser Zeit telefonierte ich mit dem jungen Mann, für den ich die Seelenrückholung gemacht hatte, um ihn zu fragen, wie es ihm ginge. Wir sprachen über die Seelenrückholung und plauderten danach ein wenig darüber, was sich in unserem Leben gerade so ereignete. Ich erzählte ihm von dem Rotfuchs. Er sagte mir darauf hin, daß der Rotfuchs eines seiner Krafttiere sei. Wenn ich an diese Begebenheit zurückdenke, bin ich mir sicher, daß der Rotfuchs ein Bote aus der geistigen Welt des jungen Mannes war. Ich glaube auch, daß der junge Mann dadurch, daß er in der Nähe Holz gesägt hatte, um sozusagen zum Lohn eine spirituelle Leistung zu erhalten, einen Abdruck seines eigenen »Geistes« an dem Ort zurückgelassen hatte, so daß der Ort empfänglicher für seine Tiergeister des jungen Mannes wurde. Die Tatsache, daß der Fuchs ein lahmes Bein hatte, kann sogar eine Manifestation der verletzten Seele des Mannes gewesen sein, wegen der wir schamanische Arbeit zur Heilung durchführten.

In jedem Fall sind Synchronizitäten wie diese für uns eine starke Erinnerung daran, daß das Universum weiß, was wir machen, und daß ihm unsere Aktivitäten nicht gleichgültig sind. Unsere Praxis des Schamanismus hat nicht nur in unserem inneren Leben Auswirkungen, sondern auch in unserem äußeren Leben. Die beiden Welten sind eigentlich nicht voneinander getrennt; sie überschneiden sich ständig, so daß wir von einer Wirklichkeit in die andere gehen können. Wir müssen nur auf die Gelegenheiten achten, wenn die beiden Wirklichkeiten ineinander einbrechen. Und wenn wir selbst nicht darauf achten, werden vielleicht unsere Katzen uns rufen, um uns auf diese Gelegenheiten aufmerksam zu machen.

Wenn die Praxis des Schamanismus für Sie noch neu ist oder Sie sich bisher nicht regelmäßig darin geübt haben, sollten Sie die in diesem Kapitel beschriebenen Methoden anwenden, um Ihr Krafttier zu finden und Ihre Beziehung zu ihm zu vertiefen. Fragen Sie andere Menschen, die mehr Erfahrung damit haben, um Rat und Hilfe, damit Sie und Ihr Krafttier ein starkes Team werden. Wenn Sie sich dazu bereit fühlen, können Sie die Technik des schamanischen Reisens lernen, die im folgenden Kapitel vorgestellt wird.

DRITTES KAPITEL

DIE SCHAMANISCHE REISE

Ein Schamane ist ein Entdecker von Pforten – Pforten von der alltäglichen Wirklichkeit in die nichtalltägliche Wirklichkeit, Türen, die von der materiellen Welt in die geistige Welt führen. In der keltischen spirituellen Tradition werden diese Pforten als »dünne Stellen« betrachtet, an denen die beiden Welten näher beieinanderliegen, Stellen, an denen die geistige Welt in die materielle Welt hineinfließt, an denen Geistwesen und Sterbliche relativ einfach in die jeweils andere Welt hinüber gehen können. Diese Stellen werden auch als »Kraftorte« bezeichnet und sind auf der ganzen Welt zu finden. Manche dieser Orte sind eher geheim und nur einem Menschen bekannt, während andere wiederum weltbekannt sind, wie z.B. Stonehenge in England, die Black Hills in South Dakota, die Skellig Islands vor der irischen Küste oder Serpent Mound im südlichen Ohio. In der Geschichte des menschlichen Geistes werden gewöhnliche Menschen früherer oder heutiger Zeit an Orte gelockt, wo sie eine höhere Macht, Energie oder spirituelle Kraft spüren. Und wenn wir die transformierende und stärkende Gegenwart der unsichtbaren Kräfte gespürt haben, sehnen wir uns immer wieder nach dieser Erfahrung, möchten wir wieder in dem Reich sein, in dem Ewigkeit und vergängliche Welt aufeinandertreffen, in dem wir wissen, daß das Universum mehr ist als das, was wir mit unseren körperlichen Sinnen wahrnehmen können.

In Schottland des siebzehnten Jahrhunderts begab sich ein Junge, der als »Faery Boy of Leith« bekannt war, Donnerstag abends (eine Nacht, die bei den Kelten als günstig für Magie galt) mit seiner Trommel in die Berge in der Nähe von Edinburgh. Historischen Berichten zufolge gesellten sich Männer und Frauen aus den Nachbarorten zu ihm, um »durch unsichtbare Pforten« ins Land der Feen zu gehen, wo sie feierten, tanz-

ten, tranken und sangen, und anschließend in entlegene Gegenden zu
fliegen, um weitere Abenteuer zu erleben, bevor sie nach Schottland und
in die alltägliche Wirklichkeit zurückkehrten. Die schottischen Reisenden kehrten in ihre Häuser in der Stadt zurück und warteten bis zum
folgenden Donnerstag, bis sie wieder zusammenkamen. Das Leben in
Schottland scheint Donnerstag abends alles andere als öde und eintö-
nig gewesen zu sein! Vertreter des modernen Schamanismus sowie auch
Stammesschamanen aus anderen Kulturen und Jahrhunderten könnten
in diesem Brauch die klassische schamanische Reise in die geistige Welt
erkennen.

Was einen Schamanen von anderen Mystikern und Visionären unterscheidet, ist die *beabsichtigte* Reise – auch als Seelenflug bezeichnet – in
die geistige Welt. Dies heißt, daß der Schamane im Gegensatz zu der
üblichen Vorstellung, daß die Sterblichen darauf warten müssen, ob die
Geister der Natur oder der Toten mit ihnen in Kontakt treten werden-
was häufiger vorkommt, als die meisten Menschen glauben –, den Kontakt selbst *initiiert*, indem er sich direkt in die Welt der Geistwesen be-
gibt. Er wartet nicht darauf, daß die Geistwesen ihn besuchen, sondern
wird selbst zum Besucher in ihrer unsichtbaren Welt. Da die Schamanen die Eingänge kennen, können sie die Grenzen zwischen der alltäglichen und der nichtalltäglichen Wirklichkeit nach Belieben überqueren,
in die Wirklichkeit der Geistwesen gelangen und die Fähigkeiten, Kenntnisse und die Kompetenz dafür entwickeln, in dieser traumähnlichen
Welt zurechtzukommen.

Eingänge in die untere Welt

Ein Schamane schickt seinen Geist (d.h. sein Bewußtsein) durch einen
persönlichen Eingang in die andere Welt und leitet hierdurch die schamanische Reise bewußt ein. Der erste Schritt besteht beim schamanischen Reisen also darin, daß Sie Ihren eigenen Eingang finden und die
Vorgehensweise – das Rezept, wenn Sie so wollen – für den Beginn einer
Reise erlernen müssen.

Es gibt zwei Arten von Eingängen in die andere Welt: Pforten, die
»sich in die Erde öffnen«, für Reisen in die untere Welt, und Pforten,
die »auf die andere Seite des Himmels führen« für Reisen in die obere

Welt. Wir werden uns zuerst mit den Eingängen in die untere Welt befassen.

Der sibirische Schamane SEREPTIE gelangte in die andere Welt, in dem er die Wurzeln eines Baumes hinabstieg. Während seiner Initiation sagte ihm ein männliches Geistwesen, das aus den Wurzeln sprang, »[Du mußt] durch die Wurzel hinabsteigen, wenn du mich sehen willst«. Später wurde Sereptie mitgeteilt, daß ein Loch, das im Boden erschien, dasjenige war, durch das »der Schamane den Geist seiner Stimme« erhält. Sereptie erinnert sich: »Das Loch wurde weiter und weiter. Wir stiegen durch das Loch hinab und gelangten zu einem Fluß, von dem zwei Ströme in entgegengesetzten Richtungen ausflossen.« Asiatische Jakuten-Schamanen bezeichnen diese Art von Eingang in die Erde als »das Loch der Geister«.[1]

Eine Quelle oder ein Brunnen gilt in vielen Kulturen als natürlicher Eingang in die geistige Welt. In Europa wurden diese Eingänge häufig von einem weiblichen Geistwesen oder einer Göttin bewacht, die in christlichen Zeiten dann zu einer Heiligen oder der Jungfrau Maria wurde. In vielen Geschichten ist davon die Rede, daß die »Frau der heiligen Wasser« Macht verleiht oder Heilung schenkt. Artus erhielt das Schwert Excalibur von der »Dame vom See«; viele der Tausende von Pilgern, die nach Lourdes in Frankreich reisen, werden durch das Wasser geheilt, das der Jungfrau Maria geweiht ist.

Der !Kung-Schamane K"xau aus der Kalahari in Afrika berichtet: »Wenn Menschen singen, tanze ich. Ich gehe in die Erde ein. Ich gehe an einem Ort ein, gleich einer Stelle, an der Menschen Wasser trinken. Ich gehe weit, sehr weit hinein. Wenn ich auftauche ... steige [ich] Fäden hoch. ... Dann folge ich dem Faden der Quellen ...«[2]

Während seiner Initiationskrankheit wurde ein avam-samojedischer Schamane aus Asien zuerst in die Mitte des Meeres getragen, aus dem er stieg und auf den Gipfel eines Berges ging. Dort ließ ihn ein Geist, die Herrin des Wassers, an ihrer Brust trinken, bis er wieder gesund war; ihr Gatte, der Herr der Unterwelt, gab dem Schamanen ein Hermelin und eine Maus als Führer auf seinen Reisen in die untere Welt.[3]

Diese Erfahrungen, das Hineingehen in die Erde, das Finden von Tieren als Führern und das Kennenlernen der Geographie der nichtalltäglichen Wirklichkeit, stehen im Mittelpunkt der Praktiken des Core-Schamanismus.

Den Eingang finden

Beginnen Sie, indem Sie sich eine in die Erde führende Öffnung aussuchen, die Sie aus der alltäglichen Wirklichkeit kennen. Dies kann eine Höhle, ein Spalt zwischen zwei Felsen, ein Brunnen oder eine Quelle, ein hohler Baum, dessen Wurzelsystem nach unten führt, oder ein Wasserfall sein, hinter dem sich ein unsichtbarer Eingang im Fels verbirgt. Folgendes kann auf Ihren Eingang zutreffen.

- Die Öffnung kann ein Ort sein, den Sie erst einmal im Leben gesehen haben, oder aber ein Ort, den Sie regelmäßig sehen oder aufsuchen.

- Es kann ein Ort sein, den Sie in Ihrer Kindheit oder Jugend kannten, oder ein heute bestehender Ort.

- Der Eingang kann kleiner sein als Sie, da nicht Ihr materieller Körper hindurchgehen wird, sondern nur Ihr Bewußtsein, d.h. Ihr Geist.

- Am wichtigsten ist, daß der Ort eine besondere Faszination auf Sie ausübt, daß er eine »dünne Stelle« ist, an der Sie intuitiv spirituelle Kraft oder Erdenergien spüren.

- Wenn Sie in der alltäglichen Wirklichkeit keine solche Öffnung kennen, können Sie sich auch eine vorstellen, jedoch ist ein Eingang, der wirklich in der materiellen Welt existiert, vorzuziehen, da hierdurch Ihr Empfinden, von einer Wirklichkeit in die andere zu gehen, deutlich verstärkt wird. Wenn Sie einen Eingang aus der alltäglichen Wirklichkeit benutzen, können Sie in dieser materiellen Alltagswirklichkeit beginnen und sie verlassen, um in eine nichtmaterielle traumähnliche Wirklichkeit zu gelangen.

Den Tunnel in die
untere Welt entdecken

Bringen Sie sich unmittelbar in der Öffnung oder auf der anderen Seite der Öffnung dazu, einen schwach erleuchteten, steil oder sanft nach unten führenden Tunnel, Gang, Durchgang, Korridor oder eine Rutsch-bahn zu sehen. Der Tunnel kann ganz kurz sein oder so lang wie ein Häuserblock erscheinen, er kann gerade sein oder eine Biegung ma-chen. Wenn Sie das Tunnelende sehen, nehmen Sie einen helleren, gut erleuchteten Bereich direkt auf der anderen Seite des Tunnels wahr oder stellen Sie sich einen solchen hellen Bereich vor. Dies ist der Rand der anderen Welt.

Denken Sie daran, daß diese Öffnung und der Tunnel keinen Gang hinunter in den *Erdboden* darstellen. Sie machen keine Reise ins Erd-reich, um Steine, Käfer, Schleim, Wurzeln und andere unangenehme Dinge vorzufinden, an die Sie vielleicht bei einem Loch in der Erde den-ken. Statt dessen reisen Sie *in ein magisches Reich, das Sie als direkt unterhalb der Oberfläche der alltäglichen Wirklichkeit existierend wahrnehmen* – in diesem Fall unterhalb der Oberfläche unserer Erde. Daher müssen Sie den Tun-nel sofort sehen, wenn Sie durch den Eingang hindurchgehen. Wenn der Tunnel nicht da ist oder Ihr Verstand Ihnen sagt, daß Sie eigentlich Dreck und Käfer sehen müßten, *erschaffen* Sie einen Tunnel. Es ist zuläs-sig, daß Sie die Einzelheiten des Anfangs der schamanischen Reise durch Ihre Vorstellungskraft Gestalt annehmen lassen. Dies heißt lediglich, daß Sie Zeit und Ort des Beginns der Reise bewußt und absichtlich steu-ern.

Sie beginnen die Reise in der »Vorstellungswelt«, in der Sie, wenn Sie möchten, Bilder schaffen können, die diejenigen Formen und Gestalten liefern, welche es den Geistwesen ermöglichen, mit uns zu kommunizieren. Aristoteles sagte, daß das Bild die Sprache der Seele sei. Helfen Sie Ihrer Seele dabei, ihre Reise in die geistige Welt anzu-treten. Sie erschaffen zwar die ersten Bilder Ihrer Reise bewußt, bald werden Sie jedoch sehen, daß die Reise ein Eigenleben entwickelt und die Geistwesen aus freien Stücken kommen – Sie denken sich die Reise nicht aus.

Den Eingang und den Tunnel erkunden

Bevor Sie Ihre erste schamanische Reise machen, sollten Sie sich mit Ihrem Eingang und dem Tunnel gut vertraut gemacht haben. Wenn Sie den Eingang und den Tunnel sehr gut kennen, prägt dies die Realität dieses Ortes in Ihr Bewußtsein ein. Wenn Sie am anderen Ende des Tunnels herauskommen, wird Ihr Bewußtsein in einen nichtalltäglichen Zustand übergegangen sein, in ein Reich der Bilder, in dem Sie Orte, Tiere und Gegenstände erleben können, die außerhalb Ihres normalen Bewußtseinszustands existieren. Daher ist es wichtig, daß Sie sich deutlich einprägen, wie es ist, von einer Wirklichkeit in die andere zu gehen, oder, anders ausgedrückt, Ihr Bewußtsein von einem normalen Bewußtseinszustand in einen traumähnlichen Zustand zu bringen.

Gehen Sie folgendermaßen vor, um sich mit dem Eingang und dem Tunnel vertraut zu machen:

1. Nehmen Sie eine ruhige Sitzhaltung ein, schließen Sie die Augen, atmen Sie ein paarmal tief ein und aus und sehen Sie vor Ihrem geistigen Auge den Eingang so, wie er in der alltäglichen Wirklichkeit existiert.

2. Sehen Sie sich ein paar Sekunden lang um, und nehmen Sie den Ort mit allen Sinnen wahr. Achten Sie auf die Farben, Formen, Pflanzen und Tiere, den Himmel, den Boden, das Wetter, die Luft, Gerüche und Geräusche.

3. Stellen Sie sich anschließend vor, wie Sie durch den Eingang gehen und im Tunnel stehen. Nehmen Sie den Tunnel ebenfalls mit allen Sinnen wahr. Achten Sie auf die Oberflächenbeschaffenheit oder Form der Wände und des Bodens, ihre Farbe, die Atmosphäre, das Licht am Ende des Tunnels und die Farbe des Lichtes. Gehen Sie den Tunnel nicht weiter hinunter, sondern bleiben Sie einen Moment stehen und sehen Sie sich um.

4. Stellen Sie sich dann vor, wie Sie rückwärts gehen oder sich umdrehen und durch die Öffnung in der Erde wieder zu der Stelle zurückkehren, an der Sie sich am Anfang befanden.

Bevor Sie weiterlesen, sollten Sie sich nun darin üben, den Eingang und den Tunnel zu sehen oder zu spüren.

Der schamanische
Bewußtseinszustand

Falls Ihr bildhaftes Vorstellungsvermögen nicht besonders gut ausgeprägt ist, fragen Sie sich vielleicht, ob Sie überhaupt reisen können. Sie
können es. Ich kenne viele sehr gute schamanisch Tätige, die sagen, daß
Sie nur sehr selten, wenn überhaupt, etwas auf ihren Reisen »sehen«.
Aber Sie spüren etwas, »wissen« intuitiv, was da ist, wo sie sich befinden
und was sie tun. Manche berichten, daß sie Farben und vage Formen
und Strukturen sehen, aber keine klaren Bilder, und dennoch »wissen«
sie, daß sie bei diesen Wahrnehmungen mit ihren Krafttieren und ihren
geistigen Lehrern zusammen sind. Wenn wir also aus Gründen der Ein-
fachheit die Wörter *sehen, visualisieren* und *vorstellen* verwenden, bedenken
Sie, daß die Sinneseindrücke bei Ihren eigenen Erfahrungen auch nicht-
visueller Art sein können.

Manche Menschen hören ihre Reisen, anstatt sie zu sehen. Sie hören
die Stimmen von Geistwesen, oder sie »hören« die Botschaft dessen, was
ihre Geister ihnen sagen, fast wie bei unmittelbarer Gedankenübertragung.

Wenn Sie sich daran erinnern, wie es war, als Sie sich Ihren Tunnel an-
sahen, um sich mit ihm vertraut zu machen, sind Sie sich wahrscheinlich mehrerer Dinge bewußt. Sie sind sich sicher bewußt, daß Sie sich
dazu gebracht haben, dies zu tun. Sie haben vielleicht sogar den Eindruck,
sich dieses Erlebnis ausgedacht zu haben. Das ist ganz in Ordnung, da
»die Reise anfangen lassen« bedeutet, sich dazu zu bringen, Dinge zu sehen oder zu spüren, die von der alltäglichen Wirklichkeit in die nichtalltägliche Wirklichkeit führen. *Sie bewirken, daß es geschieht.* Bewirken, daß
etwas geschieht, ist nicht das Gleiche wie »es sich ausdenken«. Wenn Sie
mehr Erfahrung mit der schamanischen Reise haben, werden Sie diesen
Unterschied besser verstehen.

Beispielsweise denken Sie sich die Gegebenheiten aus (d.h., Sie
erschaffen sie), mit denen Sie Ihre Reisen beginnen: ein Ort in der Natur, ein Eingang in die Erde, den Tunnel, das Licht am Ende des Tunnels.
Sie bringen sich dazu, diese Dinge zu sehen. Sie erschaffen die Formen
dieser Dinge, bei denen es sich um die Bilder handelt, die die Geistwesen
verwenden, um mit uns zu kommunizieren (zusammen mit den Bildern
und Formen, die die Geistwesen selbst erzeugen). Aber Sie denken sich

nicht alles aus. Den Unterschied werden Sie sicherlich feststellen, wenn Sie über diese Übung nachdenken. Obwohl Sie sich dazu gebracht haben, den Eingang zu sehen und hindurch zu gelangen, und sich vielleicht auch darauf programmiert hatten, einen Tunnel zu sehen, haben Sie sich die Form des Tunnels (gewölbte oder gerade Wände) und die Oberflächenbeschaffenheit der Wände (ob gerippt, glatt, rauh, vergoldet oder eine andere Art von Oberfläche) doch nicht bewußt ausgesucht. Sie haben sich wahrscheinlich auch nicht bewußt entschieden, wie lang der Tunnel sein soll – Sie haben nach dem Licht am Ende des Tunnels gesucht, das Sie dann in einer gewissen Entfernung gesehen haben. Eine ähnliche Erfahrung hatten Sie vielleicht, als Sie die Farbe des Lichts am Tunnelende wahrnahmen; Sie sahen oder spürten automatisch und spontan, daß es eine goldene, weiße, blaue, rötliche oder andere Farbe hatte.

Dies ist ein wichtiges Phänomen: Die schamanische Reise ist – wie dieses Anfangsszenario – *eine Kombination aus beabsichtigten und nichtbeabsichtigten Erfahrungen und Wahrnehmungen.* Sie können bewirken, daß etwas geschieht, ohne sich alles auszudenken. Die schamanische Reise unterscheidet sich darin von einer geführten Meditation oder sogenannten »Pathworkings«, bei denen Ihnen gesagt wird, was Sie sehen und tun sollen.

Die Frage, die am häufigsten gestellt wird, wenn jemand das Reisen lernt, ist, ob man sich das alles nur ausdenkt oder ob es wirklich passiert, als ob dies zwei widersprüchliche Möglichkeiten wären. Da muß es keinen Widerspruch geben. Da Sie die Reise steuern (hierauf werden wir später noch ausführlicher eingehen), können Sie bewirken, daß etwas geschieht; Ihre Absicht bestimmt vieles, das auf der Reise passiert. Aber da Sie in eine andere Wirklichkeit, die geistige Welt, gelangt sind, können Sie nicht alles steuern und nicht alles bestimmen, was passiert. Die Geistwesen sind autonom; die nichtalltäglichen Orte und Ereignisse der schamanischen Reise existieren in einer Dimension, in der wir keine Herrscher sind, sondern nur Besucher.

In vielerlei Hinsicht unterscheidet sich dies kaum von unseren Erfahrungen in der alltäglichen Wirklichkeit. Wir können viele Dinge bestimmen – welche Kleidung wir tragen, wohin wir gehen werden, was wir zu essen bestellen werden, wie wir den Abend verbringen werden. Aber wir bestimmen nicht alle Einzelheiten: Sie laufen unerwarteterweise einem Freund über den Weg; auf der Speisekarte stehen nun ei-

nige interessante Gerichte, die vor einem Monat noch nicht aufgeführt
waren; der ruhige Abend zuhause wird von Telefonanrufen unterbrochen; Ihr Videorecorder hat die falsche Sendung aufgenommen. Das
gleiche sollten wir bei der schamanischen Reise erwarten: eine Kombination aus »geplanten« und »nichtgeplanten« Geschehnissen.

Auch für erfahrene schamanisch Tätige können manche Reisen spontaner als andere erscheinen, die »erzwungen« oder »ausgedacht« wirken
oder das Ergebnis von Wunschgedanken zu sein scheinen. Man lernt,
die feinen Unterschiede dieser Erfahrungen zu erkennen. Es mag so erscheinen, als sei eine Reise zu 80 Prozent spontan und zu 20 Prozent
ausgedacht, aber diese Reise muß nicht unbedingt wirksamer oder be-
deutungsvoller sein als eine Reise, bei der die Prozentsätze gerade umgekehrt sind. Die spontaneren Reisen mögen vielleicht zufriedenstel-
lender erscheinen, da sie als authentische Reisen jenseits unseres Selbst,
unseres Ego und unserer beschränkten Wahrnehmungen überzeugen-
der sind. Aber eine Reise, die erzwungen oder das Produkt von Wunsch-
denken zu sein scheint, kann trotzdem die relevanten Informationen,
Anweisungen, Heilungen oder Erfahrungen erbringen, wegen derer wir
die Reise gemacht haben.

Ich erinnere mich an eine Divinationsreise, die ich für eine Frau wegen einer Entscheidung bezüglich ihrer beruflichen Laufbahn machte.
Ich hatte das Gefühl, die Reise sei nicht sehr »authentisch«, da ich an
dem betreffenden Abend müde war und die Geistwesen nicht sehr kooperativ zu sein schienen, vielleicht waren auch mein bewußter Verstand
und mein Ego während der Reise zu aktiv und unruhig. Wie dem auch
sei, ich hatte jedenfalls das Gefühl, daß ich mir die Reise »ausdachte«.
Als sich jedoch der Trommelrhythmus veränderte, um mich zurückzu-
holen, gelangte ich plötzlich durch eine Landschaft, in der ein Riese einen Globus auf seinem Rücken trug. »Atlas!« dachte ich, und wunderte
mich darüber, warum er in der Reise auftauchte, da dies überhaupt nichts
mit dem vorherigen Teil der Reise zu tun hatte. Ich stellte diese Er-
scheinung jedoch nicht in Frage; ich kehrte einfach mit meinem Krafttier zum Tunnel zurück und kam wieder nach oben.

Ich erzählte der Frau die Reise und hoffte, daß sich meine Angaben
als hilfreich für ihr Problem erweisen würden, war aber skeptisch, da die
Reise erzwungen zu sein schien. Zu meiner Überraschung stellte ich fest,
daß ein großer Teil der Reise einen Sinn ergab und für die Frau eine Be-

deutung hatte, da sie dauernd zustimmend nickte, als ich ihr die Geschehnisse erzählte. Als ich ihr aber sagte, daß ich für einen kurzen Augenblick, als ich bereits bei der Rückkehr war, Atlas gesehen hatte, der die Welt auf seinen Schultern trug, leuchteten ihre Augen auf und sie rief: »Das ist es!« Dieses Bild erinnerte sie an die Atlas-Statue im Rockefeller Center in New York, das bei ihrer Entscheidung von Bedeutung war, da sich dort eine der Arbeitsstellen befand, die sie in Aussicht hatte. Davon hatte ich jedoch nichts gewußt. Atlas war für sie ein Schlüssel zum Verständnis der ganzen Reise und ein Schlüssel für ihre Entscheidung.

Machen Sie sich also darauf gefaßt, daß Ihre erste Reise oder auch Ihre tausendste Reise sich weniger spontan »anfühlt«, als Sie es gerne hätten. Ihre erste oder Ihre tausendste Reise kann jedoch auch die spontanste sein, die Sie jemals haben werden. Es geht hierbei einfach nur darum, daß wir, da wir uns ja in zwei Welten gleichzeitig bewegen, niemals voraussagen können, welche Welt – das heißt welcher Bewußtseinszustand – dominieren wird. Die Geistwesen können jedoch zum Glück in jedem Bewußtseinszustand mit uns arbeiten, so daß sie uns die wichtigen Informationen oder Anweisungen in jedem Fall geben können, unabhängig davon, wie authentisch uns eine bestimmte Reise vorkommt.

Ihre erste schamanische Reise in die untere Welt

Wenn Sie geübt haben, Ihren Eingang und Ihren Tunnel zu sehen, und diese Elemente gut kennen, sind Sie soweit, daß Sie eine Reise machen können. Sie brauchen jemanden, der für Sie trommelt, Sie können aber auch eine Trommelkassette oder -CD verwenden. Legen Sie fest, wie lange Sie reisen möchten; acht bis zehn Minuten sind für die erste Reise ausreichend. Ihr Trommler sollte eine Uhr in Sichtweite haben, damit er den Trommelrhythmus ändern und Sie zurückholen kann, wenn die Zeit um ist. (Anweisungen für das Trommeln enthält der nächste Abschnitt dieses Kapitels.)

Die Vorgehensweise für das Reisen ist ziemlich einfach.

1. Legen Sie sich in Rückenlage auf den Boden (legen Sie gegebenenfalls ein Kissen unter die Knie oder unter den Kopf). Bedecken Sie die

Augen mit einem Tuch oder einem Schal, damit die Dunkelheit hinter den Augenliedern noch stärker ist. Versuchen Sie, so entspannt und so locker wie möglich zu sein. Atmen Sie ein paarmal tief ein und aus, und sehen Sie die Stelle in der Natur, an der sich Ihr Eingang befindet.

2. Wenn der Trommelrhythmus beginnt, sehen Sie sich am Eingang ein paar Augenblicke lang um, wie Sie es zuvor geübt haben, und erfassen Sie den Ort mit Ihren Sinnen; achten Sie auf Farben, Formen, Gerüche und Geräusche. Gehen Sie dann durch den Eingang, und bringen Sie sich dazu, den Tunnel zu sehen, falls er nicht spontan da ist; gehen Sie den Tunnel hinunter und auf den hellen Bereich am Tunnelende zu.

3. Wenn Sie aus dem Tunnel herauskommen, werden Sie sich in irgendeiner Landschaft befinden. Sehen Sie sich um. Rufen Sie Ihr Krafttier zu sich, und bitten Sie es, Sie in diesem Bereich am Rand der anderen Welt herumzuführen. (Was bei dieser ersten Reise getan werden muß, wird in einem der folgenden Abschnitte geschildert.)

4. Wenn die Zeit um ist, ändert der Trommler den Rhythmus. Ein Teil Ihres Normalbewußtseins – vielleicht 10 Prozent oder auch nur 1 Prozent – bleibt in der alltäglichen Wirklichkeit. Dies ist der Teil, der stets unterschwellig weiß, daß Sie auf dem Boden liegen und einen Trommelrhythmus hören. Dieser Teil Ihres Bewußtseins hört die Änderung im Trommelrhythmus. Sagen Sie jetzt Ihrem Krafttier, daß es Zeit für die Rückkehr ist.

5. Ihr Krafttier wird Sie zurück zum Tunnel führen, damit Sie zurück nach oben gehen und durch die ursprüngliche Öffnung herausgehen können.

6. Verbringen Sie ein paar Augenblicke damit, sich wieder zu orientieren, bevor Sie die Augen öffnen.

Krafttiere haben verschiedene Methoden, um Sie zurück zum Tunnel zu bringen. Die folgenden drei Methoden werden am häufigsten verwendet.

- Bei manchen Reisen führt Ihr Krafttier Sie zurück, indem es Ihren Weg Schritt für Schritt durch alle Regionen zurückgeht, die Sie erkundet haben.

- Ihr Krafttier zeigt einfach auf das Ende des Tunnels, unabhängig davon, wo Sie sich gerade befinden, und es sagt so etwas wie »Da ist der Tunnel!«, auch wenn es Ihnen so erscheinen mag, als hätten Sie sich sehr weit vom Tunnel entfernt. Dies ist möglich, weil die nichtalltägliche Wirklichkeit wie ein Ort im Traum eine sich verwandelnde Welt außerhalb der uns bekannten Bedingungen von Zeit und Raum ist.

- Krafttiere können sehr schnell mit Ihnen durch eine neblige oder diesige Landschaft laufen oder fliegen und in Sekundenschnelle zurück am Ausgangspunkt sein, an dem Sie in die andere Welt gelangten.

Wenn Sie wieder am Tunnel angekommen sind, bedanken Sie sich bei Ihrem Krafttier für die Reise, sagen Sie ihm, daß Sie wiederkommen werden, und gehen Sie dann durch den Tunnel nach oben.

Die Trommeltechnik

Durch seine umfassende Arbeit auf dem Gebiet des empirischen Schamanismus hat MICHAEL HARNER eine Trommeltechnik entwickelt und perfektioniert, die für die meisten Menschen gut geeignet ist. In seinem Buch *Der Weg des Schamanen* erklärt HARNER den typischen Trommelrhythmus für die schamanische Arbeit und die Wirkungen, die er auf den Bewußtseinszustand hat.[4] Allgemein gilt, daß ein kontinuierlicher monotoner Trommelrhythmus mit ungefähr 205 bis 220 Schlägen pro Minute empfohlen wird. Sie sollten Geschwindigkeit und Stärke der Schläge nicht verändern. Das Trommeln soll keine Musik sein, sondern ein hypnotisierender Rhythmus, der einen veränderten Bewußtseinszustand bewirken soll. Erwarten Sie nicht, daß Sie durch den Trommelrhythmus in eine tiefe, komaähnliche Trance versetzt werden.

Das Wort *Trance* ist ein wenig irreführend, da wir es im allgemeinen verwenden, wenn wir ein vollständiges Ausschalten der alltäglichen Wirklichkeit und einen ziemlich hilflosen Zustand der Inaktivität meinen, während dessen wir Visionen oder Stimmen erleben, über die wir keine Kontrolle haben. Dieser Zustand ist nicht der schamanische Bewußtseinszustand, und er ist auch nicht für die schamanische Reise förderlich. Wie bereits oben erwähnt wurde, bleibt ein bestimmter Prozentsatz Ihres Normalbewußtseins in irgendeiner Weise aufmerksam für das, was in der materiellen Umgebung geschieht. Sie hören vielleicht, wie im Raum jemand niest oder draußen ein Krankenwagen mit Martinshorn vorbeifährt. Dies bedeutet nicht, daß Sie sich nicht in dem schamanischen Bewußtseinszustand befinden, der für das Reisen erforderlich ist. Ignorieren Sie die Ablenkung einfach, und richten Sie Ihre Aufmerksamkeit wieder auf das, was auf Ihrer Reise in der nichtalltäglichen Wirklichkeit passiert.

Beim Trommeln zur Begleitung einer Reise wird nach HARNER die folgende Methode verwendet, um den Reisenden darauf aufmerksam zu machen, daß die Zeit um ist und er in die alltägliche Wirklichkeit zurückkehren muß.

1. Der Trommler hört mit dem kontinuierlichen beständigen Rhythmus auf und macht eine Pause von einer Sekunde.

2. Der Trommler trommelt anschließend vier kraftvolle Sequenzen, die aus jeweils sieben Schlägen bestehen.

3. Anschließend trommelt der Trommler dreißig bis vierzig Sekunden lang so schnell wie möglich.

4. Danach folgen weitere vier Trommelsequenzen mit jeweils sieben Schlägen, die etwas langsamer und leiser sind als der normale Trommelrhythmus.

Bei dieser Rückrufmethode werden Sie ungefähr zwei Minuten vor Ende der Zeitdauer darauf hingewiesen, daß es Zeit ist, die Reise zu beenden und zurückzukehren. Während dieser Zeit bitten Sie Ihr Krafttier, Sie wie oben beschrieben zum Tunnel zurückzubringen, bedanken sich bei ihm, gehen zu Ihrem ursprünglichen Ausgangspunkt nach oben und kommen in die alltägliche Wirklichkeit zurück.

Was Sie auf Ihrer
ersten Reise machen

Auf der ersten Reise sollten Sie sich in erster Linie damit befassen, die andere Welt zu erkunden, und dabei lernen, wie es ist, sich in einer anderen Wirklichkeit zurechtzufinden. Wahrscheinlich erscheint Ihnen Ihre erste Reise wie ein Wachtraum oder vielleicht wie ein luzider Traum in der Hinsicht, daß Sie irgendwie auf magische Weise das Gefühl haben, daß Raum und Zeit nicht existieren und daß die Regeln der alltäglichen Wirklichkeit nicht gelten. Erkunden Sie die Landschaft direkt am anderen Ende des Tunnels. Lernen Sie sie gut kennen. Dies ist die Region, in der Sie wahrscheinlich auch bei späteren Reisen aus dem Tunnel kommen werden.

Die ersten Reisen sollten Sie nutzen, um sich mit Ihrem Krafttier anzufreunden, da es Ihr ständiger Begleiter bei zukünftigen Reisen sein wird. Sie können Ihr Krafttier um folgendes bitten:

- Ihnen seine Kräfte und Fähigkeiten zu zeigen, indem es Sie diese in dem Maße erfahren und Sie daran teilhaben läßt, wie es das Tier zum jetzigen Zeitpunkt für richtig hält.

- Ihnen seine Lieblingsplätze und Kraftorte in der anderen Welt zu zeigen.

- Ihnen Orte der Kraft oder der Stärkung zu zeigen, deren Kenntnis auch für Sie wichtig ist.

Reisen in die obere Welt

In der Kosmologie der traditionellen schamanischen Gesellschaften ist das Universum in drei Bereiche unterteilt: die obere Welt, die mittlere Welt und die untere Welt. Diese dreieinige Struktur besteht vielleicht in der menschlichen Psyche, da sie der Art und Weise entspricht, in der wir als Zweibeiner, die aufrecht gehen und auf der Oberfläche der Erde leben, den Raum wahrnehmen. Für Menschen, die unsichtbare Wirklichkeiten jenseits der materiellen Welt wahrnehmen, macht es Sinn, daß sich eine Wirklichkeit unter der Erde, eine über dem Himmel und eine dritte, wenngleich unsichtbare Wirklichkeit genau hier in der Mitte, wo wir leben, befinden soll. In manchen Kulturen reisen die Schamanen in erster Linie in die Reiche der oberen Welt; in anderen hingegen vorwiegend in die unteren Welten. (Es gibt auch eine Mittelwelt-Reise, mit der wir uns im fünften Kapitel befassen werden.)

Die meisten Menschen unserer Kultur sind bereits mit der Vorstellung einer oberen und einer unteren Welt vertraut, und zwar durch die populären Versionen der Geschichte von *Alice im Wunderland*, die eine Reise in die untere Welt darstellt, und den Hollywood-Film *Der Zauberer von Oz*, der eine Reise in die obere Welt beschreibt. Schamanen aus indigenen Kulturen aus der ganzen Welt könnten problemlos einen Bezug zu diesen Geschichten herstellen; ihre eigenen Berichte über Reisen in die untere und die obere Welt würden sich wahrscheinlich sogar kaum von den Darstellungen von Alice und Dorothy unterscheiden.

So wie die untere Welt am Ende eines Tunnels unter der Oberfläche der Erde liegt, befindet sich die obere Welt am Ende eines Pfades oder Weges, der durch ein Loch im Himmel führt. Die Vorstellung einer Öffnung oder eines Loches im Himmel ist in indigenen Gesellschaften weit verbreitet. Der Polarstern wurde häufig als ein Eingang im Himmel betrachtet. Jakuten-Schamanen betrachten die Sterne allgemein als Löcher im »großen Zelt« des Himmels; die Milchstraße ist der Saum des Zeltes. CARLOS CASTANEDA nennt das Zwielicht die »Teilung zwischen den Welten«.[5] Das rote Licht am Horizont bei Sonnenuntergang kann auch als Eingang zur anderen Seite des Himmels dienen. Es gibt auch noch andere Öffnungen, die mit dem bloßen Auge nicht erkennbar sind: »dünne Stellen« in der Oberfläche des Himmels, im Himmelsgewölbe, in der kosmischen Haut, die sich über unser Universum erstreckt – Öffnungen, die Ihr Krafttier kennt und zu denen es sie führen kann.

Um zu diesen Öffnungen zu gelangen, brauchen Sie einen Aufstieg, eine Strecke, die die alltägliche materielle Wirklichkeit mit den Wirklichkeiten über dem Himmel verbindet. Diese Aufstiegsmöglichkeit könnte ein schräger Sonnenstrahl sein, den die Ureinwohner des Hudson River Valley im US-Bundesstaat New York als »wampanac« bezeichnen. Sie können für den Aufstieg einen Regenbogen benutzen, der in vielen Kulturen, auch den altnordischen Stämmen des alten Europa als Brücke zwischen den Welten galt. Die Erfahrung, »über den Regenbogen« in ein magisches Land zu gehen, wie es im *Zauberer von Oz* geschieht, entspricht dem schamanischen Denken. In Stammeskulturen hatte die typische Wohnstätte eine Feuerstelle in der Mitte des Fußbodens und ein Loch als Rauchabzug direkt über der Feuerstelle. In dieser Umgebung reisten die Schamanen durch den Rauch nach oben, durch den Rauchabzug und in den Himmel. Eine andere Methode besteht darin, einen magischen Baum, Stiel oder eine Ranke emporzusteigen, die nach oben und durch den Himmel hindurch führt (diese Methode wird im englischen Volksmärchen »Jack and the Beanstalk« benutzt, in dem ein Junge an einem Bohnenstengel in den Himmel klettert). In Australien klettern die Schamanen an einer Schnur empor, die nach oben in den Himmel verläuft. Die karibischen Schamanen in Guyana tanzen auf Seilen und balancieren in der Luft, bis ein Geist erscheint und sie einlädt: »Komm in den Himmel auf Großvater Geiers Leiter. Es ist nicht weit.« Dann klettern sie eine Art Wendeltreppe nach oben.[6] Der Seiltrick der Hindus, bei dem der Fakir an einem Seil hochklettert und oben verschwindet, scheint seinen Ursprung in frühen schamanischen Praktiken zu haben.

Wichtig hierbei ist wie bei den Reisen in die untere Welt, daß Sie mit einem natürlichen Phänomen beginnen, wie z.B. mit Rauch, einem Sonnenstrahl, Regenbogen, Baum, einer Ranke oder dem Sonnenuntergang, der als Weg in den Himmel verwendet werden kann, als ein Pfad, auf dem Ihr Bewußtsein bzw. Ihr Geist nach oben reisen kann. Wählen Sie eine Möglichkeit, die Sie anspricht, und suchen Sie sich einen Platz in der alltäglichen Wirklichkeit aus, an dem Sie die Aufstiegsmöglichkeit vorfinden werden: eine Waldlichtung, der Gipfel eines Berges, ein Garten oder Park, eine Feuerstelle.

Der Aufstiegsweg aus der materiellen Welt, den Sie wählen, entspricht der Öffnung und dem Tunnel in der Erde bei einer Reise in die untere Welt. Die Öffnung am Ende des Tunnels entspricht dem Schlitz oder Loch im Himmel, durch das Sie in die obere Welt gelangen werden. Ebenso wie die Reise in die untere Welt nicht in den eigentlichen Erdboden führt, führt die Reise in die obere Welt nicht ins All. Das All befindet sich noch in der mittleren Welt; es ist Teil der alltäglichen materiellen Wirklichkeit. Statt dessen reisen Sie *in die magische Welt auf der anderen Seite des Himmels.* Auf Ihrer ersten Reise kommen Sie vielleicht spontan zu dieser Öffnung und tauchen durch Sie nach oben, oder Sie müssen sich dazu bringen, sie zu sehen, während Sie in den Himmel steigen, so wie Sie sich vielleicht auch bewußt ein Tunnelende vorgestellt haben, damit Sie in die untere Welt hinausspringen konnten. Denken Sie daran, daß Sie sich diesen Anfang *vorstellen sollen*, um die Reise einzuleiten.

Wann oder wo treffen Sie nun Ihr Krafttier auf einer Reise in die obere Welt? Wenn Sie möchten, können Sie Ihr Krafttier bitten, auf der Erde zu Ihnen zu stoßen, bevor Sie mit dem Aufstieg beginnen oder während Sie nach oben steigen oder auch nachdem Sie durch die Öffnung im Himmel gelangt sind. Wenn Sie der Trommelrhythmus zurückruft, bitten Sie Ihr Krafttier, Sie zu der Öffnung im Himmel zu führen, gehen Sie durch die Öffnung und kehren Sie auf dem Weg zurück, auf dem Sie nach oben gestiegen sind, sei es nun Rauch, Baum, Regenbogen oder *wampanac.*

Wie bei der ersten Reise in die untere Welt sollten Sie die Reisen in die obere Welt dazu nutzen, die Landschaft zu erkunden, herauszufinden, was sich dort oben befindet, und sich von Ihrem Krafttier einem »himmlischen« geistigen Lehrer vorstellen lassen.

Es ist empfehlenswert, die ersten vier oder fünf Reisen damit zu verbringen, die obere und die untere Welt zu erkunden. Wenn Sie mit der Region direkt auf der anderen Seite des jeweiligen Eingangs vertraut sind, können Sie den Anfang der Reise besser steuern. In diesem Bereich können Sie auch Ihre Krafttiere und andere geistige Lehrer treffen, und er ist die Umgebung vieler Arten von Reisen. Später kann Ihnen Ihr Krafttier entferntere Regionen der anderen Welt zeigen – Orte, an die Sie sich vielleicht begeben müssen, um andere Arten von Reisen zu machen, entweder für Sie selbst oder für andere Menschen.

Zusammenfassung: Reisen in die untere Welt und in die obere Welt

Bevor wir auf weitere Einzelheiten eingehen, habe ich die grundlegenden Schritte der Reisen in die untere bzw. die obere Welt in der folgenden Liste zusammengefaßt.

Reise in die untere Welt:

1. Legen Sie sich auf den Boden; bedecken Sie Ihre Augen mit einem Tuch.

2. Wiederholen Sie die Absicht oder den Zweck der Reise in Gedanken dreimal.

3. Der Trommler beginnt zu trommeln.

4. Sehen Sie Ihren Eingang in die untere Welt; sehen Sie sich ein paar Sekunden lang um, und nehmen Sie den Ort mit all Ihren Sinnen wahr.

5. Gehen Sie durch den Eingang und dann den Tunnel hinunter; kommen Sie in der unteren Welt wieder heraus.

6. Rufen Sie Ihr Krafttier zu sich (wenn es sich nicht bereits am Eingang, im Tunnel oder am anderen Ende des Tunnels spontan zu Ihnen gesellt hat).

7. Teilen Sie Ihrem Krafttier den Zweck der Reise mit.

8. Lassen Sie sich von Ihrem Krafttier durch die Erfahrungen leiten, die den Zweck oder die Absicht der Reise erfüllen.

9. Wenn sich der Trommelrhythmus ändert und der Rückholrhythmus beginnt (oder wenn der Zweck der Reise erfüllt ist), bitten Sie Ihr Krafttier, Sie wieder zurück zum Tunnel zu bringen.

10. Kommen Sie durch den Tunnel wieder nach oben; kommen Sie wieder aus dem Eingang heraus; sehen Sie sich um; lassen Sie diese Szene langsam verblassen, und werden Sie sich wieder Ihrer Umgebung in der materiellen Welt bewußt.

Reise in die obere Welt:

1. Legen Sie sich auf den Boden; bedecken Sie Ihre Augen mit einem Tuch.

2. Wiederholen Sie die Absicht oder den Zweck der Reise in Gedanken dreimal.

3. Der Trommler beginnt zu trommeln.

4. Sehen Sie den Ort in der Natur, an dem Sie die Reise beginnen wollen, und Ihre Aufstiegsmöglichkeit (Rauch, Baum, Regenbogen, Sonnenstrahl usw.); sehen Sie sich ein paar Sekunden lang um, und nehmen Sie den Ort mit all Ihren Sinnen wahr.

5. Steigen Sie nach oben; gehen Sie durch die Öffnung im Himmel; kommen Sie in der oberen Welt wieder heraus.

6. Rufen Sie Ihr Krafttier zu sich (wenn es sich nicht bereits am Boden, beim Aufstieg oder auf der anderen Seite der Öffnung spontan zu Ihnen gesellt hat).

7. Teilen Sie Ihrem Krafttier den Zweck der Reise mit.

8. Lassen Sie sich von Ihrem Krafttier durch die Erfahrungen leiten, die den Zweck oder die Absicht der Reise erfüllen.

9. Wenn sich der Trommelrhythmus ändert und der Rückholrhythmus beginnt (oder wenn der Zweck der Reise erfüllt ist), bitten Sie Ihr Krafttier, Sie wieder zurück zu der Öffnung im Himmel zu bringen.

10. Steigen Sie auf dem gleichen Weg wieder herunter, auf dem Sie nach oben gestiegen sind; kehren Sie zu dem Platz in der Natur am Boden zurück; sehen Sie sich um; lassen Sie diese Szene langsam verblassen, und werden Sie sich wieder Ihrer Umgebung in der materiellen Welt bewußt.

Können Sie sich
in der anderen Welt verirren?

Es gibt durchaus Geschichten über Leute, die in die geistige Welt gingen und nicht mehr zurückkamen. In der europäischen Volkskunde sind viele Geschichten bekannt, die berichten, wie gewöhnliche Menschen ins Reich der Feen gerieten und erst nach sieben oder mehr Jahren wieder zurückkehrten – falls sie überhaupt jemals wiederkehrten. In Stammeskulturen gibt es Geschichten von Schamanen, die am Ende ihres Lebens die letzte Reise machen, so daß ihre Seelen in die nächste Welt gelangen und diese Ebene für immer verlassen können. Müssen wir uns Sorgen darüber machen, ob wir wieder zurückkommen können? Nein. Die meisten Geschichten über Menschen, die es nicht schaffen, wieder aus der geistigen Welt herauszukommen, handeln von Menschen, die die grundlegenden schamanischen Methoden dafür, sicher zu reisen und wohlbehalten zurückzukehren, nicht kennen, die Sie in diesem Kapitel erlernt haben. Der Sinn des Reisens mit Geistwesen in Tier- oder Menschengestalt als Begleitern besteht darin, daß diese Wesen die Gegend kennen und wissen, wo sie Sie hinführen müssen, damit Sie Erfahrungen machen, die Ihr spirituelles Wachstum fördern und Ihre Lebensfähigkeit stärken. Sie würden uns nicht in Bereiche führen, die schädlich für uns sind oder aus denen wir nicht zurückkehren könnten. Unsere persönlichen Hilfsgeister als Begleiter haben nur das im Sinn, was für unsere spirituelle Entwicklung gut ist.

Es kann jedoch sein, daß Sie gar nicht zurückkommen *möchten*. Die meisten Menschen, die Schamanismus praktizieren, berichten, daß viele Reisen so befriedigend, bereichernd, tröstlich und wohltuend seien, daß die Reisenden am liebsten die Reise ewig fortführen würden. Aber die Trommel ruft sie zurück, und die cirka 10 Prozent ihres Normalbewußtseins wissen, daß die Zeit für die betreffende Reise um ist. Es ist Zeit, das Land zu verlassen, das die Kelten das »Land der Schönheit, der Jugend und der Verheißung« nennen, in dem Feenmusik erklingt, die so himmlisch ist, daß man sie nicht beschreiben kann. Zeit, die andere Welt zu verlassen, die die Kashia-Pomo Schamanin ESSIE PARRISH als Weg beschreibt mit »Blumen über Blumen über Blumen, die nicht von dieser Welt waren«.[7] Zeit, die geistigen Welten zu verlassen, über deren Bewohner BLACK ELK sagt: »Sie besaßen zum Leben die Fülle und waren glücklich ... (sie hatten) wohlgenährte, muntere Pferde ... und singende Jäger kehrten mit Fleisch beladen zurück.«[8]

Ein Tschuktschen-Schamane sagte über die schamanische Reise: »Ich erhob mich über die Grenzen der Welt ... meine Füße wandelten auf der Rückseite des Himmels.«[9] Viele Philosophen und Mystiker von Platon bis zu heutigen Schamanen haben gesagt, daß unsere »wahre Heimat« und die »wahre Erde« nicht diese materielle Landschaft sind, in der wir unser alltägliches Leben verbringen, sondern die andere Welt, der wir nur in Mythen, Träumen und mystischen Erfahrungen wie der schamanischen Reise begegnen. Es ist einleuchtend, daß wir nicht zurück kommen möchten.

Wenn die andere Welt so ein schönes Reich ist, warum berichten dann so viele Schamanen von Begegnungen mit Ungeheuern und Dämonen und beschreiben lebensbedrohliche Erfahrungen, die sie als gefährlich und erschreckend bezeichnen? Haben die »Rückseite des Himmels« und das »Land der Jugend und Schönheit« auch ihre dunklen Regionen? Im nächsten Kapitel werden wir uns mit den verschiedenen hellen und dunklen Erfahrungen befassen, mit denen der schamanisch Reisende ebenso konfrontiert wird wie die spirituell Suchenden aller Epochen. Wir erfahren, um was es bei den dunklen Reisen geht, und wie sie zu unserer spirituellen Weiterentwicklung beitragen.

VIERTES KAPITEL

HEILIGE HORIZONTE

Ein spiritueller Weg beginnt immer dort, wo Sie sich gerade befinden, und führt von dort nach außen. Bei der schamanischen Reise als einer spirituellen Übung beginnen wir in der alltäglichen Wirklichkeit und dringen in die uns umgebende nichtalltägliche Welt der Mysterien und der Weisheit ein. In diesem Kapitel werden wir uns mit den »heiligen Horizonten« befassen, die unser Leben umfassen und sowohl in materieller als auch in spiritueller Hinsicht die Ränder von Zeit und Raum bilden. Wir werden entdecken, wie wir der materiellen Welt eine heilige Dimension verleihen können, indem wir die vier Himmelsrichtungen, die vier Grundelemente Erde, Luft, Feuer und Wasser und die Jahreszeiten des Lebens so würdigen, daß sie den spirituellen Kosmos reflektieren, in dem wir leben.

Horizonte der Kraft und des Segens

Horizonte beflügeln die Phantasie und lassen uns das Wunder erahnen; sie führen uns hinaus in die unermeßlichen Regionen des Universums. Von einem Berg oder Hügel, in einer weglosen Wüste, in der öden Tundra oder in flachen endlosen Ebenen, von einem Boot oder einer Insel in der Mitte des Meeres aus schaut das menschliche Auge nach außen zum Rand hin – und darüber hinaus. In diesem Spalt zwischen den Welten, wo Himmel und Erde sich treffen, erahnen wir Pforten zu unendlichen Möglichkeiten. Hier steigen die Leitlichter des Himmelsgewölbes – Sonne, Mond, Sterne und Planeten – über dem östlichen Rand von Erde und Meer auf, überqueren den Himmel und verschwinden unter dem westlichen Horizont, um immer wiederzukehren und Erneuerung zu bringen.

Der Horizont, der Erde und Himmel verbindet, ist jedoch nur einer von vielen Kreisen, die unser Leben umfassen. Wir leben in immer größer werdenden Kreisen und Sphären von Beziehungen, mit zahllosen Radien, die uns nach außen führen, damit wir suchen, arbeiten, spielen und entdecken. Wenn wir im Kreis um ein Feuer sitzen, scheint das Licht an jedem von uns vorbei nach außen in die Dunkelheit der Felder und des Waldes. Wie das Licht des Feuers erstrecken sich Horizonte links und rechts von uns, vor uns und hinter uns, und auch über und unter unserem Blick, da das Gefühl von Geheimnis und Abenteuer, das jenseits des flachen Horizontes der Erde liegt, auch in der oberen Welt über unseren Köpfen und in der unteren Welt unter unseren Füßen gegenwärtig ist. Der Horizont verheißt ein langes Leben, da er, obwohl er Beschränkungen und Grenzen zu setzen scheint, sich immer weiter vor uns nach vorne bewegt und uns immer neue zu erkundende Regionen, weitere Geheimnisse und höhere Ebenen des Bewußtseins erschließt, mit denen wir die Kräfte verstehen können, von denen das Universum erfüllt ist.

Der Ursprungsmythos der Navajos enthält einen Segen für jemanden, der zum Rand der Welt reist:

> Then go on as one who has long life,
> Go with blessing before you,
> Go with blessing behind you,
> Go with blessing below you,
> Go with blessing above you,
> Go with blessing around you,
> Go with blessing in your speech,
> Go with happiness and long life,
> Go mysteriously. [1]

> Dann gehe weiter als jemand, der ein langes Leben hat,
> gehe mit Segen vor dir,
> gehe mit Segen hinter dir,
> gehe mit Segen unter dir,
> gehe mit Segen über dir,
> gehe mit Segen um dich,
> gehe mit Segen in deiner Rede,

Gehe mit Glück und einem langen Leben,
gehe voller Geheimnis.

In anderen Navajo-Versen, die nach demselben Muster aufgebaut sind,
ist von »Schönheit« vor, hinter, über, unter und um den Sänger die Rede.

> In the house of long life, there I wander.
> In the house of happiness, there I wander.
> Beauty before me, with it I wander.
> Beauty behind me, with it I wander.
> Beauty below me, with it I wander.
> Beauty above me, with it I wander.
> Beauty all around me, with it I wander.
> In old age traveling, with it I wander.
> I am on the beautiful trail, with it I wander. [2]

> Im Haus des langen Lebens, da wandre ich,
> Im Haus des Glücks, da wandre ich.
> Mit Schönheit vor mir, so wandre ich.
> Mit Schönheit hinter mir, so wandre ich.
> Mit Schönheit unter mir, so wandre ich.
> Mit Schönheit über mir, so wandre ich.
> Mit Schönheit rund um mich her, so wandre ich.
> Reisend ins Alter, so wandre ich.
> Ich bin auf dem schönen Weg, da wandre ich.

Das Navajo-Wort *hozho*, das in der Regel mit »Schönheit« übersetzt wird,
hat jedoch eine viel umfassendere Bedeutung. Es ist die Schönheit gemeint, die Gleichgewicht, Harmonie, Ordnung und das Wohlergehen
bedeutet, das entsteht, wenn man im Einklang mit den Gesetzen der
Natur lebt. In dieser allumfassenden »Schönheit« hofft der Navajo zu
gehen, zu wandern, zu leben, alt zu werden und schließlich zu sterben.
   In den schottischen Highlands und auf den Inseln Schottlands, wo
die archaische erdbezogene Spiritualität mit ihren schamanistischen Elementen noch lebendig ist, findet man ähnlich strukturierte Gebete. Hier
ruft der keltische Betende den Schöpfer mit den Worten »Wesenheit der
Stärke«, »Quelle allen Lebens«, »Schöpfer der Elemente«, die »Drei des

Lebens«, die »Heiligen Drei«, die »Geheimen« und einfach die »Mächte«. In abgelegenen ländlichen Gegenden, in denen man noch in engem Kontakt mit der Natur lebt, kennzeichnet eine animistische Verehrung der göttlichen Macht innerhalb der Natur das spirituelle Leben der Highlander und der Inselbewohner, ähnlich wie bei ihren keltischen Vorfahren der vorchristlichen Zeit, die das Numinose in der Natur fanden. Hier ist alles Tun von der Gegenwart des Göttlichen (das mit der Natur untrennbar verbunden ist) umgeben. Das Navajo-Gebet, das den Betenden in allen Richtungen mit Segen umgibt, erinnert stark an keltische Verse.

> The Three Who are over me,
> The Three Who are below me,
> The Three Who are above me here,
> The Three Who are above me yonder,
> The Three Who are in the earth,
> The Three Who are in the air,
> The Three Who are in heaven,
> The Three Who are in the great pouring sea.[3]

> Die Drei, die über mir sind,
> die Drei, die unter mir sind,
> die Drei, die hier über mir sind,
> die Drei, die dort drüben über mir sind,
> die Drei, die in der Erde sind,
> die Drei, die in der Luft sind,
> die Drei, die im Himmel sind,
> die Drei, die im großen strömenden Meer sind.

Saint Patrick selbst hat eines der ursprünglichen »Breastplate-Gebete« geschrieben, die so genannt werden, weil mit ihnen Kräfte und schützende Mächte angerufen werden, die den Betenden so umgeben sollen, wie der Brustharnisch (engl. *breastplate*) einer Rüstung.

> Christ in me, Christ beneath me, Christ above me,
> Christ on my right, Christ on my left,
> Christ when I lie down, Christ when I sit down,

Christ when I arise,
Christ in the heart of every one who thinks of me,
Christ in the mouth of every one who speaks of me,
Christ in every eye that sees me,
Christ in every ear that hears me.[4]

Christus in mir, Christus unter mir, Christus über mir,
Christus zu meiner Rechten, Christus zu meiner Linken,
Christus, wenn ich liege, Christus, wenn ich sitze,
Christus, wenn ich aufstehe,
Christus im Herzen jedes Menschen, der an mich denkt,
Christus im Munde jedes Menschen, der von mir spricht,
Christus in jedem Auge, das mich sieht,
Christus in jedem Ohr, das mich hört.

Das ständige Gefühl, von geistigen Mächten umgeben zu sein, sei es in der Form von Schönheit, Christus, einer Dreieinigkeit von göttlichen Mächten – oder der Natur selbst –, ist ein wesentliches Kennzeichen der schamanischen Weltsicht. Als Menschen, die Schamanismus praktizieren, müssen wir nach den Zeichen und Omen in der Natur suchen, die uns diese alles durchdringende Kraft und Stärke offenbaren.

Die vier Himmelsrichtungen

Menschen, die Schamanismus praktizieren, folgen einem spirituellen Weg, der die Seele durch die Natur zum Göttlichen führt. Wohin wir auch gehen, wir befinden uns immer und unvermeidlich in der Mitte, umgeben von Kraft, aber paradoxerweise ist nicht vorgesehen, daß wir in der Mitte *bleiben*. Aus der Mitte der spirituellen Horizonte wagen wir uns hinaus und suchen nach persönlichem Wachstum in jeder der vier Himmelsrichtungen.

Die einzigartige Reise jedes Menschen durch das Leben verläuft durch zyklische Punkte und Zeiten, die den Punkten des Horizontes und den Jahreszeiten entsprechen. In Kulturen, in denen die Wirkungen der Jahreszeiten auf die Natur als das Werk göttlicher Wesenheiten oder Geister betrachtet werden, gilt der Zyklus des Jahres als heiliges Ereignis, an dem die Menschen teilhaben können und sollen, da wir in den Jahreszeiten die Rhythmen und Muster unseres eigenen inneren Lebens wiederfinden. Die vier Himmelsrichtungen und die vier Jahreszeiten bilden ein holistisches Netz, in dem sich die Göttlichkeit manifestiert und das das Leben jedes einzelnen an vielen Punkten schneidet. Meditieren Sie über die vier Himmelsrichtungen auf der Grundlage der folgenden Texte.

DER OSTEN

Es beginnt mit der aufgehenden Sonne. Der Himmel erhellt sich, und die Morgendämmerung verheißt einen neuen Tag. Die Sonne wird wiedergeboren und erstarkt bei ihrem Aufgang. Wie in den ersten Frühlingstagen ist die Erde frisch, und das Herz der Menschen ist erfüllt von Hoffnung, der Verheißung von Erneuerung und der Chance, einen Tag zu erleben, der besser ist als die vorangegangenen.

DER SÜDEN

Wenn die Sonne am Himmel höher steigt, bewegt sie sich auf ihrer Kreisbahn durch den Süden und spendet der Erde am Mittag am meisten Licht. Die Menschen sind am aktivsten, wie in der Fülle des Sommers, wenn uns helle, warme Tage zur Arbeit, zum Spiel und zu Abenteuern in die Weite der freien Natur locken.

DER WESTEN

Wenn der Tag vorüber ist, lenkt die untergehende Sonne unsere Aufmerksamkeit in den Westen, der Richtung von Vollendung, Erfüllung und Tod. Wenn der Tag selbst stirbt, richten sich unsere Gedanken auf das Zuhause, wo wir ausruhen, die Aktivitäten des Tages überdenken und die Erinnerungen vorbereiten, die uns in die nächsten Phasen des Lebens begleiten werden.

DER NORDEN

Der Norden ist der Ort der Schatten, das Viertel des Himmels, in das die Sonne auf ihrer täglichen Reise nie gelangt. Hier ist es kalt und dunkel, hier liegt das Reich der Mitternacht, des Schlafs, der Träume und Visionen und schließlich der Regeneration, wenn die Erde und der menschliche Geist darauf warten, in eine neue Morgendämmerung wiedergeboren zu werden.

In jedem 24-Stunden-Zyklus erleben wir dieses Muster der ewigen Erneuerung von neuem, wenn jeder Kreis der Sonne um den Horizont die Fülle des menschlichen Lebens umfaßt. Von unserem Aussichtspunkt in der Mitte können wir die schöpferischen Kräfte um uns im Kreis sehen, die Jahr für Jahr, Jahreszeit für Jahreszeit, Tag für Tag und Nacht für Nacht die Natur mit ihrem Kommen und Gehen durchströmen. Die schöpferische Kraft umgibt uns und gibt uns Kraft, da auch wir Teil der erschaffenen Welt sind, die vom Geist des Schöpfers beseelt ist. Unsere eigene schöpferische Kraft ist Teil der schöpferischen Kraft des Kosmos, die den Kreislauf der Jahreszeiten antreibt, die Sonne immer wieder aufgehen läßt und die ständige Erneuerung der Erde bewirkt.

Der Schamane ist auf die wechselseitigen Rhythmen eingestellt und findet in diesen Rhythmen Quellen der spirituellen Kraft. Das persönliche Leben eines Schamanen wird von einem Kreis von Hilfsgeistern umschlossen, die ihn mit Energie, Wissen, Schönheit und Anmut umgeben. Als spiritueller Weg kann der Schamanismus die Phasen des menschlichen Wachstums und der Entwicklung erhellen, durch die wir voranschreiten müssen, wie die Sonne auf ihrer täglichen Reise, damit wir in die richtige Richtung gehen, auf dem Wege zu unserer »wahren Heimat« im nächsten Leben.

Den Verbündeten in den
vier Himmelsrichtungen begegnen

Nachdem Sie Ihre ersten Erkundungsreisen in die nichtalltägliche Wirklichkeit unternommen haben, sollten Sie eine Reihe von Reisen in die vier Himmelsrichtungen machen. Diese Reisen erweitern die heilige Geographie, in der Sie arbeiten, und geben Ihnen spirituelle Bezugspunkte für die materielle Umgebung, in der Sie leben. Sie können die folgende Vorgehensweise Ihren Bedürfnissen entsprechend anpassen.

1. Bitten Sie Ihr Krafttier, Sie in die vier Himmelsrichtungen zu bringen und Sie Ihrem Hilfsgeist in jeder Himmelsrichtung vorzustellen. Geistige Helfer können in Tier- oder in Menschengestalt erscheinen. Sie können hierzu vier einzelne Reisen machen, d.h. eine Reise für jede Himmelsrichtung.

2. Wenn Sie dem Hilfsgeist begegnen, fragen Sie ihn nach seinem Namen oder danach, wie er genannt werden möchte.

3. Bitten Sie ihn, Ihnen zu sagen, welche besonderen Geheimnisse die jeweilige Himmelsrichtung für Sie bereithält und welche Art von Kraft oder spiritueller Unterstützung Sie von dieser Himmelsrichtung erhalten können.

4. Fragen Sie jeden Geist insbesondere danach, welches Geschenk der Kraft oder des Wissens er für Sie hat. Sie können diese Frage beispielsweise so formulieren: »Welche Tugend oder Stärke kann ich entwickeln, indem ich die spirituelle Kraft dieser Himmelsrichtung nutze?«

5. Reisen Sie öfter zu diesen geistigen Lehrern, bauen Sie eine Beziehung zu diesen auf und finden Sie heraus, wie sie Ihnen dabei helfen können, in den von ihnen angebotenen Tugenden stark zu werden.

Mit »Tugenden« meine ich so altmodische Eigenschaften wie Ehrlichkeit, Mitgefühl, Dienst am Nächsten, Loyalität, Geduld, Toleranz, Verständnis und so weiter. Diese traditionellen Tugenden sind große Geheimnisse. Sie sind dazu da, enthüllt, entdeckt, angepaßt, studiert und geübt zu werden. Vielleicht müssen Sie erst in diese Tugenden eingeweiht werden; darüber müßten Sie die Geistwesen also auch befragen. Bitten Sie sie, Ihnen dabei behilflich zu sein, einen Lehr- oder Übungsplan aufzustellen, um eine konkrete Strategie dafür zu entwickeln, wie Sie die Kunst oder Fähigkeit erlernen können, diese Tugenden zu üben und zu einem festen Bestandteil Ihres Lebens zu machen. Diese Tugenden täglich zu leben erfordert spirituelle Stärke und Mut, da wir in einer Kultur leben, die keinen großen Wert auf diese Tugenden legt. Viele Menschen legen Lippenbekenntnisse zu diesen Tugenden ab, betrachten es aber als naiv, in der modernen Gesellschaft tatsächlich im Einklang mit diesen Tugenden zu leben.

Wenn Sie einmal herausgefunden haben, welche Geschenke für Sie bereitstehen und welche Tugenden erforderlich sind, müssen Sie sich selbst dazu verpflichten, diese Tugenden zu üben, auch wenn dies mit großen Anstrengungen verbunden ist. Es gibt viele Berichte von Schamanen in Stammeskulturen, die großes Leid, Depressionen und sogar körperliche Krankheiten erlitten, da sie die Berufung zum Schamanen ablehnten. Schamanisch Tätigen stehen ähnliche Leiden bevor, wenn sie die Verpflichtungen nicht erfüllen, die das schamanische Wissen mit sich bringt. Häufig steht bei diesen Verpflichtungen die Verwirklichung von Tugenden im Mittelpunkt, die im Widerspruch zu den vorherrschenden Werten der modernen Gesellschaft stehen.

Als Menschen, die Schamanismus praktizieren, leben wir jedoch nicht nur in der modernen städtischen Gesellschaft. Wir sind »Wanderer zwischen den Welten«, die stets danach streben, die Einheit und das Einssein dieser Welten zu erkennen. Die altmodischen Tugenden existieren immer noch in der Traumzeit, der »ursprünglichen Zeit«, die wir bei schamanischen Reisen erforschen. Die Kraft, die von unseren Hilfsgeistern kommt, ist die Kraft, diese alten Tugenden zu üben und diese ursprünglichen Werte zu leben.

Märchen beginnen mit »Es war einmal«, als schamanisch Tätige lernen wir jedoch von unseren Krafttieren und geistigen Lehrern, daß keine Zeit jemals »einmal« ist, da die gesamte Zeit und alle Zeiten in der Gegenwart existieren.

Die Geister der vier Himmelsrichtungen ehren

Verfassen Sie ein tägliches Gebet oder Ritual für die Geister in der jeweiligen Himmelsrichtung. Bei diesem Gebet oder Ritual kann es sich um eine »Breastplate-Anrufung« ähnlich dem Navajo-Gebet oder dem keltischem Gebet handeln, bei denen sich der Betende mit Kraft oder Schönheit in allen Richtungen – oben, unten, vor sich, hinter sich, links und rechts – umgibt. Das Gebet kann ganz einfach formuliert sein. In den folgenden zwei Beispielen können Sie die angegebenen Namen durch die Namen Ihrer geistigen Verbündeten ersetzen.

Ich ehre den Osten, den Geist des Schwans, die Fähigkeit der Ehrlichkeit.
Ich ehre den Süden, den Geist des Pumas, die Fähigkeit der Pflichterfüllung.

Ich ehre den Westen, den Geist des Michaels, die Fähigkeit des
Muts.
Ich ehre den Norden, den Geist des Hirschs, die Fähigkeit des
Mitgefühls.

Oder:

Ich sehe den Schwan im Osten fliegen, er sieht zu mir her,
    ich bete zu ihm um Ehrlichkeit,
Ich sehe den Puma im Süden laufen, er sieht zu mir her,
    ich bitte darum, zu Diensten zu sein,
Ich sehe Michael im Westen stehen, er sieht zu mir her,
    ich bitte um Mut,
Ich sehe den Hirsch im Norden schauen, er sieht zu mir her,
    ich bitte um die Fähigkeit des Mitgefühls.

Wenn Sie diese Gebete sagen, sehen Sie in die jeweilige Himmelsrichtung und schütteln Sie Ihre Rassel, um den Geistern der Himmelsrichtung Ihre Absicht anzukündigen, bevor Sie sie anrufen. Denken Sie in
Ihrem Alltag an diese geistigen Helfer, und seien Sie sich ebenso der vier
Himmelsrichtungen bewußt. Achten Sie immer auf die Himmelsrichtungen, ob Sie bei der Arbeit, zuhause, in der Schule oder an einem anderen Ort sind; insbesondere sollten Sie auf die Richtungen achten, in
denen die Sonne aufgeht und untergeht. Machen Sie sich diese Orientierung so sehr zur Gewohnheit, daß Sie sozusagen Ihren Weg niemals
aus den Augen verlieren und sich stets der Tatsache bewußt sind, daß
Sie sich im Mittelpunkt spiritueller Kraft befinden, und wissen, welche
Arten von Kraft und Hilfe von dem geistigen Verbündeten in der jeweiligen Himmelsrichtung kommen.

Den Gegnern in den vier
Himmelsrichtungen begegnen

Einer der Gründe dafür, eine spirituelle Übung zu praktizieren, ist die
Hoffnung, ein stärker erleuchtetes menschliches Wesen zu werden, das

die edelsten Eigenschaften des menschlichen Lebens verwirklicht und verkörpert. Wenn wir uns jedoch an die buddhistischen Erkenntnisse zu diesem Thema halten, dürfen wir bei unseren spirituellen Bemühungen nicht zu sehr dem *Ziel* der Erleuchtung nachstreben, sondern die Erleuchtung, falls sie eintritt, als eine Art spirituelles Nebenprodukt unserer täglichen spirituellen Übungen geschehen lassen. Es ist nicht immer einfach, diese Einstellung beizubehalten, wir können jedoch vom Leben von Schamanen und Mystikern lernen, die sich in erster Linie auf ihre alltäglichen spirituellen Übungen konzentrierten und nicht auf die Erleuchtung als letztendliches Ziel.

Dennoch ist es für unser spirituelles Wachstum unerläßlich, daß wir uns mit unserem Schatten bzw. unserem dunkleren Wesen auseinandersetzen. Jede Person besteht aus einer Kombination heller und dunkler Eigenschaften – hiermit sind die Eigenschaften gemeint, die traditionell als Tugenden und als Laster bezeichnet werden. Viele Erforscher der menschlichen Psyche sagen, es sei nicht möglich, die Schattenseite vollständig auszumerzen, und dieses Bestreben sei sinnlos, da es die grundlegende Wahrheit der menschlichen Existenz leugne, die besagt, daß alles auch sein Gegenteil enthält. Dennoch ist die Hoffnung berechtigt, daß negative Wesenszüge gezügelt und gezähmt werden können. Der menschliche Anstand erfordert dies, ganz abgesehen von der Tatsache, daß die menschliche Gesellschaft unerträglich würde und zwangsläufig zugrunde ginge, wenn wir uns nicht bemühten, die dunkleren Seiten unserer Persönlichkeit durch die helleren Tugenden und Ziele zu mildern. Als ein möglicher spiritueller Weg stellt der Schamanismus eine Methode dar, mit der wir mit dem Schatten bzw. dem Gegner arbeiten können.

In der klassischen schamanischen Literatur tritt der Gegner häufig als Ungeheuer oder Dämon auf und bedroht sogar das Leben des Schamanen. Einige Schamanen reden davon, daß sie Dämonen bekämpften oder sogar vernichteten. Andere entkommen ihren Gegnern oder überlisten diese. Dies sind die Quellen für Berichte von Schamanen darüber, daß es in der anderen Welt »böse Geister« gäbe, die uns schaden oder vernichten möchten. Unter dem Gesichtspunkt der spirituellen Entwicklung betrachtet können diese Begegnungen als Kämpfe mit jenen Kräften gesehen werden, die unsere Entschlossenheit, ein mystisches Leben zu führen, in Frage stellen, die unseren Entschluß, unsere eigene schöpferische Kraft mit den höheren schöpferischen Kräften des Universums zu vereinigen, auf die Probe stellen. Die »bösen Geister« sind zerstörerisch, da sie den Gegensatz zur Schöpfung darstellen, doch die zerstörerischen Kräfte sind – wie auch in vielen Religionen gelehrt wird – Teil der Schöpfung. Alles muß sterben, um geboren zu werden; Leben und Tod gehen Seite an Seite; Zerstörung und Schöpfung sind Partner in einem großen Tanz.

Wenn man theologische Begriffe verwendet, könnte man sagen, daß die Dämonen versuchen, unsere Einheit mit dem göttlichen Geist zu verhindern oder zu verhindern, daß wir uns dieser Einheit bewußt werden. Dämonen sind Feinde in dem Sinne, daß sie unseren Mut und unser Durchhaltevermögen auf die Probe stellen und unsere Fähigkeit in Zweifel ziehen, in der Fülle der Schöpfung zu leben. Sie führen uns in die Verzweiflung, locken uns in die »dunkle Nacht der Seele«. Sie verlocken uns dazu, uns in das zurückzuziehen, was der Huichol-Schamane MATSUWA unser »kleines Leben« nennt. Er warnt die Menschen davor, nicht »in ihren eigenen kleinen Leben verstrickt« zu sein, so daß sie »ihre Liebe nicht zum Sonn hinauftragen können, hinaus aufs Meer und in die Erde«. Er lehrt: »Lebenskraft [strömt] in euch ein, wenn ihr eure Liebe in die fünf Himmelsrichtungen aussendet: den Norden, den Süden, den Osten, den Westen und die Mitte.«[5] Matsuwas Anweisungen erinnern an den Navajo-Gesang und die keltischen Gebete, bei denen die »Lebenskraft« gewürdigt wird, die in allen Richtungen vorhanden ist und uns mit Kraft und Schutz umgibt.

Bei unseren Bemühungen sollten wir auch versuchen, unsere Liebe von der Mitte aus nach außen zu bringen, insbesondere um unsere »Dämonen« zu erreichen, die unser spirituelles Wachstum blockieren, die unsere Liebe einsperren wollen, damit wir sie nicht hinaus in das Universum, hinaus zur Quelle unseres Lebens senden können. Sie machen uns Angst, damit wir uns in der Sicherheit der Mitte zusammenkauern, und versuchen uns davon zu überzeugen, daß wir am Rand des Horizontes nicht überleben können, daß es zu gefährlich sei, unsere Liebe hinaus, hinauf und in das Universum zu schicken.

Die folgenden Schritte stellen ein Programm für Reisen dar, um den Gegnern in den vier Himmelsrichtungen zu begegnen und um unsere Liebe hinauszuschicken.

1. Bitten Sie Ihr Krafttier, Sie auf vier einzelnen Reisen in jeweils eine der vier Himmelsrichtungen zu bringen.

2. Bitten Sie in jeder Himmelsrichtung den Verbündeten der jeweiligen Richtung, Ihnen von dem Gegner zu erzählen, der Sie dort erwartet.

3. Auf dieser Reise oder auf der nächsten, falls Sie sich erst darauf vorbereiten möchten, bitten Sie Ihr Krafttier und Ihren Verbündeten, Sie dem jeweiligen Gegner vorzustellen.

4. Wenn der Gegner Ihnen erscheint, fragen Sie ihn, welche Geschenke oder Kräfte er Ihnen zu denen des Verbündeten dazu geben kann. Menschen, die eine spirituelle Lebensweise pflegen, stellen häufig fest, daß Dämonen und Ungeheuer in Wirklichkeit getarnte Verbündete sind, oder anders ausgedrückt, daß sie Verbündete *werden* können, wenn man sich mit ihnen auseinandersetzt und sich mit ihnen anfreundet.

5. Wenn Ihnen der Gegner in der alltäglichen Wirklichkeit begegnet, versuchen Sie nicht, ihm zu entkommen oder ihn zu vernichten (oder noch schlimmer, seinen Forderungen nachkommen), sondern fordern Sie ihn heraus und fordern Sie ihn auf, sich als eine positive Kraft zu zeigen.

Gegner, Ungeheuer und Dämonen können sich aus verschiedenen Gründen verwandeln und tun dies auch.

Zum einen tritt das Annehmen einer anderen Gestalt in der nicht-alltäglichen Wirklichkeit häufig auf. Zum anderen enthält jedes Ding sein Gegenteil, daher hat etwas, das abscheulich oder bedrohlich erscheint, auch einen kooperativen, nützlichen Aspekt. Außerdem stellt die besondere Kraft jedes Geistwesens eine Form der Energie dar, und als Energie kann sie zu guten oder zu bösen Zwecken verwendet werden.

Wenn man sich einmal mit ihm angefreundet hat, schwindet die verhängnisvolle Wirkung eines Geistwesens, und die Energie des Geistwesens kann auf ein positives Ziel gerichtet werden. Beispielsweise könnte es sein, daß Sie den Geist der Wut als einen Ihrer Gegner kennenlernen, der als ein Laster in der alltäglichen Wirklichkeit verheerenden Schaden anrichten kann, indem er Ihre eigenen Erfahrungen zu Fehlschlägen werden läßt und Menschen ängstigt, die Ihnen wichtig sind. Starke emotionale Kräfte wie Wut und Haß existieren in der alltäglichen Wirklichkeit, ihre geistigen Komponenten bestehen jedoch auch in der nichtalltäglichen Wirklichkeit. Mit anderen Worten, Sie – der oder die Wütende – existieren auch in der nichtalltäglichen Wirklichkeit in Geistform. Sie können das wütende Ungeheuer, dem Sie begegnen, als ein geistiges Wesen betrachten, das ein Teil Ihrer selbst ist, von Ihnen abgetrennt werden kann und als eine »niedrigere« Form von Ihnen selbst erscheinen kann, die Ihr »Selbst« unterwerfen möchte. Auf diese Weise können Sie Ihre spirituellen Kämpfe mit den Schlachten vergleichen, die der Schamane gegen böse Geister führt.

Bei einer Reise in die nichtalltägliche Wirklichkeit begegnen Sie vielleicht dem Geist der Wut und hoffen, er möge Sie lehren, Ihre Wut so zu lenken, daß Sie nur in den Umständen auftritt, in denen sie berechtigt und angemessen ist, in denen Sie Ihnen selbst oder der Gesellschaft von Nutzen ist. Sie müssen jedoch darauf gefaßt sein, daß Ihnen sowohl in der alltäglichen als auch in der nichtalltäglichen Wirklichkeit ein heftiger Konflikt mit Ihrem Gegner bevorsteht, ähnlich der Kämpfe, von denen traditionelle Schamanen berichten, die in der materiellen und in der geistigen Welt von Dämonen und Ungeheuern verfolgt werden.

Eine einzige Reise reicht möglicherweise nicht aus, um den Dämon für immer in einen Verbündeten zu verwandeln. Es kann sein, daß er Sie in Ihrem Alltag immer noch quält und in Situationen auftaucht, in denen Sie die Beherrschung verlieren und wie früher explodieren. Geben Sie trotzdem nicht auf: Sie können darauf vertrauen, daß Sie bei Ihrem Kampf mit dem Dämon nicht alleine sind. Sie haben Krafttiere und geistige Verbündete in allen Himmelsrichtungen. Sie besitzen Stärke vor, hinter, über, unter Ihnen und rechts und links von Ihnen. Sie sind umgeben von spiritueller Kraft. Bei der Prüfung Ihres Willens geht es lediglich darum herauszufinden, ob Sie sich einschüchtern lassen und aufgeben und sich in die Grenzen Ihrer kleinen Ego-Welt zurückziehen. Wenn Sie Ihre Entschlossenheit demonstriert haben, können Sie das Ungeheuer bitten, sich in einen treuen Verbündeten zu verwandeln, und das wird es auch tun.

Erde, Luft, Feuer
und Wasser

Der heilige Horizont birgt nicht nur die vier Himmelsrichtungen in sich, sondern auch die vier Elemente. Schon im Altertum haben die Menschen die vier Elemente mit den vier Himmelsrichtungen und den vier Jahreszeiten in Zusammenhang gebracht. Auf der nördlichen Erdhalbkugel werden Elemente, Himmelsrichtungen und Jahreszeiten meist folgendermaßen einander zugeordnet:

- Das Element Luft wird dem Osten und dem Frühling zugeordnet, da der östliche Himmel im ersten Licht der Morgendämmerung zuerst erhellt wird. In dieser Tageszeit ist die Luft frisch wie im Frühling, wenn warme, feuchte Winde die Wiedergeburt der Natur verkünden.

- Das Element Feuer wird dem Süden und dem Sommer zugeordnet, da sich im Süden die wärmeren Regionen und der dunstige Äquator selbst befinden. In den südlichen Regionen findet das Leben in größerem Maße im Freien statt, wie auch im Sommer, wenn lange, warme Tage uns das Feuer der Sonne spüren lassen.

- Das Element Wasser gehört zum Westen und zum Herbst, da das Wasser nach unten in die Erde fließt, wie die untergehende Sonne. Das Wasser sucht seinen Ruhepunkt, wie die Sonne ihre Abendruhe unter dem Horizont sucht, wie die Menschen erschöpft vom Tag einen Platz suchen, an dem Sie sich hinlegen können und am Ende des Tages ausruhen.

- Das Element Erde wird dem Norden und dem Winter zugeordnet, da beides dunkel, dicht und auf eigene Weise undurchdringbar ist. Die Erde wirft einen Schatten, und während die Sonne jeden Tag auf ihrer Bahn den Süden durchläuft, bewegen sich die Schatten über den Norden. Die längsten Nächte des Jahres sind im Winter.

Der Schamane kennt die vier Elemente und die Geister der Jahreszeiten und arbeitet mit diesen ebenso wie mit den Tieren und den Pflanzen. Die Elemente und die Jahreszeiten können uns nicht nur als heilende Eigenschaften von Nutzen sein, sondern uns auch als geistige Lehrer in den heiligen Geheimnissen unterrichten. Wir werden von den vier Elementen umgeben, und wir bestehen aus den vier Elementen, da es der Wille des Schöpfers war, daß wir aus demselben Stoff erschaffen werden wie die übrige Schöpfung. Wir bestehen zum größten Teil aus Wasser, das den gleichen Salzgehalt hat wie die großen Ozeane der Erde. Unsere Lungen nehmen Sauerstoff auf, der über das Blut zu jeder Zelle des Körpers transportiert wird und ohne den diese Zellen sterben würden. Unser inneres Feuer hat eine Temperatur von 37° Celsius, und wenn seine Temperatur auch nur leicht schwankt, fühlen wir uns elend. Unser materieller Körper besteht aus Mineralien, Knochen und Spurenelementen, die in der Erde vorkommen, ganz abgesehen davon, daß unsere Körperflüssigkeiten von salziger Natur sind, was dem Salz der Erde entspricht.

Griechische Philosophen waren von der Idee besessen herauszufinden, welches der vier Elemente der »ursprüngliche Stoff« des Universums war, aus dem alles andere erschaffen wurde. Heraklit meinte, es war Feuer; Thales schlug Wasser vor, Anaximenes war für Luft, während Xenophanes sich für Erde entschied. Im fünften Jahrhundert vor Christus wies Empedokles genialerweise auf die Tatsache hin, daß das bekannte Universum tatsächlich aus allen vier Elementen besteht. Seit dieser Zeit haben Zauberer, Heiler, Alchimisten, Menschen mit übernatürlichen Kräften und Spiritisten mit den Elementen einzeln oder in verschiedenen Kombinationen herumexperimentiert, um die Mysterien und Geheimnisse des Kosmos zu ergründen. Auch Schamanen haben sich bei Reisen in die nichtalltägliche Wirklichkeit darüber Gedanken gemacht, wie diese vier Elemente uns dabei helfen könnten, persönliche Kraft zu erkennen, und was uns die vier Elemente über ihren – und unseren – Schöpfer mitteilen könnten.

Talismane, Kraftobjekte und andere »Accessoires«

Als die Sicherheitsmaßnahmen auf Flughäfen ein nie gekanntes Ausmaß annahmen, verlegte ich mich darauf, meine Trommel und meine Kraftobjekte durch einen Zauber unsichtbar zu machen, wenn ich durch die Sperren ging, wo ich nach Waffen durchsucht wurde. Hierzu entschied ich mich nach einem schweißtreibenden Vorfall auf dem Flughafen von Detroit.

Ich hatte meine Trommeltasche auf das Förderband gelegt und sah zu, wie sie in den Röntgenapparat lief, der von einer griesgrämigen kühlen Angestellten bedient wurde, die angestrengt durch ihre Brille auf ihrer Nasenspitze starrte, die sie mißbilligend rümpfte. Sie betrachtete meine Tasche – wie mir schien – endlos lange an ihrem Sichtgerät und preßte ihre Augen zu immer engeren Schlitzen zusammen. Schließlich bellte Sie: »Ist das Ihre Tasche?« Alle Leute in der Nähe horchten auf. Ich identifizierte die Tasche als meine, und sie fragte: »Was ist da *drin*?« Ich sagte: »Zwei Trommeln.«

Mit einer raschen Kopfbewegung beorderte sie einen Kollegen herbei, der den Reißverschluß der Tasche so langsam öffnete, daß ich fast jeden Zahn des Reißverschlusses einzeln ausklinken hörte. Hinter mir bildete sich bereits eine Schlange, und die Leute stöhnten ungeduldig. Vorsichtig hoben die beiden Sicherheitsangestellten die Klappe der Tasche und sahen hinein. Als die Frau nickte, um Entwarnung zu geben, faßte der andere Angestellte vorsichtig in die Tasche, tastete eine Weile darin herum, sah zu ihr auf und sagte: »Zwei Trommeln.« Er zog den Reißverschluß der Tasche wieder zu; die Frau schob die Tasche zu mir herüber und sagte mit einem ziemlich künstlichen Lächeln: »Ich wünschen Ihnen einen guten Flug.« Das war der Augenblick, an dem ich beschloß, meine schamanischen Fähigkeiten einzusetzen, um durch die Sicherheitskontrolle zu kommen.

Schamanen können unsichtbar werden oder eine andere Gestalt annehmen, die ihre wahre Identität verbirgt. SAINT PATRICK hat seine Männer einmal in Rehe verwandelt, damit sie unbemerkt an feindlichen Häschern vorbeiziehen konnten. Wenn ich nun auf die Flughafensicherheitskontrollen zugehe, bitte ich meine Krafttiere, meine Trommeln, Rasseln, Steine, Federn und andere Kraftobjekte unsichtbar zu machen oder harmlos aussehen zu lassen, insbesondere den Plastikbeutel mit der Mischung aus Salbei, Zedernholz und Lavendel, die ich als Räucherwerk verbrenne und die verdächtig nach Marihuana aussieht.

Wenn Sie Schamanismus praktizieren, werden sich mit der Zeit zwangsläufig immer mehr »Accessoires« in Ihrem Besitz befinden, die wir einmal bei einem Trommelgruppentreffen, bei dem wir uns in nicht mehr ganz ernsthafter Stimmung befanden, »Powerphernalia« getauft hatten, abgeleitet von dem englischen Wort »paraphernalia« (Zubehör). Warum brauchen wir heilige Gegenstände?

Wie wir aus den »umhüllenden« Gebeten wissen, sind wir von Kraft umgeben – der heiligen Kraft der Göttlichkeit, die während der Jahrhunderte und in den einzelnen Kontinenten mit unterschiedlichen Namen bezeichnet wurde. Eingebettet in die vier Elemente umgibt uns diese Lebenskraft, ob wir darum bitten oder nicht, da die Elemente alle um uns und in uns sind. Wir stellen uns unsere Seele zwar als immateriell vor und denken, sie könne jede materielle Form transzendieren, sie kann jedoch nicht losgelöst von den Elementen selbst existieren, solange wir innerhalb dieser materiellen Schöpfung leben.

Im Rahmen einer spirituellen Lebensweise können wir uns bewußt mit der Kraft der vier Elemente mit Hilfe von Talismanen und Kraftobjekten rituell umgeben und diese Kraft bei uns tragen. Indigene Schamanen tragen Säckchen, Zauberbeutel und andere Arten von Taschen und Bündeln bei sich, die ihre heiligen Werkzeuge enthalten. Bei den Indianern werden diese Beutel »Medizinbündel« genannt, da sich das Wort *Medizin* auf die heilige Kraft bezieht, die indigene Heiler bei ihrer Arbeit einsetzen. Wenn wir diese Traditionen von einem Standpunkt außerhalb der jeweiligen Kultur betrachten, erhalten die in dem Beutel verborgenen heiligen Gegenstände eine starke und fremdartig geheimnisvolle Aura. Wir vermuten, daß diese Gegenstände unvorstellbare magische und spirituelle Kräfte besitzen. Und die Art und Weise, in der wirklich mächtige geistige Heiler ihre Medizinobjekte verwenden, weist darauf hin, daß diesen Objekten wirklich eine numinose Bedeutung zukommt.

Aber wie können westliche Menschen doch enttäuscht sein, wenn sie erfahren, daß die heiligen Bündel häufig »nicht mehr« enthalten als alte Knochen, ein paar Steine, ein oder zwei Federn und vielleicht eine Muschel. Anthropologen pflegten die Tatsache, daß es sich um ganz gewöhnliche Gegenstände handelt, damit zu erklären, daß der Schamane ein Quacksalber sei oder der Selbsttäuschung unterliege. Der Schamane, sagten sie, sei ein Schwindler, der seine Kunden und Anhänger hereinlege und diese glauben mache, solche gewöhnlichen Gegenstände hätten eine große spirituelle Kraft und große Heilungskräfte; oder Schamanen täuschten sich selbst und stützten ihr Selbstwertgefühl, indem sie weltliche Gegenstände vor anderen verborgen hielten und sie als magisch bezeichneten. Und trotzdem waren die Gegenstände wirkungsvoll! Oder um es genauer auszudrücken, sie waren *für den Schamanen* wirkungsvoll, da die Kraft des Schamanen davon abhängt, ob er Hilfe von Quellen außerhalb seiner selbst erhält, und diese einfachen Gegenstände repräsentieren diese Quellen der Heilkraft.

Auch was nur wie alte Stöcke und Steine aussieht, kann als Kanal für heilende Energie dienen. Unabhängig davon, welche Kraft das Objekt selbst enthält, wird es zu einer Quelle der Faszination für den Schamanen, die den Glauben und das Vertrauen des Schamanen in den Geist des Objekts aufbaut, um alltägliche Ereignisse beeinflussen zu können. Der Schamane ist kein Quacksalber, obwohl er vielleicht herkömmliche Schauspiel- und Varietétricks in eine Heilungszeremonie einbaut, um die Zuschauer zu unterhalten und um eine gewisse Spannung zu erzeugen und das Gefühl zu vermitteln, daß etwas Bedeutendes geschieht. Der Schamane weiß, daß bestimmte Werkzeuge und Objekte heilig sind, da er eine Beziehung zu den Geistwesen dieser Objekte aufgebaut hat, die den Schamanen die Geheimnisse der Kraft gelehrt haben.

Als Teil Ihrer Praxis des Schamanismus sollten Sie einige einfache Objekte sammeln, die die vier Elemente darstellen, und diese verwenden, um Ihre Beziehung zu den Geistern dieser Elemente zu vertiefen. Dies soll nicht heißen, daß Sie ein »Medizinbündel« im indianischen Sinne tragen sollen, sondern in irgendeiner Weise die heiligen Elemente bei sich tragen und würdigen sollen, die Sie an Ihre Kraft und an deren Quelle in der Natur und in den Geistwesen der Natur erinnern sollen.

Sie können Ihre persönlichen Hilfsgeister fragen, was Sie speziell sammeln sollen, meist werden für die vier Elemente jedoch unter anderem die folgenden Objekte verwendet:

Luft

Eine Feder kann für das Element Luft stehen, da sie als Teil eines Vogelflügels durch die Luft flog. Räucherwerk oder Kräuter ergeben wohlriechende Düfte, wenn sie verbrannt werden, die häufig bei Zeremonien verwendet werden, um den Geist der Luft zu repräsentieren, und wenn

eine Feder verwendet wird, um den Rauch zur Reinigung oder zur Seg-
nung im Raum zu verteilen, nimmt die Feder den Geruch an und trägt
ihn auch anschließend. Auf diese Weise kann die Feder auf beide Arten
mit dem Element Luft in Verbindung gebracht werden: Zum einen durch
den natürlichen Zusammenhang, da sie Teil eines Vogelflügels gewesen
ist, und zum anderen durch die zeremonielle Bedeutung, die Sie ihr geben, wenn Sie sie mit heiligen Kräutern oder Räucherwerk verwenden.

Feuer

Es ist nicht so einfach, Feuer mit sich herumzutragen, aber es gibt natürliche Gegenstände, die den Geist des Feuers enthalten können:

- Ein Kristall kann für das Element Feuer stehen, da er das Feuer der
  Sonne einfängt und hell funkelt, wenn man ihn dreht.
- Gegenstände aus Holz, die teilweise verbrannt oder angekohlt sind,
  tragen das Zeichen des Feuers.
- Kerzenwachs, das bei Zeremonien verwendet wird, kann man in Wasser tropfen lassen, wo es fest wird und eine Form ähnlich einem kleinen Kieselstein erhält. Da das Wachs einmal die Hitze der Flamme
  enthielt, kann es für den Geist der Flamme stehen.

Wasser

Eine Muschel oder ein Kieselstein aus einem Bach oder von einem Strand
kann das Mysterium des Wassers in sich tragen. Sie können auch Wasser aus einer heiligen Quelle oder aus dem Meer in ein Fläschchen füllen und bei sich tragen.

Erde

Erde ist das Element, das man am einfachsten bei sich tragen kann, weil
es hierfür endlos viele Möglichkeiten gibt: Steine, trockene Blätter, Erde,
Kieselsteine, Kristalle, kleine Zweige, Holzstücke, Dinge aus Ton oder
Keramik und sogar Tierknochen.

Wenn Sie diese Gegenstände in einer Tasche oder einem Beutel bei sich tragen, sich jedoch keine Praktiken von heutigen indigenen Kulturen aneignen möchten, für die die Tradition des Medizinbündels immer noch von wesentlicher Bedeutung ist, können Sie den keltischen Kranich-Sack als eine europäische Version in Betracht ziehen. In keltischen Überlieferungen kommt ein geheimnisvoller Sack vor, der aus der Haut eines Kranichs gefertigt wird und ursprünglich dem Gott des Meeres gehörte und seine heiligen Gegenstände enthielt, darunter ein Hemd, ein Messer, ein Haken, Schweineknochen, ein Helm und eine Schere. Der Kranich-Sack taucht auch in späteren Geschichten über andere irische Helden auf, wie z.B. Fionn mac Cumhaill und Conaire. In jedem Fall erhält der Besitzer des Sackes Wissen über die Geheimnisse der Barden und Druiden, dies bedeutet visionäres Wissen aus der anderen Welt. Kraniche gelten traditionell als Wächter der anderen Welt und vertreiben unwillkommene Eindringlinge. (Wasservögel werden allgemein als Kreaturen der anderen Welt betrachtet, da sie sich in drei Welten aufhalten und fortbewegen können: in der Luft, auf dem Wasser und auf dem Land.) Den Kranich-Sack und seinen heiligen Schatz zu besitzen bedeutet, Wissen aus der anderen Welt zu besitzen.

Hinsichtlich des Beutels der Schamanen, der die heiligen Gegenstände enthält, können wir uns also auf die Tradition des Kranich-Sacks aus Irland und Britannien stützen und dabei sicher sein, daß es sich um einen archaischen und weitverbreiteten Brauch handelt, Objekte, die die Elemente darstellen, in einem besonderen Beutel für die Verwendung bei Visionsarbeit oder bei Ritualen aufzubewahren. Beim Core-Schamanismus brauchen wir keinen Sack, der aus der Haut eines echten Kranichs gefertigt ist, da wir neue und persönliche Traditionen für die moderne Welt entwickeln. Der Beutel kann daher aus jedem beliebigen Material bestehen, Sie können jedoch ein Material wählen, das eine Bedeutung für Ihre eigene Praxis des Schamanismus hat. Entwerfen, fertigen und dekorieren Sie den Beutel anschließend im Rahmen Ihrer künstlerischen Aktivitäten.

Familien von Geistwesen

Wenn wir das Netz der spirituellen Kraft betrachten, das sternförmig von unserer Mitte nach außen und auch in sie hinein verläuft, entdecken

wir mit der Zeit, daß jeder von uns nach außen auf einen einzigartigen
Horizont blickt, der mit Hilfsgeistern bevölkert ist, die uns als Verbündete oder als Gegner unterstützen bzw. herausfordern. Wenn Sie einen
spirituellen Kosmos erschaffen, in dem Sie schamanisch tätig sind, lernen Sie die Tiere, Pflanzen, Jahreszeiten, Elemente, Gottheiten, die kul-
turspezifischen Helden und andere natürlichen Phänomene kennen, die
sich in Ihrem heiligen Kreis befinden. Sie werden ein großes Netz spiritueller Hilfe besitzen, auf das Sie sich stützen können. Zunächst sind
Sie sich vielleicht nicht darüber bewußt, daß zwischen den einzelnen geistigen Helfern Verbindungen bestehen, aber mit der Zeit sehen Sie sie
wahrscheinlich als eine zusammenhängende Familie – oder auch mehrere Familien – von Geistwesen.

In Stammeskulturen, in denen sich Familien und Clans um eine zentrale Totemfigur gruppierten, betrachteten die Mitglieder der Gruppe
sich dadurch als miteinander verwandt, daß sie alle in enger Beziehung
zu dem Totem standen, bei dem es sich um ein bestimmtes Tier oder
eine bestimmte Pflanze handeln konnte. Die Mitglieder des Stammes
der Krähe beispielsweise betrachteten sich als Nachkommen einer ursprünglichen Elternfigur, die die Krähe oder der Geist der Krähe war.
Die Krähe wurde das Wahrzeichen und Symbol für die Guppe selbst sowie auch für ihre einzelnen Mitglieder. Der Name der Gruppe oder des
Clans war häufig der Name des Totems. In Europa trugen die keltischen
Stämme Namen wie z.B. *People of the Boar* (Volk des Ebers), *Ravenfolk*
(Rabenvolk) oder *People of the Oak* (Volk der Eiche).

Für unsere Praxis des Schamanismus ist die Tatsache von Interesse,
daß der Totemgeist häufig ein Wahrzeichen für andere Tiere, Pflanzen
und Elemente war, und nicht nur ein Symbol für den menschlichen
Stamm. Dies bedeutet, es gab »Stämme von Geistwesen«, die als Angehörige desselben Totems betrachtet wurden. In Australien beispielsweise können Wesen, die keine Menschen sind, zum selben Clan gehören
und dasselbe Totem haben. Der Regen gehört zum Clan der Krähe und
trägt daher etwas vom Wesen der Krähe in sich. Die Krähe ist das Prinzip, das alle Wesen vereinigt und integriert, die zur selben Totem-Gruppe
gehören. Wenn ein Mensch stirbt, sollte das Bestattungsgerüst aus dem
Holz eines Baumes gebaut werden, der zur Totem-Familie des Verstorbenen gehört. Dies zeigt uns, daß indigene Menschen, wie z.B. die au-
stralischen Aborigines, wenn sie in die natürliche Welt hinausblicken, viele

Wesen sehen, mit denen sie verwandt sind, da diese Wesen zur selben Totem-Familie gehören und den Geist des betreffenden Totems in sich tragen. Auf diese Weise entdecken Naturvölker eine mystische Verwandtschaft mit bestimmten Pflanzen, Elementen und Tieren in der Natur.

Wir können die Wesen, die sich an unserem persönlichen Horizont befinden und unseren mystischen Kosmos umfassen, bitten, uns zu zeigen, in welcher Beziehung sie zueinander stehen. Es kann sein, daß sie alle Mitglieder derselben Geistfamilie sind, der auch Sie angehören. Vielleicht bilden sie auch mehrere einzelne Gruppen, die alle von einem eigenen Geist oder Prinzip angeführt werden. Dies können Sie bei Reisen herausfinden und bei Gesprächen mit Ihren geistigen Helfern über ihre Wirkungsweise in Ihrem Leben und über ihre speziellen Talente, Fähigkeiten und Kenntnisse, die sie Ihnen bieten, erfahren. Wenn Sie die Beziehungen zwischen den Hilfsgeistern kennen, führt dies dazu, daß Sie ihnen in der alltäglichen Wirklichkeit häufiger begegnen. Wenn beispielsweise der Bär Ihr Krafttier ist, Sie jedoch nicht in einer Gegend wohnen, in der Bären leben, werden Sie auch keine sehen. Wenn Sie jedoch wissen, daß Ihr Bär-Geist vielleicht zu Schnee, Winter, Sonnenuntergang und Ahornbäumen gehört, werden Sie die Verwandten des Bären regelmäßig um sich haben. Der Bär kann das Totem für diese Gruppe von Wesenheiten sein, oder der Bär ist einfach nur ein Mitglied des Clans, der diese Wesenheiten umfaßt, und ein anderer Geist oder eine andere Gottheit ist deren Totem. Sie können dies herausfinden, indem Sie reisen, speziell um Ihre Hilfsgeister zu bitten, Ihnen die Beziehungen zwischen den Hilfsgeistern und Ihnen zu zeigen.

Jeden Sonntagmorgen steige ich als Teil meiner Praxis des Schamanismus auf einen Berg mit dem Namen Bull Hill. Im Laufe der Monate bin ich dem Geist des Berges begegnet, der bei meiner schamanischen Ausbildung eine bestimmte Rolle spielt. Als eine ältere Verwandte von mir starb, begann ihr Geist, mich bei diesen wöchentlichen Wanderungen zu begleiten, und ich erfuhr von meinem Krafttier, daß der Berg und meine Verwandte zur selben Geistfamilie gehörten. Außerdem entdeckte ich ungefähr dreihundert Meter vom Weg entfernt einen großen Felsbrocken, der an einen menschlichen Schädel erinnert. Auf späteren Reisen erschien mir der Schädel-Fels als der Geist des abgeschlagenen Hauptes, einem wichtigen Symbol der alten keltischen Mythologie, das mich zu einer Reise anregte, die ich die »Reise des abgeschlagenen Hauptes« nenne (siehe neuntes Kapitel). Andere Geistwesen sind zu diesen noch hinzugekommen, und ich kenne nun die »mystische Familie«, die sie repräsentieren, und weiß, in welcher Weise ich ein Mitglied dieser Familie bin. Sie nehmen ihre Plätze an meinem heiligen Horizont ein, und wenn ich darum bete, von spiritueller Kraft umgeben zu werden, nähern sie sich mir. Wenn ich sonntagmorgens auf den Bull Hill steige, pilgere ich zu ihren Schreinen.

Der heilige Horizont in der Kunst

Der heilige Horizont, der sich im Laufe unserer Praxis des Schamanismus um uns herum entwickelt, kann als Thema für künstlerische Aktivitäten dienen. In manchen indianischen Traditionen sind auf heiligen Schilden die Geistwesen und die Tierhilfsgeister dargestellt, die für denjenigen wichtig sind, der den Schild gefertigt hat und dem er gehört. Sibirische Schamanen zeichnen Landkarten der geistigen Welt auf die Felle ihrer Trommeln, und zwar in der Regel als stark stilisierte Darstellung. Die Tradition der Wappenbilder in Europa entwickelte sich aus früheren Darstellungen von Familiengeisttotems auf Schilden und Rüstungen. In vielen Kulturen ehren die Schamanen ihre geistigen Verbündeten dadurch, daß sie sie auf ihrer rituellen Kleidung entweder symbolisch oder bildhaft darstellen. Die Huichol weben Symbole von *neirika*, der Schwelle zur anderen Welt, in wunderschöne textile Bilder. Ähnliche Darstellungen werden auf Häute gemalt. Die Navajos erstellen Sandbilder, die meist kreisförmig sind und die Himmelsrichtungen und die Geistwesen darstellen, die die Welt umgeben. Das Mandala, eine tibetische Form heiliger Kunst, stellt ebenfalls Horizonte, Richtungen und verschiedene Bewußtseinsebenen dar, die Teil der geistigen Welt sind. Entsprechend sind auch Ihr heiliger Horizont und die darauf befindlichen Geistwesen ein gutes Thema für schamanische Kunst.

Wenn Sie nicht zur darstellenden Kunst tendieren, sollten Sie versuchen, ein kleines Musikinstrument wie z.B. eine Flöte, Harfe oder ein Hackbrett zu spielen – ein Instrument, mit dem man auch ohne den üblichen Musikunterricht einigermaßen zurechtkommen kann. Flöten und einfache Saiteninstrumente bieten sich hierfür an und können mit ins Freie genommen werden. Nehmen Sie das Instrument, segnen Sie es, rufen Sie Ihre Hilfsgeister und bitten Sie sie, Ihnen die Musik einzugeben. Zuerst kommen Sie sich dabei vielleicht unbeholfen vor, aber Unterricht durch Geistwesen wirkt schnell und effizient. In kürzester Zeit werden Sie bereits gut spielen können. Dann können Sie spielen, um die Geistwesen der einzelnen Himmelsrichtungen zu ehren. Wenden Sie sich immer der Richtung zu, für die Sie spielen, und rufen Sie die Geistwesen mit Ihrer Musik herbei, um einen heiligen Kreis zu schaffen, in dem Sie arbeiten. Natürlich können Sie zu Ihrer eigenen Zufriedenheit Musikunterricht für ein Instrument nehmen, bei der schamanischen künstlerischen Betätigung geht es jedoch darum, sich von den Geistwesen die Töne und die Melodien zeigen zu lassen.

Der schamanische Kalender

In dem Maße, in dem wir uns der nichtalltäglichen Wirklichkeit in unserem Alltagsleben stärker bewußt werden, streben wir danach, das Alltägliche in das Numinose zu transformieren, das unseren Erfahrungen in der anderen Welt entspricht. Wenn wir die Horizonte und Jahreszeiten kennen, die uns sowohl hier als auch in der jenseitigen Welt umgeben, können wir auch den Kalender kennenlernen, der diese Jahreszeiten wiedergibt. Naturvölker verfolgten jährliche Ereignisse anhand der Phasen des Mondes, der Kreisbahnen der Sterne, der Konstellationen am Nachthimmel und der Position der aufgehenden und untergehenden Sonne am Horizont. Heutzutage benutzen wir statt dieser natürlichen Zeichen den Papierkalender mit zwölf Monaten.

Als Teil Ihrer Praxis des Schamanismus können Sie einen persönlichen Kalender der Feiertage und Feste aufstellen. Wir können uns hierbei auf den alten Kalender der europäischen Stammes- und Dorfkulturen mit Sonnenwenden, Tagundnachtgleichen und Jahreszeitenfesten stützen.

Die Quartalstage

Die Sommersonnenwende ist ungefähr am 21. Juni.
Die Wintersonnenwende ist ungefähr am 21. Dezember.
Die Herbst-Tagundnachtgleiche ist ungefähr am 21. September.
Die Frühjahrs-Tagundnachtgleiche ist ungefähr am 21. März.

Die Jahreszeitenfeste

Mit dem Imbolc-Fest am 1. Februar werden die ersten Zeichen des Frühlings gefeiert.

Das Beltene-Fest am 1. Mai ist der Sommeranfang.

Das Lammas- bzw. Lugnasa-Fest am 1. August ist der Tag der ersten Ernte.

Das Samhain-Fest am 31. Oktober/1. November ist der Winteranfang.

Es gibt viele alte und moderne Traditionen, die mit diesen acht Tagen in Beziehung stehen. Lesen Sie über diese Traditionen, und finden Sie heraus, welche Traditionen in gewisser Weise mit Ihrer Lebensweise oder dem Ort, an dem Sie leben, in Zusammenhang stehen. Als Quellen können Ihnen zahlreiche Bücher über europäische Volksbräuche, Hexenkunst, neues Heidentum und Anthropologie dienen. Entwickeln Sie Ihre eigenen Rituale, um diese Wendepunkte im Rad des Jahres zu feiern und zu würdigen. Das neunte Kapitel enthält Vorschläge für schamanische Reisen zu diesen Zeiten des Jahres.

Sie können auch einen zwölf- oder dreizehnmonatigen Kalender ausarbeiten, um für Sie persönlich die Bedeutung der Monate des Jahres des herkömmlichen Gregorianischen Kalenders festzulegen. Im Sinne der Bräuche von Naturvölkern können Sie berücksichtigen, was in dem jeweiligen Monat in der Natur geschieht oder welche persönlichen Aktivitäten diese Zeiten in Ihrem Leben kennzeichnen. Arbeit, Spiel, Ferien, Schule und Urlaub können zu Namen für Monate oder Monde inspirieren. In unserer Kultur ist dies bereits in einem gewissen Maße üblich: Der September ist der Monat des Schulanfangs, der Mai ist der Hochzeitsmonat, Juli und August sind Urlaubsmonate, und der Dezember ist der Weihnachtsmonat. Finden Sie eigene Bezüge und Namen und wählen Sie diese so, daß dadurch Ihre Praxis des Schamanismus intensiviert wird. Die Rubrik mit dem Wetterbericht in der Tageszeitung enthält die Zeitangaben für Auf- und Untergang von Sonne und Mond sowie das Datum für Neumond und Vollmond. Sie können schamanische Aktivitäten und Rituale entsprechend dieser Zeiten planen.

Mein eigener Mondkalender orientiert sich an den Gegebenheiten meines Wohnorts im Hudson River Valley im US-Bundesstaat New York und an den Aktivitäten, die derzeit Bestandteil meines Lebens sind. In meinem Kalender sind die Monate folgendermaßen zugeordnet:

Januar: Mond des Zuhausebleibens
Februar: Mond des Wartens auf den Frühling
März: Mond der wiederkehrenden Sonne
April: Mond der singenden Morgendämmerung
Mai: Mond der jungen Blumen
Juni: Mond der langen Tage
Juli: Mond der Urlaubsreisen
August: Mond der ersten Ernte
September: Mond der Melancholie
Oktober: Mond der fallenden Blätter
November: Mond des Heimkommens
Dezember: Mond der langen Nächte
Dreizehnter Mond: Mond der Geheimnisse.

Der Kreis und das Kreuz

Der Kreis, der von einem Kreuz geteilt, d.h. in Viertel unterteilt, wird, ist für die menschliche Phantasie als übernatürlicher oder mystischer Raum höchst ansprechend und seit der Altsteinzeit ein bedeutendes Element der religiösen Kunst. Der Kreis selbst stellt eine ununterbrochene Grenze oder Einfassung dar, die den Bereich innen von dem Bereich außen abtrennt und ihn schützt. Die vier Punkte des Kreuzes lassen auf Durchgänge durch diese Grenze und auf Wege zum Mittelpunkt, dem Punkt des vollkommenen Gleichgewichts und der Ganzheit, schließen. Als heiliger Raum ermöglicht das von einem Kreis umgebene Kreuz der spirituellen Kraft, sich in drei Richtungen zu bewegen: vom Mittelpunkt strahlenförmig nach außen, kreisförmig am Umfang des Kreises und nach innen zusammenlaufend auf den Mittelpunkt zu. Sich im Mittelpunkt zu befinden, bedeutet, von »Schönheit«, wie sie die Navajo-Indianer verstehen, das heißt von Harmonie und Gleichgewicht, umgeben zu sein, oder von dem, was die Kelten »die

Drei des Lebens«, die »heiligen Drei«, »die Geheimen« und »die Mächte« nannten.

Der Kreis selbst – mit oder ohne Kreuz – hat die menschliche Vorstellungskraft bereits seit langer Zeit als ein Symbol für Ganzheit, Vollkommenheit und Vollendung inspiriert, da jeder Punkt des Umfangs sich in gleicher Entfernung zum Mittelpunkt befindet; es gibt keinen erkennbaren Anfang und kein erkennbares Ende; und das Ganze ist vollkommen und gleichmäßig ausgewogen und von der Mitte aus zugänglich. Es gibt keine verborgenen Ecken oder abrupte Wendepunkte wie in geometrischen Figuren mit geraden Linien und Winkeln. Es gibt keinen Platz, an dem man sich verirren könnte.

Bereits in frühesten Zeiten haben unsere Ahnen Kreise gezeichnet, in Metall geätzt und gebaut, häufig mit einem Kreuz oder den vier Himmelsrichtungen in der Mitte. Riesige Megalithkreise in Westeuropa, indianische Medizinräder, gemalte tibetische Mandalas, Navajo-Sandbilder, hohe keltische Steinkreuze und altsteinzeitliche Felsmalereien in vielen Teilen der Welt, die Kreise mit Kreuzen darstellen, bezeugen alle die auf der ganzen Welt bestehende Faszination für diese Figur, die in der menschlichen Psyche selbst unauslöschlich eingeprägt ist.

Für den Hopi-Indianer ist der Kreis mit Kreuz das Symbol für das Leben im Gleichgewicht. Man geht davon aus, daß die prähistorischen Felsmaler dieses Symbol verwendeten, um die Sonne darzustellen, da es an die feurige Mitte denken läßt, von der aus die Strahlen in alle Richtungen nach außen gehen, und in manchen Formen wird es mit den lodernden Tangenten der Swastika gemalt, so daß es aussieht, als würde es rollen oder sich drehen, wie die Sonne durch den Himmel rollt. Das Kreuz im Kreis ist seit langer Zeit das astrologische Symbol für den Planeten Erde. Alle drei Assoziationen sind zutreffend, da sie eindeutig auf das immerwährende Streben nach Gleichgewicht und Ganzheit hinweisen, denn das Leben entsteht und besteht nur im richtigen Gleichgewicht der Energien von der Erde und der Sonne.

Wir stehen im Mittelpunkt dieses heiligen Kreises, wo wir uns auch befinden mögen, und paradoxerweise sind wir dennoch immer auf der Suche nach ihm. Wir sehen mit den Augen des Schamanen nach außen in alle Richtungen, suchen die Orte und die Quellen für persönliche Kraft, die die »Höhere Macht« widerspiegelt, die die Welt in dem Augenblick erschaffen hat, den wir gerne für den Anfang der Zeit halten.

Aber hat denn die Zeit überhaupt einen Anfang?

Wir wurden zwar so erzogen, daß wir Zeit und Raum als linear betrachten, dennoch werden wir nicht an einem Ende einer Linie geboren, an der entlang wir leben und arbeiten, bis wir schließlich das andere Ende erreichen. Sogar der Tod ist kein Ende, sondern, wie die alten Kelten sagten, »die Mitte eines langen Lebens«. Alles strebt nach einer runden Form. Der Medizinmann der Oglala-Sioux, Black Elk, sagte: »Die Kraft der Welt wirkt immer in Kreisen, und alles versucht, rund zu sein.« Er sagte, daß der »Kreis der vier Viertel« den »Heiligen Ring« seines Volkes inspiriert habe. »Der Osten gab Frieden und Licht, der Süden gab Wärme, der Westen gab Regen, und der Norden mit seinem kalten und mächtigen Wind gab Stärke und Ausdauer.«[6]

Der von uns gewählte spirituelle Weg sollte uns an die Kreisform der Erfahrungen, an die Rundheit der Schöpfung und an die gebogenen, spiralförmigen Energien erinnern, die durch uns hindurchfließen. Wir sollten unseren Platz nicht in der Reihe oder Linie suchen, sondern im Mittelpunkt eines Horizontes voller Segnungen, die uns umgeben. Wenn wir die heiligen Orte entlang dieses Horizontes finden, können wir diese nach innen zu uns ziehen, auch wenn sie uns nach außen rufen. Dann werden wir uns wirklich des Netzes des Lebens bewußt sein, da wir in ihm leben werden und unsere »wahre Heimat« entlang jedes Stranges finden, der vom Mittelpunkt aus nach außen verläuft, entlang jedes Stranges, der den Mittelpunkt umgibt, und wir werden erfahren, daß das Netz endlos und zeitlos ist.

FÜNFTES KAPITEL

MITTELWELT-REISEN

Wenn wir morgens erwachen, herrscht ein bestimmtes Licht am Himmel, und die jeweiligen Wetterverhältnisse legen die Grundstimmung für den kommenden Tag fest. Aus Gewohnheit waschen wir uns das Gesicht mit Wasser oder nehmen eine Dusche, wir frühstücken und trinken eine Tasse Kaffee. Draußen scheint die Sonne auf uns; wir werden vom Regen naß; eine erfrischende Brise trägt einen angenehmen Duft heran. Im Laufe des Tages gehen wir über Erde, Beton, Sand und Gras. Eine Landschaft, die uns gefällt, zieht unseren Blick auf sich. Vögel zwitschern bei Sonnenuntergang, und wir merken plötzlich, daß es dunkel wird und der Tag vorüber ist.

Begegnungen mit den Elementen gehören zum Alltagsleben, und abgesehen von geringfügigen Unterschieden aufgrund des modernen Lebens sind diese Begegnungen noch genauso, wie sie die Menschen seit dem Beginn der Menschheitsgeschichte erlebten. Und dennoch unterscheidet sich unser Verhältnis zu den Elementen der Natur grundlegend von demjenigen, das die meisten unserer Vorfahren zur Natur hatten, als sie in kleinen Stammes- oder Dorfkulturen lebten (auf diese Weise haben die Menschen während neunzig Prozent der Zeit des menschlichen Lebens auf der Erde gelebt). Der auffallendste Unterschied ist, daß wir Erde, Feuer, Wasser, Stein, Holz und Licht nicht mehr als lebendige Wesen mit Bewußtsein betrachten, die eng mit dem Netz unseres Lebens verflochten sind. Für viele von uns sind die elementaren Formen und Substanzen, aus denen die natürliche Welt besteht, keine Manifestationen des Geistigen. Sie sind einfach nur unsere Umwelt.

In alten Legenden ist von schlafenden Riesen und schlummernden Geistern die Rede, die darauf warten, aus ihrem Schlaf in Steinen und Bäumen geweckt zu werden, heute jedoch sind wir diejenigen, die schlafen. Wir warten darauf, aus unserem Schlaf gerufen zu werden, damit wir die Tage unseres Lebens auf höheren und tieferen Ebenen der Realität vollständig erwacht und bewußt leben können. Wir hoffen auf eine Erweiterung unseres Bewußtseins, durch die wir die Geistwesen in den Steinen und Felsen wahrnehmen können, die keineswegs schlummern, sondern immer noch das Räderwerk des Lebens kraftvoll antreiben und die schöpferischen Aufgaben erfüllen, die ihnen seit den alten Zeiten zukommen, bevor die Menschen auf der Oberfläche der Erde erschienen. Wenn wir einmal für das innere Leben der Natur erwacht sind, werden wir ebenso bewußt und intelligent mit den Elementarwesen umgehen, wie es unsere Ahnen bei einfachen Arbeiten des Alltagslebens taten. Feuer machen, Wasser holen, Holz hacken, Kochen und den Herd reinigen (beziehungsweise die modernen Entsprechungen dieser Arbeiten) werden wieder heilige Tätigkeiten werden, da wir die Geistwesen erkennen werden, die bei uns sind, wenn wir diese Tätigkeiten vollziehen.

Das Prinzip der Reise in der mittleren Welt

Die Mittelwelt-Reise in nichtalltägliche Wirklichkeiten kann uns dabei helfen, diese enge Beziehung zu den Geistwesen der Natur wiederherzustellen. Wie die nichtalltäglichen Welten unter der Erde und über dem Himmel ist auch die nichtalltägliche geistige Welt, die unsere alltägliche Welt überlagert, in der wir unser bewußtes Leben führen, dem Schamanen als eine andere Wirklichkeit zugänglich. Dies ist die »mittlere Welt« im Kosmos des Schamanen, und auch sie kann in schamanischen Bewußtseinszuständen besucht werden.

Die folgenden Anweisungen für eine Reise in der mittleren Welt basieren auf den im dritten Kapitel gegebenen Anweisungen für Reisen in die untere und die obere Welt.

1. Legen Sie sich auf den Boden; bedecken Sie die Augen mit einem Tuch.

2. Wiederholen Sie die Absicht oder den Zweck Ihrer Reise dreimal für sich in Gedanken.

3. Der Trommler beginnt zu trommeln.

4. Sehen Sie sich auf dem Boden liegen; rufen Sie Ihr Krafttier zu sich und teilen Sie ihm den Zweck bzw. das Ziel der Reise mit.

5. Sehen Sie, wie Sie und Ihr Krafttier den Raum durch ein Fenster, eine Tür oder (da Sie ja in einer geistigen Form reisen) durch eine Wand oder das Dach verlassen.

6. Wenn Sie am Ziel angekommen sind, erfüllen Sie den Zweck der Reise.

7. Wenn der Zweck der Reise erfüllt ist oder wenn Sie durch den Trommelrhythmus zurückgerufen werden, bitten Sie Ihr Krafttier, Sie zurück zu dem Ort zu begleiten, an dem Sie liegen.

8. Verabschieden Sie sich von Ihrem Krafttier, und werden Sie sich wieder des Raums bewußt, in dem Sie liegen.

Die einzelnen Krafttiere haben verschiedene Methoden, einen Reisenden bei einer Mittelwelt-Reise zu »eskortieren«. Die folgenden drei Methoden werden am häufigsten verwendet:

• Ein Krafttier kann Ihnen beim Fliegen helfen oder Sie auf seinem Rücken tragen, während es in den Himmel und in die allgemeine Richtung Ihres Zieles fliegt. Sie sind jedoch zu weit oben, um Einzelheiten der Landschaft zu sehen, die Sie überfliegen, wenn Sie landen, befinden Sie sich jedoch tatsächlich an dem Platz, zu dem Sie gebracht werden wollten.

• Ein Krafttier kann Sie schnell über die wirkliche Landschaft fliegen, die sich zwischen dem Ort, an dem Ihr Körper liegt, und Ihrem Ziel befindet, oder Sie über diese Landschaft hinwegtragen, und Sie sehen die Landschaft während Ihres Fluges oder Ihrer Reise.

• Ein Krafttier kann Sie auf irgendeine Weise mit hoher Geschwindigkeit durch eine neblige oder diesige Landschaft bringen und an dem gewünschten Ort wieder aus dem Nebel herausführen.

Das Wichtige hierbei ist, daran zu denken, daß Sie in der geistigen Dimension des Ortes ankommen und nicht an dem tatsächlichen Schauplatz in der materiellen Welt. Der Ort sieht vielleicht etwas anders aus, wie es auch in Träumen der Fall ist. Die Menschen und Ereignisse, die Sie dort sehen, geschehen möglicherweise in dem Augenblick nicht in der alltäglichen Wirklichkeit, sondern was Sie sehen, ist eine Entsprechung auf der geistigen Ebene, die die Information oder Erfahrung in sich birgt, wegen derer Sie an diesen Ort gereist sind. Das bedeutet, daß Sie kein klassisches außerkörperliches Erlebnis haben werden, bei dem Ihre Seele bzw. Ihr Geist Ihren Körper verläßt, eine gewisse Strecke zurücklegt und die tatsächlichen Ereignisse sieht, die in dem betreffenden Augenblick stattfinden. Es kann sein, daß Sie *tatsächlich* sehen, was in der alltäglichen Wirklichkeit geschieht, aber wahrscheinlich sehen Sie eine spirituelle oder metaphorische Darstellung der Ereignisse.

Beispielsweise habe ich einmal eine Reise gemacht, um den Gesundheitszustand meines Vaters zu erfahren. Ich reiste zu dem Ort, an dem er lebt, in einem entfernten anderen Bundesstaat, und sah ihn voller Energie Rasen mähen. Ich nahm an, daß es ihm gutginge. Später rief ich ihn an, und fragte ihn, wie es ihm ginge, und er bestätigte, daß er sich gut fühlte. Als ich ihn jedoch fragte, was er zu dem Zeitpunkt meiner Reise gerade getan hatte, sagte er, er habe ein Nickerchen gemacht. Das heißt, ich hatte nicht gesehen, was er tatsächlich in der alltäglichen Wirklichkeit getan hatte. Die Geistwesen zeigten mir eine Szene in der mittleren Welt, die mir ganz zutreffend die Information lieferte, die ich wollte, sie zeigten mir jedoch nicht, was tatsächlich geschah. Wenn ich gesehen hätte, wie mein Vater mitten am Tag ein Nickerchen machte, hätte ich sicher fälschlicherweise angenommen, daß er sich nicht gut fühlte.

Die schamanische Reise stellt kein klassisches außerkörperliches Erlebnis in dem Sinne dar, wie es normalerweise definiert wird, nämlich daß die Seele den Körper verläßt, um zeitweilig durch die alltäglichen Wirklichkeiten der Welt zu wandern. Die schamanische Reise ist stets eine Reise in der nichtalltäglichen Wirklichkeit, auch wenn die Reise in der mittleren Welt zu einem Ort erfolgt, der in der alltäglichen Wirklichkeit tatsächlich existiert. Wenn wir mit Menschen in Interaktion treten, denen wir bei einer Mittelwelt-Reise begegnen, haben wir es ebenfalls mit einer geistigen Reflexion oder einem geistigen Aspekt dieser Menschen zu tun. Wenn wir später die Menschen danach fragen, stellen

wir meist fest, daß Ihnen unsere Anwesenheit während der Reise nicht
bewußt war.

Gründe für Reisen in der mittleren Welt

Die Reise in der mittleren Welt bietet uns die Möglichkeit, Orte und Zeiten zu besuchen, die für uns von Bedeutung sind. Wir können uns in der
Zeit und im Raum rückwärts bewegen, um die geistige Essenz von Ereignissen aufzusuchen und erneut zu erleben, die vor langer Zeit stattfanden. Als spirituelle Übung kann die Reise in der mittleren Welt Erinnerungen an Ereignisse zurückbringen, die in unserer früheren
spirituellen Entwicklung wichtig waren, oder uns ermöglichen, zu heiligen Plätzen zu pilgern, um Inspirationen und Erneuerung zu erfahren.
Eine katholische Bekannte von mir, die zwanzig Jahre zuvor Nonne gewesen war, befand sich einmal in einer Phase, in der sie von ihrem momentanen spirituellen Weg desillusioniert war. Sie reiste zurück in das
Kloster, in dem sie gelebt hatte, und bat darum, es so sehen zu dürfen,
wie es zur Zeit ihres Klosterlebens gewesen war. Sie ging durch die Säle,
besuchte die Kapelle, sprach ein Gebet, das sie früher gerne gesagt hatte,
redete mit anderen Nonnen, deren Geister immer noch die Energie des
Ortes prägten, erlebte einige wichtige Augenblicke nochmals und spürte
wieder die religiöse Inbrunst ihrer Jugend in sich. Nach der Reise konnte
sie die Erfahrungen dieser Reise nutzen, um mehr Energie in ihr der-
zeitiges spirituelles Leben zu bringen.

Wir können die Reise in der mittleren Welt auch einsetzen, um die
Natur in ihren geistigen Formen zu erleben, unsere natürliche Umgebung zu erkunden und unsere Sinne für die Lebensessenz zu schär-
fen, die durch unsere natürliche Umgebung fließt. Wir können die Erde
mit unseren Geistaugen betrachten und die Energien sehen, die von
ihr ausgehen. Wir können mit Geistohren den Gesängen der Gestalten
und Formen lauschen, deren Stimmen wir normalerweise nicht wahrnehmen. Wir können die Musik der irdischen Sphären hören, in denen
wir leben.

Wenn wir schamanisch an einen Ort reisen, der in der alltäglichen
Wirklichkeit existiert, erleben wir ihn auf einer feinstofflicheren Ebene:
Wir sehen Farben, für die wir keine Namen haben; die Formen fester

Gegenstände werden flüssig und verwandeln sich in andere Lebensformen; die Geistwesen, die in den »hohlen Formen« der materiellen Wirklichkeit leben, erscheinen uns und kommunizieren mit uns. Wir sehen das Blut und die Knochen der Landschaft, über die wir fliegen, die wir durchstreifen oder in der wir schwimmen. Wir gebrauchen unseren eigenen Geistkörper und setzen die Essenz unseres Lebens auf einer höheren Ebene ein, die von kosmischer Energie erfüllt ist. Auf diese Weise entdecken wir, daß die Böden, die Gewässer und die Winde der Biosphäre und alle Lebensformen, die von ihnen ermöglicht werden, ein einziges ökologisches Ganzes bilden.

Die folgenden Vorschläge für Reisen in der mittleren Welt ermöglichen es Ihnen, bestimmte Aspekte der Natur von einer spirituellen Perspektive aus zu erleben.

- Reisen Sie einfach nur, um sich in Ihrem Garten oder im Stadtpark zu sonnen, während Sie sich in der nichtalltäglichen Wirklichkeit befinden.

- Machen Sie eine entsprechende Reise, um das Mondlicht auf einem See zu genießen.

- Reisen Sie in den Wind, und reiten Sie auf dem Schweif seines Gesangs.

- Begeben Sie sich zu den Feuchtigkeitströpfchen in einer Wolke, und fallen Sie als Frühlingsregen auf die Erde.

- Machen Sie eine Reise, um die verschiedenen Geistwesen kennenzulernen, die in einem See oder Teich in Ihrer Nähe wohnen.

- Reisen Sie zu einem Baum, einem Fluß oder einem Felsen, setzen Sie sich davor, und bitten Sie seinen Geist, in irgendeiner Gestalt oder Form herauszukommen, um Sie kennenzulernen. Bitten Sie den Geist zu sprechen. Würdigen Sie ihn, stellen Sie sich vor, fragen Sie ihn, welchen Dienst Sie ihm oder der Umgebung, in der er lebt, erweisen könnten.

• Reisen Sie, um das »kosmische Netz« der Energie zu sehen, zu hören oder zu erfahren, das alle Lebenformen und Gegenstände in einer bestimmten Gegend, z.B. einem Tal, einem Park oder einem Gipfel, miteinander verbindet.

Diese Reisen können unsere Liebe zum Leben stärken, die kennzeichnend für die Praxis des Schamanismus sein sollte, und unseren Glauben an die Heiligkeit der Schöpfung vertiefen. Der Harvard-Zoologe und Autor E.O. WILSON nennt dies »Biophilie« und ermahnt uns, uns diese Einstellung zu eigen zu machen, da sie dringend erforderlich ist, um die enormen ökologischen Krisen bewältigen zu können, die eine Bedrohung für das Leben selbst darstellen. Was ist die »Liebe zum Leben«? Dies ist ganz einfach die Ehrfurcht, die Wertschätzung, der Respekt und die Bewunderung, die wir für alle Formen des Lebens – ob Tiere, Pflanzen oder mineralische Lebensformen – haben. Wilson sagt: »Das Leben zu entdecken und sich ihm zugehörig zu fühlen, ist ein tiefgreifender und komplizierter Prozess in der geistigen Entwicklung. Unsere Existenz hängt von dieser Liebe zum Leben ab, sie trägt unsere Seele, Hoffnung entsteht aus ihrem Fließen.«[1] Freudvolle Reisen in der mittleren Welt ermöglichen es uns, die Natur zu entdecken und uns ihr und ihren zahlreichen Lebensgemeinschaften zugehörig zu fühlen. Wir kehren erfüllt von der Ehrfurcht und Wertschätzung für das Leben zurück, die unsere Hoffung und unsere Hinwendung zu den animistischen Werten stärken, die der Schamanismus vermittelt.

Orte dazwischen

Ein alter Volksglaube vieler Kulturen besagt, daß Magie »dazwischen« und unter Bedingungen geschieht, die »weder das eine, noch das andere« sind. Mit »Magie« ist Verwandlung, Veränderung, eine Änderung im vorhersagbaren Strom des Lebens gemeint, die mit einer Änderung des Stromes in unserem eigenen Bewußtsein einhergeht. Mit der richtigen Methode und Absicht können wir unser verändertes Bewußtsein bzw. unseren Geist an Orte zwischen den Elementen schicken, Orte, an denen die Elementargeister miteinander in Beziehung stehen, ihre eigene Magie bewirken, ihren eigenen Zauber weben. Wir können unser Bewußtsein so verändern, daß es sich mit dem Bewußtsein der Elemente vermischt, die Kluft zwischen den Spezies überwindet und den Raum überbrückt, der uns als physische Wesen voneinander trennt.

Spirituelle Führer der Lakota-Sioux haben uns Vorstellungen hiervon vermittelt. Lame Deer beschreibt dies als ein »Hin- und Herspringen über die Grenzlinie des Verstandes«.[2] Black Elk sagte, wir sähen »die Geistformen der Dinge«.[3] Konturen und Formen des Geistes oder materieller Objekte machen uns darauf aufmerksam, daß wir uns »am Rande der Dinge« befinden. Wir sind an Orten, an denen Dinge anfangen und aufhören, wo Gegenstände sich berühren, wo sich Auren vermischen, wo Energie übertragen wird. Wir sind in der Welt des »Dazwischen«, in Welten, die »weder das eine, noch das andere« sind.

Die Vorstellung, daß ein Ort oder Zustand, der »dazwischen« liegt, magisch ist, hat zu vielen interessanten und volkstümlichen Klischees über Magie und Mysterien geführt. Wie alle Klischees enthalten auch sie ein Körnchen Wahrheit. Beispielsweise gehört der Mitternachts-Glockenschlag weder zum alten Tag, noch zum neuen. Mitternacht, die »Geisterstunde«, liegt zwischen den Tagen, eine Zeit der Magie, des Geheimnisvollen und der Macht. Noch faszinierender ist der Mitternachts-Glockenschlag an Silvester: Dies ist ein Augenblick, der weder im alten, noch im neuen Jahr liegt – eine Zeit für Wünsche und Entschlüsse, die unser Glück im kommenden Jahr beeinflussen sollen.

Die Morgen- und die Abenddämmerung sind Phasen zwischen Tag und Nacht. Sie erscheinen ohne Vorankündigung. Bis wir merken, daß die Morgendämmerung eingesetzt hat, dämmert es bereits eine ganze Weile. Das gleiche gilt für die Abenddämmerung. Die Dämmerung scheint aus dem Nichts zu kommen und zu keinem meßbaren Zeitpunkt stattzufinden. Das Zwielicht ist ein geheimnisvolles Licht, und wie das Wort selbst bereits besagt, ist es ein Licht, das zwei Eigenschaften in sich trägt, die Helligkeit von Sonne und Mond, ein spiegelähnliches, magisches Licht, das an beidem, dem Tag und der Nacht, teilhat. Das Zwielicht ist ebenfalls eine Zeit der Magie. Die Luft fühlt sich anders an, die »blaue Stunde« kommt, und wir gelangen in die unheimliche Zeit, die weder Tag noch Nacht ist und bald unmerklich in die Nacht übergehen wird.

Halloween, der Abend vor dem ersten November, ist traditionell eine Nacht, die außerhalb der Zeit liegt. Halloween entspricht Samhain, dem alten keltischen Neujahrstag, und liegt daher weder im alten, noch im neuen Jahr, und dies ist die Nacht, in der sich der Schleier zwischen der Welt der Menschen und der Welt der Geister hebt, so daß die Geister in unsere Welt wandern können und wir in die ihrige. Auch als moderner weltlicher Feiertag wird Halloween in den Vereinigten Staaten heute noch als ein Tag gefeiert, an dem man »zwischen den Welten« gehen kann, indem man sich mit Masken und Kostümen verkleidet, um die eigene Identität zu verbergen und es sich zu ermöglichen, in andere Welten des Bewußtseins und Verhaltens zu gelangen, die sich von unserer eigenen völlig unterscheiden. Wir können uns als Skelette, Gespenster, Kobolde, Feen, Götter und Göttinnen, Hexen und Zauberer, Engel oder Teufel ins Reich der Toten und in die Unterwelt begeben. Sich als eine Person des anderen Geschlechts zu verkleiden oder Tierfelle und -köpfe zu tragen, ist eine Möglichkeit, am immateriellen Charakter dieser magischen Nacht teilzuhaben, in der es häufig vorkommt, daß sich etwas in eine andere Gestalt verwandelt, und in der die Dinge nicht das sind, was sie zu sein scheinen.

Das Mondlicht ist magisch, da der Mond in seiner Eigenschaft als Lichtquelle auch sozusagen »dazwischen« liegt. Der Mond erzeugt zwar selbst kein Licht, ist aber dennoch während der Nacht die wichtigste natürliche Lichtquelle. Sein Licht ist ein geliehenes Licht, das in Farbe und Stärke von dem der Sonne völlig abweicht. Das Mondlicht ist weder hell noch dunkel, und obwohl wir im Mondlicht sehen können, wirft es eine dunkle Fahlheit auf die Gegenstände, so daß man sie leicht für etwas anderes halten kann, als sie sind.

Traditionell wird der Vollmond als eine machtvolle Zeit für Magie, Zauberei und den Aufbau von Energie betrachtet, aber die Zeit, während der er ganz voll ist und Macht hat, dauert nur einen Augenblick. Für das menschliche Auge erscheint er zwar drei Nächte lang rund und voll, dennoch beginnt er bereits in dem Moment wieder abzunehmen, in dem er eben erst ganz voll geworden ist. Aus diesem Grund planen Menschen, die mit Magie arbeiten, ihren Zauber und ihre Rituale exakt für die Minute, in der der Mond voll ist.

Im alten keltischen Kalender gilt die Nacht des Druidenmonds als günstige Nacht für Rituale und Zeremonien. Diese Mondnacht ist die sechste Nacht nach der Nacht, in der der Neumond bei Sonnenuntergang am westlichen Himmel erscheint. Die Nacht des Druidenmonds ist die letzte Nacht, in der der linke Rand des Mondes leicht gekrümmt ist, das heißt die letzte Nacht, bevor der Mond halb voll wird. Der Druidenmond kennzeichnet die Nacht zwischen den beiden jeweils vierzehn Tage dauernden Phasen, aus denen der Monat besteht: die dunkleren vierzehn Tage, in denen der Mond weniger als halb voll ist und in die die drei mondlosen Nächte fallen, und die helleren vierzehn Tage, in denen der Mond stets mehr als halb voll ist und in denen auch Vollmond ist.

Nebel, Rauch, Dunst und Wolken sind zu dramaturgischen Klischees für Magie und das Geheimnisvolle geworden, da sie von Natur aus gestaltlos sind und sich in Form und Beschaffenheit verändern; außerdem stellen sie alle eine ätherische Zusammensetzung aus mehreren Elementen dar: Luft, Wasser, Wärme, Partikel und das Licht, das durch sie hindurchströmt. Sie sind flüchtige Wanderer und scheinen einer eigenen Welt anzugehören und unsere Welt nur zu durchqueren. Sie sind immer der eigenen Auflösung nahe, und ihre kurze Existenz in unserer sichtbaren Welt bestreiten sie nur mit den zartesten Mitteln. Sie verschwinden, ohne Spuren zu hinterlassen. Nebel, Rauch, Dunst und Wolken wurden zum geläufigen Symbol für Magie und das Übernatürliche.

Irische Dichter glauben, daß der Rand eines Gewässers – eine Meeresküste, das Ufer eines Flusses oder Sees – ein Ort der Inspirationen aus der anderen Welt und ein Ort der übernatürlichen Erfahrungen ist. Am Ufer treffen drei Welten aufeinander: Luft, Wasser und Erde. Es ist nicht genau erkennbar, wo eine Welt endet und die andere beginnt, da sich die Linie zwischen diesen Welten ständig mit Ebbe und Flut der Gezeiten, dem Schwappen der Wellen und wechselnden Strömungen ändert.

Reisen ins »Dazwischen«

Wenn wir unser Bewußtsein absichtlich zwischen die Elemente schicken, können wir etwas von ihrer magischen oder geistigen Natur erfahren, ihrer Fähigkeit, sich zum anderen hin zu erstrecken, sich zu ändern und verändert zu werden, zu verwandeln und selbst verwandelt zu werden. Wenn wir zwischen die Welle und den Strand, das Feuer und das Holz,

die Wurzel und den Boden, die Knospe und den Stengel, den Regen-
tropfen und das Blatt, die Decke aus Neuschnee und die Kruste alten
Schnees gehen, erleben wir nicht nur die Transformationen, die zwischen diesen Elementen stattfinden, sondern auch die Transformationen, die *absichtlich und bewußt* zwischen den Elementen und uns selbst
stattfinden.

Wenn wir uns mit unserem Geist an diesen Stellen des geistigen Zu-
sammentreffens befinden und an dem Überspringen der Energie, dem
Tanz des Bewußtseins teilnehmen, lernen wir die Geister dieser Elemente so kennen, wie sie sich selbst kennen. Wir werden dann wie ein
Fluß denken, wie ein Berg sehen, wie ein Baum fühlen. Wir erkennen
die intelligente Natur nichtmenschlicher Wesen in einer Weise, die wir
aus der Perspektive des Normalbewußtseins nicht ermessen können.
Wir werden uns dann unserer Verwandtschaft mit den natürlichen Elementen bewußt und entdecken, daß es auf der geistigen Ebene keine
Trennung zwischen uns und ihnen gibt.

Das Volk der Chewong in Malaysia glaubt, daß jede Spezies ihr eigenes *med mesign*, das heißt Augenpaar, hat, so daß jede Spezies auf andere
Weise sieht. Die Chewong glauben, daß die Wahrnehmungen aller Tiere
und Spezies wahr sind, wobei die menschliche Wahrnehmung nur eine
unter vielen ist. Die Chewong haben in der Tat kein Wort für die »nicht-
menschliche« Welt. Menschen und andere Wesen sind Teil eines
Ganzen.[4] Wir sollten diese Auffassung bei unserer schamanischen Arbeit berücksichtigen und dann wie die Chewong-Schamanen zwischen
den Welten der Wirklichkeit reisen, wo andere Spezies und Elemente
wohnen, um die Welt mit deren Augen zu sehen und das Leben so zu
erfahren wie diese.

Die im folgenden beschriebene Methode einer Reise in der mittleren
Welt dient dazu, sich der tieferen Ebenen von Aktivitäten bewußt zu
werden, die zwischen den natürlichen Elementen stattfinden. Das vor-
gestellte Verfahren besteht aus zwei Teilen. In der vorbereitenden Phase
erleben wir den Zustand des »Dazwischen« in uns selbst; dies ist sozusagen eine Art Vorbereitung des Bewußtseins. In der zweiten Phase
schicken wir unser Bewußtsein von unseren eigenen Energiefeldern aus
nach außen zu den kombinierten Energiefeldern zwischen zwei oder
mehr Elementen; dort erleben wir die Transformation, die zwischen diesen Elementen stattfindet. In der Ausdrucksweise des Schamanismus

heißt dies, daß wir unseren Geist hinausschicken, um Kontakt zu den Geistern in der Natur aufzunehmen und mit diesen zu kommunizieren.

Bevor Sie beginnen, zünden Sie zuerst eine Kerze an. Legen Sie dann einen Stein von der Größe einer Faust in eine kleine Schüssel, und füllen Sie die Schüssel mit Wasser. Stellen Sie die Schüssel und die Kerze auf den Boden, und setzen Sie sich ungefähr zweieinhalb bis drei Meter davon entfernt hin.

Während beider Phasen der Reise sollten Sie die Augen geschlossen lassen: während der ersten Phase, in der Sie sich auf Ihren Atem konzentrieren, und während der zweiten Phase, in der Sie zu dem Platz zwischen den Elementen reisen. Die Elemente befinden sich zwar vor Ihnen, dennoch arbeiten Sie in einem veränderten Bewußtseinszustand, und dafür ist es hilfreich, die Augen zu schließen, damit Sie nicht durch Wahrnehmungen der alltäglichen Wirklichkeit abgelenkt werden.

Erste Phase:
Die Orte zwischen dem
Ein- und Ausatmen

In der ersten Phase werden Sie sich über die Orte des »Dazwischen« in Ihrem Atem bewußt. Das geht folgendermaßen:

1. Verlangsamen Sie Ihre Atmung, nehmen Sie tiefe Atemzüge, wobei Sie die Luft vollständiger ausatmen sollten als sonst, und achten Sie auf die Punkte »oben« und »unten« bei jedem Atemzug. An diesen Punkten geht die Einatmung in die Ausatmung und die Ausatmung in die nächste Einatmung über. Beide Punkte sind Orte der Transformation.

2. Halten Sie Ihren Atem an diesen Punkte nicht an, und halten Sie dort nicht inne, sonst machen Sie diese Punkte zu festen Orten, sie verlieren ihren immateriellen Charakter und sind nicht mehr »weder das eine, noch das andere«. Wenn Sie innehielten, wäre dies so, als hielte man die Uhr beim Mitternachtsschlag an, um Mitternacht andauern zu lassen. Lassen Sie also jede Einatmung ganz natürlich in die Ausatmung übergehen und umgekehrt.

3. Achten Sie – ohne innezuhalten – darauf, wie es sich anfühlt, sich dieser Punkte bewußt zu werden, auch wenn Sie sanft durch diese Punkte
hindurch und darüber hinaus gehen. Versuchen Sie, diese Punkte als
Orte außerhalb von Zeit und Raum zu erleben, als Zustände, die weder aus der Handlung des Einatmens noch aus der Handlung des Aus-
atmens bestehen (natürlich auch nicht aus der Handlung des In-
nehaltens).

4. Nehmen Sie mindestens zehn Atemzüge, und erleben Sie immer wieder den immateriellen Charakter des Dazwischenseins.

5. Versuchen Sie nach ungefähr zehn Atemzügen, Worte zu finden, um
die Erfahrung zu beschreiben. Dies erscheint Ihnen möglicherweise
schwierig, da Sie etwas zu beschreiben versuchen, das unbeschreib-
lich, vielleicht unaussprechlich ist, eine gleichsam mystische Erfahrung, die jeder Definition oder Beschreibung spottet. Versuchen Sie
es trotzdem.

Wenn ich diese Methode bei Seminaren lehre, achte ich gerne auf die
verschiedenen Bilder, die Menschen zur Beschreibung dieser Erfahrung
benutzen, insbesondere Bilder, die auf die Begegnung mit Gegensätzen
schließen lassen. Eine Frau sagte: »Ich spürte, daß der Ort zwischen dem
Einatmen und dem Ausatmen ein Ort enormer Leere war.« Jemand anders sagte, er sei wie »eine kosmische Leere«. Andere Menschen entdecken hingegen an diesem Ort eine Fülle: »Es ist wie die Fülle, die To-
talität.« Ein junger Mann dachte, es sei »dunkel zwischen den
Atemzügen«, während seine Freundin einen Blitz aus »gelbem Licht«
sah, sobald sie durch den Punkt hindurchging. Manche Menschen meinen, der Ort zwischen den Atemzügen sei riesig, während andere ihn
sehr schmal, sogar klaustrophobisch eng finden. Manche Menschen
empfinden eine völlige Freiheit, wenn sie den Punkt durchlaufen, andere fühlen sich gefangen. »Jedes Mal, wenn ich an diesen Punkt gelange,
bin ich froh, in die nächste Hälfte meines Atems zu gelangen«, sagte ein
Teilnehmer.

Wenn Menschen hierbei nicht eine Hälfte einer Dualität erleben, haben sie häufig ein Erlebnis, das die Dualität transzendiert. Ihren Beschreibungen nach ist der Ort zwischen den Atemzügen voller Mög-

lichkeiten, ein Yin-Yang-Feld unendlicher Wahlmöglichkeiten, ein nicht vorhandener Ort, der sich am Rand des Übergangs zu einem richtigen Ort befindet, ein Ort, der den »Anfang von etwas Großem« darstellt.

Auf was läßt dies schließen, abgesehen von der Tatsache, daß die Menschen das gleiche auf unterschiedliche Weise erleben? Ich denke, jeder Mensch versucht, mystische Erfahrungen auszudrücken, die auftreten, wenn wir unsere bewußte Achtsamkeit an einen Ort der Transformation lenken, an dem sich etwas in etwas anderes verwandelt – und im Falle des Atems verwandelt sich eine Hälfte des Atems tatsächlich in seine polare oder gegensätzliche Hälfte. Wenn sich das Bewußtsein außerhalb von Raum und Zeit (wie wir sie normalerweise erleben) bewegt, befinden wir uns zwischen der Welt des Seins und der Welt des Nichtseins, an einem Ort, an dem die Dinge eine andere Gestalt annehmen, an dem Dinge ihr Gegenteil erfahren und verwirklichen, wo es keine Dualität gibt. Wenn wir jedoch versuchen, diese Erfahrung wieder in die Welt der Dualität zurückzubringen und sie zu beschreiben, wählen wir zwangsläufig Wörter, die unsere Begegnung mit der Dualität wiedergeben, auch wenn diese Wörter vielleicht nur eine Hälfte der Polarität beschreiben. Wir sagen also, der Ort dazwischen sei dunkel oder hell, leer oder voll, riesig oder schmal. In Wirklichkeit ist es ein »Nicht-Ort«, an dem der menschliche Geist allem oder dem Gegenteil von allem begegnen oder das eine oder andere oder beides transzendieren kann.

Wenn Sie diese Phase mehrmals geübt haben und versucht haben, bessere Beschreibungen für das Gefühl zwischen dem Einatmen und dem Ausatmen zu finden, sind Sie dazu bereit, die erste Phase als Ausgangsmethode für die zweite Phase einzusetzen.

Zweite Phase:
Die Orte zwischen den Elementen

Die zweite Phase dieser Übung besteht darin, daß Sie Ihr Bewußtsein von Ihrem eigenen Energiefeld wegschicken, damit es sich mit dem Bewußtsein der beiden Elemente mischt, die sich vor Ihnen befinden und dort aktiv miteinander in Beziehung stehen: Sie können Ihr Bewußtsein entweder in den Bereich zwischen dem Wasser und dem Stein oder in den Bereich zwischen der Flamme und dem Docht schicken. Gehen Sie hierzu folgendermaßen vor:

1. Bevor Sie beginnen, Ihren Atem zu beobachten, entscheiden Sie sich, ob Sie Ihren Geist zu dem Ort zwischen dem Stein und dem Wasser oder zwischen der Flamme und dem Docht schicken möchten. Wenn Sie dies zu Anfang entscheiden, brauchen Sie die Übung später nicht unterbrechen, um eine Entscheidung zu treffen. Bei den folgenden Anleitungen gehen wir einmal davon aus, daß Sie sich für den Ort zwischen dem Stein und dem Wasser entschieden haben.

2. Nachdem Sie wie oben beschrieben ungefähr zehn Atemzüge genommen haben, schicken Sie Ihre Aufmerksamkeit, Ihr Bewußtsein oder Ihren Geist (wie Sie es gerne nennen möchten) hinaus zu dem Ort zwischen dem Stein und dem Wasser, zu dem Raum zwischen den Atomen, wo sich die Energie der beiden Elemente vermischt, wo sich ihre Auren treffen, wo die Geistwesen der beiden Elemente den Tanz des Lebens tanzen.

3. Lassen Sie Ihr Bewußtsein an dem Ort zwischen dem Stein und dem Wasser, solange Sie können.

4. Ziehen Sie Ihr Bewußtsein wieder zurück und in Sie selbst hinein.

5. Achten Sie wieder auf Ihre Atmung, beobachten Sie ein oder zwei ganze Atemzüge, und öffnen Sie dann die Augen.

Es ist wichtig, daß Sie Ihren Geist bewußt *hinausschicken* zu dem Ort zwischen dem Stein und dem Wasser, und nicht nur an den Raum zwischen dem Stein und dem Wasser *denken*. Dies sind wirklich zwei verschiedene Arten von Achtsamkeit, und mit ein wenig Übung werden Sie den Unterschied sehr deutlich feststellen. Wenn Sie nur an den Ort dazwischen *denken*, werden Sie seine Transformationskraft nicht erleben. Die magische oder mystische Wirkung der Erfahrung wird Ihnen entgehen.

Vielleicht stellen Sie fest, daß Sie zu Anfang nur ein paar Sekunden an dem Ort bleiben können. Mit ein wenig Übung werden Sie jedoch längere Zeit mit Ihrem Bewußtsein dort draußen bleiben können.

Üben Sie mit beiden Elementpaaren: Wasser und Stein, Feuer und Docht. Erleben Sie, wie unterschiedlich die beiden Erfahrungen sind.

Bei Ihren ersten Exkursen nach außen zu den Elementen könnte Ihr Erleben vielleicht am besten einfach als eine »Stimmung« oder eine Atmosphäre bezeichnet werden, die sich anders anfühlt, weil Sie sich in ein Energiefeld begeben haben, das von nichtmenschlichen Elementen erzeugt wurde und das Sie mit diesen teilen. Sie bringen Ihre eigene Energie und Stimmung (eine Kombination aus Gedanken und Gefühlen) mit, wenn sich Ihre Energie jedoch mit den Energien von Stein und Wasser vermischt, ist die Erfahrung merklich anders als das, an das Sie gewöhnt sind.

Wiederholen Sie die Übung mit dem Stein und dem Wasser sowie mit der Flamme und dem Docht einige Tage lang, und versuchen Sie, Ihre Wahrnehmungen zwischen und mit den Elementen jedesmal exakter zu beschreiben.

Trommeln zur Unterstützung der Reise zwischen die Elemente

Sie brauchen zwar nicht unbedingt eine Trommel zu verwenden, um Ihren Geist zwischen die Elemente zu schicken, leichtes Trommeln kann jedoch hilfreich sein, insbesondere wenn Sie länger »dort draußen« bleiben möchten. Wie bei der schamanischen Reise verändert monotones Trommeln, das auch als »sonic driving« bezeichnet wird, das Bewußtsein, zentriert die Aufmerksamkeit, wirkt anregend und erzeugt ein Gefühl der Dringlichkeit. Schamanen sagen, daß sie auf ihren Trommeln »reiten«. Diese Art des Trommelns können Sie selbst für sich machen. Auch eine Rassel ist für diesen Zweck geeignet.

Gehen Sie beim Trommeln oder Rasseln folgendermaßen vor:

1. Trommeln Sie während der ersten Phase sanft und leise im Rhythmus des Herzschlages. Der Herzschlagrhythmus und der Atemrhythmus ergänzen sich sehr gut.

2. Wenn Sie Ihr Bewußtsein zu den Elementen hinausschicken, wechseln Sie zu dem schnelleren Rhythmus für das Reisen und trommeln

Sie ein wenig lauter. Sie brauchen nicht sehr laut zu trommeln, da diese Art der Mittelwelt-Reise nicht so weit und tief geht wie eine Reise in die untere oder die obere Welt, und Ihr Geist muß sich nicht sehr weit von dem Teil von Ihnen wegbewegen, der sich der alltäglichen Wirklichkeit bewußt bleibt. Ein leichter, sanfter Rhythmus reicht aus.

3. Wenn Sie bereit für die Rückkehr sind, wechseln Sie wieder zu dem Herzschlag-Rhythmus und ziehen Sie Ihren Geist wieder in Ihren Körper zurück.

4. Beobachten Sie zwei oder drei Atemzüge lang Ihren Atem, bevor Sie die Augen öffnen.

Im Freien üben

Wenn Sie öfter geübt haben und es Ihnen inzwischen leicht fällt, sich in den Raum zwischen dem Wasser und dem Stein bzw. der Flamme und dem Docht zu begeben, sollten Sie versuchen, Ihr Bewußtsein zu Elementen außerhalb Ihrer Wohnung zu schicken. Hierfür gibt es zwei Möglichkeiten: Sie können Ihren Geist hinausschicken, während Sie in der Wohnung sitzen bleiben, oder Sie können tatsächlich hinaus ins Freie gehen und sich in die Nähe der Elemente setzen, mit denen Sie eins werden möchten. Wenn Sie in der Stadt leben, können Sie in Ihrer Wohnung bleiben und von dort aus zu Orten reisen, die Sie von Besuchen auf dem Land oder von früheren Ausflügen in die Natur kennen.

Falls Sie sich dazu entschließen, in der Wohnung zu bleiben, können Sie Ihren Geist auf zwei verschiedene Arten zu einem Ort im Freien schicken. Eine Möglichkeit ist, Ihren Geist zu einem bestimmten Ort zu schicken, den Sie bereits kennen, wie z.B. zu einem bestimmten Felsen an einem Flußufer oder zur Wurzel einer bestimmten Eiche oben an einem Berg, den Sie kennen. Die andere Möglichkeit ist, sich nur für die Elemente zu entscheiden, zu denen Sie reisen möchten, wie z.B. Wasser und Stein, das genaue Ziel der Reise jedoch offenzulassen. Das heißt, daß Sie Ihren Geist zum Fluß schicken und es Ihrem Geist überlassen, einen Felsen zu suchen, oder daß Sie Ihren Geist den Berg hoch schicken und es ihm erlauben, einen Baum auszusuchen.

Ob Sie nun in der Wohnung oder im Freien üben, so sollten Sie doch in jedem Fall die Augen wie bei der Übung mit der Kerze und der Wasserschüssel geschlossen halten, damit Sie nicht abgelenkt werden. Mit der Zeit merken Sie vielleicht, daß Sie die Augen offen lassen können, ohne abgelenkt zu werden. Situationen, die selbst eine große Faszination ausüben, wie z.B. brennende Holzstücke im Kamin, auf der Wasseroberfläche reflektierendes Sonnenlicht oder Wellen, die auf den Strand stürzen, bewirken, daß andere Bilder oder Geräusche nicht wahrgenommen werden. In diesen Situationen können Sie vielleicht Ihre Augen ganz oder halb geöffnet lassen. Sie können versuchen, mit offenen Augen zu beginnen, sie später schließen und dann wieder öffnen, wenn sie das Bedürfnis danach haben.

Ortsgeister und kosmische Geister

Wenn Sie das Reisen ins »Dazwischen« in unterschiedlichen Umgebungen im Freien üben, werden Sie mit der Zeit verschiedene Dinge wahrnehmen. Zum einen hat der Geist eines Elementes – z.B. Wasser – eine Art Überseele oder eine für dieses Element typische geistige Beschaffenheit, die Sie unabhängig von Zeit und Ort stets bemerken werden, wenn Sie sich mit diesem Element verbinden. Dieser Geist ist eine Art Prototyp des jeweiligen Elementes, eine natürliche Essenz. Sie werden jedoch auch sehr speziellen und einzigartigen örtlichen Wassergeistern begegnen – in Teichen, Flüssen, Strömen, Wasserfällen, Regenpfützen –, die ihre eigenen Eigenschaften und eine eigene Persönlichkeit haben.

Unsere Vorfahren waren sich dieser Tatsache deutlich bewußt, was sich an ihrem Wissen über verschiedene örtliche Gottheiten zeigt, die bestimmte Brunnen, Quellen und Flüsse beherrschten und alle einen eigenen Namen, eine eigene Persönlichkeit und eigene Riten besaßen. Diese örtlichen Gottheiten waren alle unterschiedlich, und doch miteinander verwandt, wie sie sich auch von den höheren Wassergottheiten wie z.B. dem Gott des Sturms und der Göttin des Meeres unterschieden und dennoch mit diesen verwandt waren. Trotz ihrer Unterschiedlichkeit haben die örtlichen Wassergeister und die höheren Wassergottheiten eine Essenz und eine Existenz mit der »Überseele« des

Wassers gemein. Sie werden feststellen, daß dies auch für andere Elemente gilt: Feuer, Wind, Erde, Steine, Pflanzen, Bäume.

Als ich einmal in Pennsylvania zeltete, erwachte ich eines morgens früh und sah einen eindrucksvollen rötlichen Nebel über einem See in der Nähe aufsteigen. Der Nebel war so herzergreifend schön, daß ich ihn wie gebannt anschauen mußte. Eine Stimme schien mich von innerhalb des Nebels zu rufen, also schloß ich meine Augen, nahm einige langsame tiefe Atemzüge und schickte meinen Geist hinaus zu dem Ort zwischen der Oberfläche des Sees und dem Nebel. Ich befand mich in dem Bereich, in dem sich verschwindend kleine Feuchtigkeitspartikel aus dem Wasser hoben und in die Morgenluft aufstiegen. Ich stieg mit ihnen auf und senkte mich anschließend wieder, ich spielte in der Luft und im Wasser. Bis zum heutigen Tage erinnere ich mich an diesen Nebel. Er war anders als jeder Nebel, den ich jemals irgendwo erlebte. Er war einzigartig und besaß Individualität und Seele.

Bei Ihren Reisen werden Sie Flußgeistern, Steingeistern, Baumgeistern und Berggeistern an verschiedenen Orten begegnen, und Sie werden bei jedem Geist etwas Vertrautes spüren, da Sie bereits einen verwandten Geist an einem anderen Ort kennengelernt haben. Wenn Sie einmal die Geister eines Orts kennengelernt haben, können Sie später von jedem Ort aus, an dem Sie sich befinden, auch in der Stadt, wieder zu diesen reisen oder sie zu sich rufen. Ich habe seit Jahren eine persönliche Beziehung zu den Geistern bestimmter Quellen und Berge im Ozark-Gebiet von Missouri, wo ich mich zur Visionssuche und zu Tagen des Gebets und der Besinnung (nicht zu vergessen die Kanu- und Campingausflüge mit Freunden) aufgehalten habe. Ich reise im Geiste immer noch regelmäßig zu diesen Geistern, obwohl ich jetzt mehr als tausend Meilen von ihnen entfernt lebe.

Einladungen und Verweigerungen

Es kann bisweilen vorkommen, daß Sie das Gefühl haben, Ihr Geist könne sich nicht zu den Elementen begeben. Sie versuchen, nach außen zu den Orten dazwischen zu reisen, aber Sie schaffen es nicht, dorthin zu kommen. Sie fühlen sich blockiert oder zurückgestoßen, oder Sie können den »Ort« zwischen den Elementen überhaupt nicht finden.

Diese Erfahrungen können unterschiedlich interpretiert werden. Vielleicht klappt es einfach nicht, weil Sie zu müde sind oder zu sehr durch andere Gedanken abgelenkt werden. Der Zeitpunkt oder die Umgebung stimmt vielleicht nicht.

Es kann auch sein, daß die Elemente selbst aus ihren eigenen Gründen, die Sie wahrscheinlich nie erfahren werden, nicht wollen, daß Sie sich zu diesem Zeitpunkt zu ihnen begeben. Wir sollten solche Momente akzeptieren und respektieren. Dies heißt nicht, daß Sie sich nicht später zu den Elementen begeben können, vielleicht sogar bereits ein paar Minuten später. Wir sollten jedoch die Vorstellung akzeptieren, daß Geistwesen eigene Aktivitäten, Zeiten, Umstände und »Zeitpläne« haben, in die wir nicht einbezogen sind. Wir sollten uns nicht aufdrängen. Bei dieser Übung müssen wir stets mit dem größten Respekt vorgehen.

Wenn wir unseren Geist an die Orte zwischen die Elemente schicken und nicht direkt in die Elemente selbst hinein, so zeugt dies von Respekt und zeigt, daß wir nicht aufdringlich sind. Bei diesem Vorgehen können die Geistwesen uns bei unserem Kommen wegschicken, wenn der Zeitpunkt für diese Art der Verbindung nicht der richtige ist. Es ist, als würden wir den Tanzboden betreten, auf dem die Geistwesen tanzen, und abwarten, ob sie uns zu ihrem Tanz einladen werden. Manchmal laden sie uns ein, ein anderes Mal vielleicht nicht. Warten Sie also einfach ab.

Sie können auch die Erfahrung machen, daß eines der Elemente Sie stärker in sich hineinzuziehen scheint als das andere, obwohl Sie Ihren Geist an einen Ort zwischen zwei Elementen schicken. Dies war auch bei dem Nebel in Pennsylvania der Fall, der mich in sich hineinzog, nicht jedoch der See. Ich fasse das immer als ein Zeichen dafür auf, daß eines der Elemente seine Erfahrungen aus irgendeinem Grund mit mir teilen möchte, und ich begebe mich in eine tiefere Verbindung zu diesem Element, verschmelze mit ihm und erlaube es meinem Bewußtsein, die Gestalt dieses Elementes anzunehmen. Beim nächsten Mal kommen die Annäherungsversuche vielleicht von dem anderen Element.

Wenn Sie an einem Ort dazwischen ankommen, ist das nicht immer das endgültige Ziel. Es kann sein, daß Sie dort eine Pforte oder einen Eingang in die Innenwelten innerhalb der Elemente vorfinden. Wir können feststellen, daß die Elemente »die Welt in ihnen selbst« öffnen, da-

mit wir sie umfassender verstehen können. In dem buddhistischen Text
»Sutra der Berge und Wasser« lesen wir:

> »Es ist nicht nur so, daß Wasser in der Welt ist, sondern es ist
> auch eine Welt im Wasser. Eine solche Welt ist nicht nur im
> Wasser. Es gibt eine Welt empfindungsfähiger Wesen in den
> Wolken. Es gibt eine Welt empfindungsfähiger Wesen in der
> Luft. Es gibt eine Welt empfindungsfähiger Wesen im Feuer...
> Es gibt eine Welt empfindungsfähiger Wesen in einem Gras-
> halm.«[5]

Dies entspricht dem, was die Kelten mit den »hohlen Hügeln« bezeichnen. Im Inneren der Hügel gibt es Paläste aus Licht, phantastische Landschaften, überirdische Farben und Düfte und leuchtende Wesen. Und
dies nicht nur in den Hügeln. Alles – das Wasser, die Luft, die Wolken,
das Feuer, ein Grashalm – besitzt eine innere Natur, ein verborgenes
Reich, zu dem wir als schamanisch Reisende den Eingang finden können. Das Reisen über die Grenzen des Ego und des Normalbewußtseins
hinaus, indem wir uns zwischen die Elemente begeben, ist eine der Möglichkeiten dafür, die unsichtbaren Eingänge in die andere Welt zu entdecken.

Neue Methoden, Anwendungsmöglichkeiten und die ethischen Aspekte

Vor ein paar Jahren verlor eine Bekannte von mir im Winter zwanzig
Bäume auf ihrem Grundstück, als verheerende Stürme über die Gegend
hinwegfegten. Diese Bekannte praktizierte Schamanismus, und als sie
am nächsten Tag über ihr Grundstück ging, war sie sehr entsetzt darüber, daß viele der Bäume, die für sie wie alte Freunde gewesen waren,
entwurzelt, verrenkt und tot am Boden lagen. Ihr kam es so vor, als seien
die Bäume ermordet worden. Es war ihr wichtig, zu erfahren, wie sie
sich fühlten und wo ihre Geister waren. Sie reiste an Orte an den Bäumen, an Stellen, an denen noch Erde an den Wurzeln hing, an denen
Blätter halb zerrissen und zerdrückt hingen, an denen ein Stamm über
einem anderen lag. Sie machte Orte dazwischen aus, schickte ihren Geist

dorthin und verbrachte einige Zeit mit den Geistern dieser Bäume in Form von Wurzel, Rinde, Ast und Stamm. Sie entdeckte einige interessante Dinge.

»Einigen der Bäume machte es nichts aus, entwurzelt worden zu sein«, erzählte sie mir. Die Bäume erklärten ihr, daß ihre Lebenskraft in anderen Formen weiterbestünde, daß die Erde, in der sie gestanden und gelebt hatten, weiterhin einen Teil ihrer Energie enthielte; sogar ihre materiellen Überreste würden für andere Kreaturen als Quellen des Lebens dienen. Ein Baum sagte zu ihr: »Sterben bedeutet, die Gestalt zu ändern, weiterzugehen, etwas anderes zu tun.« Ein anderer Baum sagte: »Es gehört zu Gottes Plan.« Andere Bäume hingegen äußerten sich wehmütig darüber, daß ihr Leben plötzlich beendet worden war. Wie ein junger Mensch, der sich dem Tod gegenübersieht, hätten sie gerne mehr Zeit zur Verfügung gehabt. Für sie hatte der Sturm eine Art Zustand der Zufriedenheit und des Glücks unterbrochen. Aber auch diese Bäume sagten, daß das Leben nicht mit dem Sturm ende. In irgendeiner Form würde ihr materieller Körper wieder in den Kreislauf der Natur gelangen.

Ich kenne eine Künstlerin, die ihr Bewußtsein in den Bereich zwischen das Licht und ihr Motiv – beispielsweise einen Apfel – schickt und wahrnimmt, wie die Stimmung dort ist und wie es sich anfühlt, sich dort zu befinden; dabei nimmt sie die Farbe, Textur und Form auf. Anschließend schickt sie ihr Bewußtsein an die Spitze des Pinsels, zwischen die Farbe auf der Leinwand und die Farbe auf dem Pinsel. Hierbei erschafft sie die Erfahrung, bei dem Apfel zu sein, von neuem, indem sie sich beim Malen wieder der Stimmung und des Gefühls dieser Erfahrung bewußt wird. Auf diese Weise überträgt sie ihr spirituelles Wissen über ihr Motiv auf die Farbe und schließlich auf die Leinwand. Sie erklärte mir das so: »Ich weise meinen Pinsel, die Farbe, die Leinwand an, den Apfel wieder zu erschaffen. Wenn sie mich fragen, wie sie dies tun sollen, sage ich ihnen, daß mein Geist sie führen wird.«

Menschen, die im medizinischen Bereich tätig sind, können diese Form des Reisens einsetzen, um die Heilung zu fördern. Beispielsweise sendet ein Chiropraktiker sein Bewußtsein stets zu derjenigen Stelle in der Wirbelsäule, an der er eine Justierung vornehmen möchte. Er bereitet sein Bewußtsein ein oder zwei Atemzüge lang darauf vor, indem er auf die Orte zwischen dem Einatmen und dem Ausatmen achtet, und

schickt seinen Geist anschließend mit dem nächsten Ausatmen in den
Rücken des Patienten. »Ich bringe meine Aufmerksamkeit und meine
Absicht zwischen die Teile der Wirbelsäule, die verschoben sind, und
mein Geist sagt zu ihnen: ›Okay Jungs, es ist Zeit, wieder zurück an eu-
ren Platz zu gehen.‹« Dann nimmt er die Behandlung vor.

Das Prinzip, auf dem das Reisen an die Orte dazwischen für Hei-
lungszwecke beruht, hat auch Auswirkungen auf andere Bereiche. Die
traditionelle Vorstellung von Zauberei – das Herbeiführen von Ereignissen in der Natur, indem Bewußtsein verändert wird oder unsichtbare
Kräfte eingesetzt werden – sollte uns eigentlich innehalten und fragen
lassen, »Wann ist es ethisch gerechtfertigt, magische oder spirituelle
Kräfte einzusetzen, um Veränderungen für unsere eigenen Zwecke zu
bewirken?«

Nehmen wir einmal das klassische Beispiel der Wettermagie: den Zauber, um Regen zu bringen oder fernzuhalten.

Wir können zwischen die Wolken reisen und sie manchmal so beeinflussen, daß sie Regen bringen, wenn wir ihn brauchen, oder daß sie vorbeiziehen, ohne daß es regnet. Dies ist nicht das gleiche wie das Wetter
zu beherrschen, obwohl dies nach der üblichen Auffassung das ist, was
passiert (falls es funktioniert). Als schamanisch Tätige beherrschen wir
nicht die Geister, aber wenn wir regelmäßig zu ihnen reisen und Zeit mit
ihnen verbringen, bauen wir Beziehungen zu ihnen auf. Wir werden
Freunde oder Verbündete. Wir haben Einfluß. Wenn die Sache gerechtfertigt ist, wenn wir etwas beabsichtigen, das zum Besten aller Be-
troffenen ist, und wenn wir die Geister der Natur respektvoll behandeln,
können wir sie häufig dazu überreden, unsere Bitten zu gewähren, ob
wir nun um einen Tag Sonnenschein oder um das Zurückbewegen von
verschobenen Wirbeln bitten.

Es ist von allergrößter Wichtigkeit, daß unsere Absichten rein
sind. Schamanische Techniken sind lediglich Werkzeuge, die entweder
zum Guten oder zum Bösen eingesetzt werden können. In den meisten
Kulturen besteht der Glaube, daß jemand, der der Versuchung erliegt,
übersinnliche oder spirituelle Macht zu mißbrauchen, und sie einsetzt,
um jemandem oder etwas zu schaden, den gleichen Schaden erleiden
wird, und zwar manchmal dreimal so schlimm. Eine weitverbreitete Ansicht ist auch, daß jemand, der spirituelle Macht mißbraucht, diese
Macht bald verlieren wird. Die geistigen Verbündeten werden dann nicht

mehr mit ihm kooperieren. Die Krafttiere werden ihn verlassen. Daher sollten wir mit größter Vorsicht darauf achten, daß wir die Geister nicht aus rein selbstsüchtigen oder rachsüchtigen Gründen zu beeinflussen versuchen. Wenn wir bei Beginn unserer magischen Arbeit nicht aufrichtig sagen können, »Ich bitte darum, daß dies zum größten Nutzen der größten Anzahl von Menschen, die direkt betroffen sind, geschehe und daß niemand einen Schaden erleide«, dann sollten wir den Zauber auch nicht anwenden. Oder wir sollten darum bitten, daß der Zauber nicht wirkt!

Wir täten gut daran, die Haltung vieler Schamanen in Stammeskulturen einzunehmen, die die Geistwesen stets darum bitten, Erbarmen mit ihnen zu haben und ihre Bitte zu gewähren. Eine demütige Haltung kann uns daran erinnern, daß nicht wir diejenigen sind, die die Macht haben, sondern die Geistwesen. Wir sind nur Partner, die auf die Kooperationsbereitschaft und die Gnade der Geistwesen angewiesen sind, um erfolgreich sein zu können. Wir beherrschen die Geistwesen nicht, wir dürfen lediglich an ihren Kräften teilhaben.

Anweisungen von den Geistern der Natur entgegennehmen

Unsere Fähigkeit, mit den Geistern der Natur zu kommunizieren, ist nicht ausschließlich zu unserem eigenen Nutzen bestimmt. Die geistige Welt braucht uns ebenso sehr, wie wir sie brauchen. In der religiösen Literatur aus allen Teilen der Welt findet man Erzählungen über Engel und andere Geistwesen, die Menschen anweisen, wichtige Aufgaben zu übernehmen und eine gefährliche Mission zu erfüllen, um einem höheren Ziel zu dienen. Geistwesen niedrigeren Ranges – die Elementargeister und die Devas – können ebenfalls Bitten an uns haben, wenn diese wahrscheinlich auch nicht so dramatisch sind. Dennoch ist die Gegenseitigkeit ein wichtiges Element der Begegnungen zwischen Geistwesen und Sterblichen in nahezu allen Kulturen. Die Kommunikation zwischen den Welten ist tatsächlich ein Dialog, der in beide Richtungen erfolgt.

Ein praktischer Anwendungsbereich hierfür ist beispielsweise die Gartenarbeit. Reisen Sie, bevor Sie einen Garten bepflanzen, zu den verschiedenen Stellen, um für bestimmte Blumen oder Gemüse die am besten geeigneten Plätze zu finden. Gehen Sie in einer Ecke des Gartens zwischen die Steine und die Erde, um zu erfahren, welche Arten von Pflanzen dort am besten gedeihen würden und welche Art sich dort nicht wohlfühlen würde. Reisen Sie, bevor Sie die Pflanzen in den Boden bringen, zu den Pflanzen in ihren Töpfen, oder gehen Sie zwischen die Samen und fragen Sie, welcher Teil des Gartens für sie am besten geeignet wäre. Nehmen Sie die Vorschläge der Pflanze entgegen, und pflanzen Sie entsprechend.

Wenn der Garten bepflanzt ist, können Sie regelmäßig mit den Garten-Devas kommunizieren, indem Sie Ihren Geist zu dem Ort zwischen der Erde und der Wurzel oder zu dem Ort zwischen dem Sonnenlicht und dem Blatt schicken, um zu fragen, was die Pflanzen und der Boden brauchen. Vielleicht brauchen sie Dünger, mehr Wasser, weniger Wasser, lockerere Erde, besondere Substanzen. Ihren Garten auf diese Weise zu pflegen ist eine ausgezeichnete Übung dafür, eine Partnerschaft mit der Natur in Ihrer direkten Umgebung aufzubauen. Und es funktioniert. Die Resultate belegen, daß man stets eine bessere und gesündere Ernte erhält, wenn man die Pflanzen als intelligente Wesen behandelt, die ein Bewußtsein haben. Die Pflanzen wachsen meist besser oder schneller, wenn Menschen sie anerkennen, mit ihnen sprechen oder für sie singen.

Wie bereits erwähnt wurde, sollten Sie, wenn Sie das Gefühl haben, daß ein bestimmtes Element Sie mehr zu sich hinzieht als das andere, entsprechend reagieren und herausfinden, was das Element will. Es könnte sein, daß es Ihnen etwas beibringen möchte. Ein sibirischer *Schamane* mit Namen Sereptje erzählt, daß sein geistiger Lehrer seine Fragen immer wieder mit dem gleichen Ratschlag beantwortete: »Finde es heraus! Finde es heraus!«[6] Sereptje wurde dadurch ermahnt, direkt zu den Geistern der Natur und der Elemente zu reisen und diese zu befragen. Es ist wirklich so einfach: Richten Sie Ihre Fragen direkt an die Geister der Natur!

Der Schamanismus lehrt, daß wir Informationen, Ratschläge und Anweisungen von allem erhalten können, das in der Natur vorhanden ist, da alles lebendig ist und kommunizieren möchte. GEORGE RUSSELL, ein irischer Dichter und Mystiker, der um die Jahrhundertwende lebte und seine Werke unter dem Pseudonym A. E. veröffentlichte, beschrieb eine Entdeckung, die er eines Tages machte, als er an einem Hang lag und ihm die Intelligenz und das Bewußtsein in der Natur bewußt wurden:

»Jede Blume war ein Wort, ein Gedanke. Das Gras redete; die Bäume redeten; die Gewässer redeten; die Winde redeten.«[7] Das Wohlergehen des Planeten – das der Blumen, Gräser, Bäume, des Windes, des Wassers und unser eigenes – hängt davon ab, ob wir der Natur zuhören und entsprechend handeln.

Es spricht sich herum

Mit der Zeit wird es sich unter den Geistwesen in Ihrer Umgebung herumsprechen, daß Sie Kontakt zur geistigen Welt suchen, und Sie werden unter den Geistwesen den Ruf haben, freundlich, kooperativ und ein wertvoller Freund zu sein. Sowohl in Stammeskulturen als auch unter europäischen bäuerlichen Gemeinschaften bestehen zahllose Geschichten darüber, daß das Feenvolk und örtliche Landgeister regelmäßig erscheinen, um bestimmten Menschen zu helfen, ihnen zu raten, sie zu schützen und sich mit ihnen zu unterhalten. Auf den britischen Inseln gibt es beispielsweise viele Berichte über Menschen, denen von Feen und Geistwesen geholfen wird. An manchen Orten helfen Geister, die »Brownies« genannt werden, bei Haushaltsarbeiten. Manche Geister lassen Goldmünzen für ihre Freunde liegen. Andere Geister helfen beim Kühehüten und schützen das Heim ihrer Freunde, indem sie Eindringlinge vertreiben.

Und wer sind die Menschen, die mit solchen Freunden gesegnet sind? In der Regel Menschen, die die Geistwesen ernst nehmen, die den »Feenglauben« haben, die Gaben für das »gute Volk« bereitlegen. Es sind Männer und Frauen, die den Wünschen und Bedürfnissen der nichtmenschlichen Welt Rechnung tragen. Wenn die Geistwesen in früheren Zeiten häufiger mit Menschen verkehrten, dann lag dies daran, daß es damals mehr Menschen gab, die an sie glaubten, sie respektierten und würdigten. Diese Menschen waren unsere eigenen Vorfahren, die jahrtausendlang mit und aufgrund einer tiefen Ehrfurcht für die nichtmenschlichen Kräfte der Natur überlebten.

Ähnlich wie unsere Vorfahren sollten wir Gebete an die Geister der Elemente zum Bestandteil unserer schamanischen Lebensweise machen. Als Beispiele können uns die Gebete, Gesänge und Anrufungen dienen, die im neunzehnten Jahrhundert in Schottland und Irland ge-

sammelt wurden. Diese Gebete bezogen sich auf alltägliche Tätigkeiten, wie z.B. das Melken der Kühe, das Feuermachen am Morgen und
das Abdecken des Feuers am Abend, das Decken des Tischs und das
Versorgen der Kranken. Nahezu jede Pflicht des Alltags wurde als eine
Gelegenheit betrachtet, um Gott, die Heiligen oder Engel, alte Götter
und Göttinnen oder die Geister der Natur selbst anzurufen. Diese Gebete und Anrufungen erinnern an die Gebete und Gesänge, die Menschen in indigenen Kulturen auch heute noch während ihrer täglichen
Arbeit sprechen oder singen.

Beispielsweise beginnt ein schottisches Gebet zur Heilung von
Schmerzen im Brustkorb folgendermaßen:

> Power of moon have I over you,
> Power of sun have I over you,
> Power of rain have I over you,
> Power of dew have I over you ...[8]

> Die Macht des Mondes habe ich über dich,
> die Macht der Sonne habe ich über dich,
> die Macht des Regens habe ich über dich,
> die Macht des Taus habe ich über dich ...

In diesem Gebet wird außerdem die Macht des Meeres, des Landes, der
Sterne, Planeten, des Universums, des Himmels und der Heiligen erwähnt. Der Betende ruft die in der Natur vorhandenen Mächte an und
erwartet eindeutig, daß diese die Bitte hören und ihr nachkommen, indem sie die Brustschmerzen aus dem Kranken ziehen.

Die Iren sprechen noch heute das folgende Morgengebet, das von
SAINT PATRICK verfaßt wurde:

> I arise today
> Through the strength of heaven –
> Light of sun,
> Radiance of moon,
> Splendour of fire,
> Speed of lightning,
> Swiftness of wind,

Depth of sea,
Stability of earth,
Firmness of rock.[9]

Ich erhebe mich heute
Durch die Stärke des Himmels –
Das Licht der Sonne,
Das Leuchten des Mondes,
Die Pracht des Feuers,
Die Schnelligkeit des Blitzes,
Die Flinkheit des Windes,
Die Tiefe des Meeres,
Die Festigkeit der Erde,
Die Beständigkeit des Felses.

Die Einstellung, die in diesem Gebet zum Ausdruck kommt, reicht weit in die vorchristliche Zeit zurück, da Patrick sagt, daß »die Stärke des Himmels« in Sonne, Mond, Feuer, Blitz, Wind, Meer, Erde und Fels zu finden sei. Kern dieses Gebets ist eine animistische, druidische Sichtweise der Schöpfung, die besagt, daß die Macht des Schöpfers immanent und uns zugänglich ist.

Das letzte Beispiel, ein einfacher Wunsch für jemanden, lautet folgendermaßen:

Power of raven be yours,
Power of eagle be yours,
Power of the Fiann.

Power of storm be yours,
Power of moon be yours,
Power of sun.

Goodness of sea be yours,
Goodness of earth be yours,
Goodness of heaven.[10]

Die Kraft des Raben sei dein,
Die Kraft des Adlers sei dein,
Die Kraft der Fiann [eine Schar irischer Helden].

Die Kraft des Sturmes sei dein,
Die Kraft des Mondes sei dein,
Die Kraft der Sonne.

Die Güte des Meeres sei dein,
Die Güte der Erde sei dein,
Die Güte des Himmels.

Diese Gebete und Beschwörungen müßten uns bekannt vorkommen, da wir auf einer tieferen Bewußtseinsebene intuitiv auf die numinose Gegenwart und Macht der Natur ansprechen. Es ist fast unmöglich, diese einfachen Aussagen des Glaubens zu sprechen, ohne eine halb schlummernde Erinnerung daran zu wecken, daß der bewußte Lebensstrom, der durch die Elemente fließt, herbeigerufen werden kann, indem man einfach die Geister dieser Elemente anruft. Wir können sie bei ihrem Namen nennen – Sonne, Mond, Regen, Tau, Wind, Sturm – oder uns einfach nur an den »Gott der Elemente« wenden, wie die Iren und Schotten es tun. Der Geist bzw. die Geister in den Elementen werden unsere Hilfsgeister, die Schutz, Kraft, Frieden oder Heilung gewähren. Wenn wir ihre Rolle in unserem Leben bewußt anerkennen, werden unsere Tätigkeiten von der Kraft und der Gegenwart heiliger Wesenheiten erfüllt sein. Wenn wir ein Feuer machen, so tun wir dies nicht allein: Wir, das Feuerholz und das Element Feuer machen ein Feuer.

Wir müssen diese Art des Glaubens heute wieder neu entfachen, indem wir unsere Skepsis beiseiteschieben und Möglichkeiten der Interaktion mit der Natur in unser Leben einflechten, damit uns bewußt wird, wie dicht sie mit dem »unsichtbaren Volk« besiedelt ist, das in den Feldern, den Flüssen und den Waldgebieten der natürlichen Welt lebt. Reisen in der mittleren Welt, das bewußte Herstellen einer Verbindung zu den Elementen der Natur und Gebete wie die angeführten können uns auf diesen Weg bringen. Die Geistwesen werden die Initiative ergreifen und uns von sich aus erscheinen und mit uns kommunizieren. Mit der Zeit werden sie uns so stark bewußt sein, daß es für uns völlig selbstverständlich ist zu wissen, was sie vorhaben.

Unsere wahre Natur finden

Bewußt mit den Geistern der Elemente zusammen zu sein ist eine spirituelle Erfahrung, die uns neue Kraft gibt, da die Elemente immer wissen, für was sie erschaffen wurden und dies auch tun. Sie zweifeln nicht, sorgen sich nicht, sind nicht mißtrauisch oder unsicher und verspüren keinen Widerwillen. Ganz im Gegensatz zu uns Menschen! Wir verbringen sehr viel Zeit unseres Alltags – wenn nicht sogar die meiste Zeit des Tages – damit, darüber zu grübeln, was wir tun sollten. Wir schwanken ständig zwischen »soll ich« oder »soll ich nicht«, und versuchen verzweifelt, zu einer Entscheidung zu kommen. Eine echte spirituelle Erfahrung kann uns von Unsicherheit befreien, da sie uns unsere wahre Natur, unser wirkliches Selbst zeigt, indem sie uns offenbart, wie unser wirkliches Selbst funktionieren kann, wenn wir unsere kleinen Ego-Sorgen hinter uns lassen und das geheime Leben von Wind, Feuer, Wasser, Steinen, Holz, Pflanzen und Sonnenlicht kennenlernen. Wenn uns bewußt wird, wer und was die Elemente sind und welche Rolle in der Schöpfung für sie bestimmt ist, erfaßt uns ein Glücksgefühl und wir vertrauen darauf, daß auch wir erschaffen wurden, um an diesem Seinszustand teilzuhaben. Wie die Elemente wurden auch wir für einen bestimmten Zweck erschaffen. Alles ergibt einen Sinn.

Wir sehnen uns alle nach dieser Art numinoser Erfahrung. Sie ist das kostbare Juwel, das der Mystiker in Momenten der Einheit mit der göttlichen Macht besitzt. In geringerem Umfang können wir, wenn wir uns mit den Elementen der Natur verbinden, das gleiche vertrauensvolle Wissen erfahren: Wir merken, wer wir sind, warum wir hier sind, welche Aufgabe wir haben – indem wir mit anderen Wesen zusammen sind, die mit eben dieser Natürlichkeit und Gewißheit leben.

In solchen Augenblicken fühlen wir uns auch so in der Natur zuhause, wie es die Schöpfung vorgesehen hat und wie unsere schamanischen Vorfahren sich einst in der Natur zuhause fühlten. Auch wenn wir unseren Geist in einen Waldbrand, in Gewitterwolken oder die wilden Strudel einer Hochwasserströmung schicken, erfahren wir Frieden und Ruhe, die daher rühren, daß wir der Natur treu sind, daß wir mit dem Geist in der Natur zusammen sind, wenn er sich selbst treu ist. Sogar im Zentrum der heftigsten Naturphänomene herrscht ein Gefühl von Ruhe und Gelassenheit, ein Frieden, der daher kommt, daß die Elemente so handeln, wie die Natur es für sie vorgesehen hat. Wenn wir ein enges Verhältnis zu den Elementen haben, lernen wir, daß wir wie sie unserer Natur treu sein können. Wir können ebenfalls lernen, wie wir ihrer Natur treu sein können und wie wir bewußt mit ihnen an der Schönheit, Harmonie und dem göttlichen Sinn der Schöpfung teilhaben können.

SECHSTES KAPITEL

ORTSGEISTER

Wenn ich auf einem für mich neuen Weg oder Pfad durch den Wald gehe, habe ich manchmal das eindeutige Gefühl, beobachtet zu werden, als ob ich in jemandes Refugium hineingeraten wäre, in ein Heiligtum, das von einem Schutzgeist bewacht wird, der weiß, daß ich in sein Terrain eingedrungen bin. Ich überlege mir dann normalerweise, welche Möglichkeiten ich habe: umkehren und wegrennen, schnell weitergehen oder mich hinsetzen und mich ergeben. Im Laufe der Zeit habe ich alle drei Taktiken ausprobiert.

Kraftplätze, heilige Orte oder dünne Stellen zwischen den Welten – wie Sie sie auch nennen mögen – beunruhigen uns oft auf die beschriebene Weise. Bei manchen indigenen Traditionen gilt dies tatsächlich als ein Zeichen dafür, daß man einen Kraftplatz gefunden hat: Die Kraft oder die Gegenwart einer Wesenheit, die diesem Ort innewohnt, ist so stark, daß man sie nicht ignorieren kann; Sie merken, daß Sie ein Gebiet betreten haben, in dem eine starke Energie vorhanden ist, in dem Sie sich vielleicht sogar bedroht fühlen, in dem Sie sich möglicherweise nicht aufhalten sollten – in dem Sie beobachtet werden.

Hierbei ist ein intensiveres »Beobachtetwerden« gemeint als das, das Sie vielleicht sonst in der Natur erleben. Die Koyukon in Alaska beispielsweise glauben, daß der Wald Augen hat und den Menschen stets bei ihren Aktivitäten zusieht. Nach der Auffassung der Koyukon verfügen alle Dinge über »menschliche« Eigenschaften und haben ein Interesse an der Gesundheit und dem Wohlergehen der Region, in der sie leben. Schamanisch tätige Menschen spüren häufig dieses »Beobachtetwerden«, wenn sie sich der Aktivität der Geistwesen in der Natur stärker bewußt werden. Bei Betreten eines heiligen Ortes hat man in der Regel ein intensiveres und beunruhigenderes Gefühl des Beobachtetwerdens. Sie spüren die Gegenwart der Bewohner, deren Territorium

Sie betreten haben. Vielleicht haben Sie sogar das Gefühl, sich in Gefahr zu befinden.

Die Bewohner, deren geistige Energie die Landschaft in der materiellen Welt schützt, wollen uns nichts Böses, und wir sollten dem Beispiel unserer Vorfahren aus Stammeskulturen folgen und diese Bewohner kennenlernen und uns mit ihnen verbünden, da sie und wir eine gemeinsame Umwelt haben. Einige Geistbewohner sind wirklich unsere nächsten Nachbarn, unsere Mitbewohner, mit denen unser Leben verflochten ist, da wir auf demselben Boden arbeiten und spielen. Andere Geistwesen leben in weiter entfernten Gegenden, die wir nur gelegentlich besuchen oder in die wir nur einmal im Leben zufällig kommen. In diesem Kapitel werden wir Möglichkeiten kennenlernen, um die Geistwesen sowohl zuhause als auch in der Ferne zu würdigen und zu ehren, geeignete Beziehungen zu ihnen herzustellen, und um zu lernen, wie wir unsere Praxis des Schamanismus im Boden der alltäglichen Wirklichkeit verwurzeln können.

Die Schamanen von Stammeskulturen früherer Zeiten verbrachten den Großteil ihres Lebens in einem begrenzten Gebiet und entfernten sich selten mehr als ein paar Kilometer von ihrem Dorf. Auch Stämme, die eher ein Nomadenleben führten und zwischen Sommer- und Winterquartier hin- und herzogen, verbrachten dennoch die meiste Zeit in ihnen wohlbekannten Landschaften und Umgebungen der materiellen Welt. Sie erlebten die Geistwesen der Natur nicht als Naturgeister ganzer Gattungen, beispielsweise als Geist von Eiche, Wasserfall, Meer oder Berg, sondern als den vertrauten Geist einer ganz bestimmten Eiche, eines ganz bestimmten Wasserfalles, eines ganz bestimmten Meeres und eines ganz bestimmten Berges. Diese Geistwesen besaßen eigene einheimische Namen und waren den Menschen bekannt, insbesondere den Schamanen, die sich an diese Gottheiten wandten, um Hilfe bei ihrer spirituellen Arbeit und bei Heilungen zu erbitten.

Als Menschen, die Schamanismus praktizieren, müssen wir unsere eigenen Aktivitäten durch die Kraft bestimmter Geistbewohner in den unsichtbaren Reichen an unserem Wohnort und an unserer Arbeitsstelle sowie an entfernteren Stätten stärken, die wir wegen der spirituellen Energie als heilig betrachten, welche uns dort verliehen wird.

Geomantische Reisen

Kern dieser Praktik des Kontakts zu Ortsgeistern ist die alte Wissenschaft und Kunst der Geomantie. Dieser Ausdruck bedeutet ursprünglich »Weissagung des Erdgeistes«. Mit Weissagung ist hier das Entdecken, Finden und die intuitive Wahrnehmung gemeint – lauter Aktivitäten, die für die Praxis des Schamanismus wichtig sind. Das Ziel hierbei ist, bewußte Beziehungen zu Landgeistern aufzubauen, um bewußte und enge Beziehungen zur Umwelt selbst herzustellen. In jeder natürlichen Umgebung finden wir verschiedene Lebensformen vor, die den Boden, die Luft, das Wasser und andere Ressourcen gemeinsam nutzen. Ein einfaches Buch über Ökologie mit guten Abbildungen und Fotos zeigt die unzähligen großen und kleinen Lebewesen, die in jedem Biotop miteinander – und voneinander – leben. Wir können daher davon ausgehen, daß wir in jedem Teil einer Landschaft eine Heerschar von Geistwesen antreffen werden: Tiergeister, Pflanzengeister und Elementargeister.

In unseren Gärten und Feldern oder auch tief in den Wäldern und in fernen Tälern wird ein Gebiet häufig von einem bestimmten Geistwesen dominiert. In manchen Gebieten kann es auch sein, daß mehrere Geister gemeinsam herrschen. In der Regel erkennt man dies bereits, wenn man sich umsieht: Ein besonders großer Baum oder eine Felsnase, ein markanter Gipfel, ein ständig sprudelnder Bach oder Wasserfall – alle diese Landschaftselemente können die wichtigsten Schutzgeister eines bestimmten Ortes sein. Es kann jedoch auch sein, daß es sich bei den wichtigsten Geistern, die vielleicht die ältesten Geister oder sozusagen die Ältesten eines bestimmten Ortes sind, nicht um diejenigen handelt, die von ihrer Gestalt in der materiellen Welt her besonders auffallen. Bei den wichtigsten Geistern kann es sich auch um kleinere Wesen handeln, die in Wurzelsystemen von Bäumen oder in den Kieselsteinen des Bachbettes leben, oder es können größere Geister sein, die die gesamte Gegend umfassen – der Geist eines Tales, der Geist eines ganzen Berges.

Eine Möglichkeit, den Geist eines bestimmten Ortes kennenzulernen, besteht für Sie darin, eine Reise in die mittlere Welt zu machen und Ihr Krafttier zu bitten, Sie dem Geist vorzustellen. Der Geist kann Ihnen in Menschen- oder Tiergestalt erscheinen oder vielleicht auch in einer anderen Form oder Eigenschaft. Wenn Sie möchten, können Sie Ihrem Krafttier sagen, daß Sie dem Geist in einer bestimmten Gestalt begegnen möchten, oder Sie können es dem Geist überlassen, in der Gestalt zu erscheinen, die sowohl für Sie als auch für den Geist am besten ist.

Nähern Sie sich dem Geist mit Ihrer Bitte, ihn kennenzulernen, lernen Sie von ihm und würdigen Sie ihn sowohl in der nichtalltäglichen Wirklichkeit als auch in der alltäglichen Wirklichkeit auf angemessene Weise. Sie können ihm ganz praktische Fragen stellen, zum Beispiel wie Sie Ihr Grundstück bebauen sollen, mit welchen Pflanzen Sie einen Garten bepflanzen sollen, welche Pflege bestimmte Bäume brauchen oder wie Sie ein bestimmtes Gebiet landschaftlich gestalten sollen, das Sie wiederherstellen oder umgestalten möchten. Das menschliche Bedürfnis nach »Landschaftsgestaltung« ist kein Zeichen moderner Perversität, wie manche Kritiker behaupten; alle Gesellschaften formen das Land in gewissem Maße, benutzen es und hinterlassen irgendeine Prägung. Das Wichtige hierbei ist, daß diese Arbeit mit Respekt und dem aufrichtigen Wunsch gemacht wird, das Land, die anderen Kreaturen, die auf ihm leben, und alle Geister des Ortes zu stärken und zu ehren.

Eine andere Methode zum Kennenlernen des Geistes eines Ortes ist die im vorherigen Kapitel beschriebene Methode des Reisens in das »Dazwischen«. Sie können diese Methode wie im folgenden dargestellt einsetzen, um dem Geist eines kleinen abgeschlossenen Ortes, wie z.B. dem Geist eines Haines oder Bachbettes, zu begegnen.

1. Verwenden Sie eine kleine Trommel oder Rassel, da Trommel- oder Rasselgeräusche traditionell zum Herbeirufen von Geistwesen dienen. Außerdem werden hierdurch Umgebungsgeräusche überdeckt, und die Konzentration wird erleichtert.

2. Wählen Sie, während Sie an dem Ort sitzen, eine Stelle zwischen dem Landschaftsmerkmal, dessen Geist Sie kennenlernen möchten, und einem anderen Element aus. Wenn Sie beispielsweise dem Geist einer Eiche begegnen möchten, konzentrieren Sie Ihre Aufmerksamkeit auf eine Stelle zwischen einer Wurzel und dem Boden; bei einem Bach können Sie eine Stelle zwischen einem Stein und dem Wasser wählen.

3. Achten Sie zur Vorbereitung einige Minuten auf die Stellen in Ihrer Atmung, die Orte »dazwischen« darstellen.

4. Wenn Sie sich dazu bereit fühlen, schicken Sie Ihr Bewußtsein an den jeweiligen Platz in der Natur mit der Bitte, daß das Element oder Landschaftsmerkmal, das der Geist des Ortes ist, Ihnen in irgendeiner Weise antworten möge, um einen Dialog oder eine Verbindung herzustellen, damit Sie von dem Geist lernen können.

5. Wenn Sie Ihr Treffen mit dem Geist beendet haben, bedanken Sie sich bei ihm und ziehen Sie sich wieder in sich selbst zurück.

Um den Geist eines größeren Gebiets kennenzulernen, wie z.B. den Geist eines Tales, eines Berges, einer Schlucht oder Bucht, können Sie die Methode für die Reise ins »Dazwischen« folgendermaßen abändern:

1. Werden Sie sich intensiv Ihrer Anwesenheit in dem betreffenden Gebiet bewußt: Achten Sie darauf, an welchem Platz Sie sitzen, wie die Landschaft in den einzelnen Himmelsrichtungen aussieht, wo sich Bäume, Felsnasen, Felsbrocken, Hügel usw. befinden.

2. Wählen Sie zwei Landschaftsmerkmale, zwischen denen Sie sitzen. Nehmen wir einmal an, Sie wählen den See zu Ihrer Linken und die Bergkette zu Ihrer Rechten. Schließen Sie nun die Augen.

3. Achten Sie zur Vorbereitung auf die Stellen in Ihrer Atmung, die Orte »dazwischen« darstellen.

4. Wenn Sie sich dazu bereit fühlen, sich in den Bereich zwischen dem See und der Bergkette zu begeben, schicken Sie Ihr Bewußtsein bzw. Ihren Geist nicht wie sonst zu einem bestimmten Punkt, sondern lassen Sie Ihren Geist (stellen Sie ihn sich als Ihre Aura vor) sich ausdehnen, bis er viel größer ist als Sie und vielleicht die Größe eines Baumes hat.

5. Rufen Sie, während Sie sich ausdehnen, die Geistwesen des Sees und der Bergkette zu sich, während Sie zwischen ihnen sitzen. Sie werden

spüren, wie einer oder beide Geister »näher kommen« und Sie ein bißchen mit Ihrer Gegenwart »bedrängen«. Vielleicht spüren Sie sogar, daß sie riesig sind (wie auch Sie in diesem Moment).

6. Bleiben Sie weiter bei den Geistern, ebenso wie Sie dies bei Elementen in einer kleineren Umgebung machen würden.

7. Wenn Sie sich in der Gegenwart der Geistwesen wohlfühlen, bitten Sie sie, Ihnen den Geist des gesamten Gebietes vorzustellen, dessen Bestandteil sie sind. Es kann sein, daß die beiden Geister nun verblassen oder die Gestalt eines einzigen Geistes annehmen, der der Geist des Ortes ist. Verbringen Sie eine Weile mit diesem Geist, und lernen Sie ihn kennen, wie Sie dies auch bei einer normalen Reise machen würden.

8. Wenn Sie fertig sind, bedanken Sie sich bei den Geistern und ziehen Sie Ihr Bewußtsein wieder in Sie zurück.

Naturgeister als Lehrer

Im Griechenland der Antike wurden Baumgeister als Dryaden und Wassergeister als Najaden bezeichnet. Diesen begegnete man in der Regel in Gestalt kleiner Geister, die in Hainen oder Bächen, Flüssen und Quellen wohnten. In West- und Nordeuropa sowie in Irland und auf den britischen Inseln spielten die Geister der Wildnis ebenfalls eine bedeutende Rolle im archaischen spirituellen Leben, und zwar als »Grüner Mann des Waldes« und »Frau der heiligen Wasser«. Grüne Männer wurden häufig als wilde Wesen betrachtet, bedeckt mit zottigem Haar. Sie trugen Hörner oder ein Geweih, und anstelle von Haar und Bart trugen sie teilweise Blätter, Moos, Gras und Ranken. Im Volksglauben galt ihr Anblick als erschreckend, und die Menschen fürchteten sich vor einer Begegnung mit ihnen.

Der »Grüne Ritter« in Überlieferungen der Artus-Sage, der seinen Kopf abschlagen und wieder aufsetzen kann, ist eine Variante des »Grünen Mannes«, die noch immer die Fähigkeit der Natur versinnbildlicht, jeden Winter zu sterben und mit dem Frühling wieder zum Leben zu erwachen. In den Fenierlegenden Irlands ist der Waldtroll Guragach eine Art wilder, haariger Grüner Mann, der wie der Grüne Ritter die Krieger in Enthauptungswettkämpfen herausfordert, da er weiß, daß er seinen abgeschlagenen Kopf wieder aufheben und zurück auf seine Schultern setzen kann.

Die »Frauen der heiligen Wasser« können Göttinen oder Geister von Flüssen, Quellen, Brunnen oder Seen sein. Die alten Europäer betrachteten natürliche Wasserquellen, Orte, an denen Wasser aus der Erde kam, als Eingänge in die andere Welt. Die Wächter dieser Pforten waren meist weiblichen Geschlechts. Die Menschen brachten den Geistern der Gewässer Geschenke und opferten Waffen, Werkzeuge, Münzen und Schmuck im Tausch für Heilung oder Glück. Die Dame vom See, die Artus das Schwert Excalibur gab, ist nur eines der Beispiele dafür, wie diese Wassergöttinnen den Menschen Macht und Hilfe gewährten. Das Wasser bestimmter Brunnen, Quellen und heiliger Seen, wie z.B. das Wasser von Lourdes in Frankreich, gilt immer noch als Wasser mit Zauber- oder Heilkräften. Solche Orte stehen häufig auch noch heute unter dem Schutz eines weiblichen Geistes.

Unabhängig vom Aussehen oder Verhalten des Grünen Mannes oder der Frauen der Wasser – ob sie nun freundlich oder furchterregend waren – kannten unsere Vorfahren diese Geistwesen als die Geister oder Gottheiten der wilden Vegetation von Wäldern und unbebauten Wiesen und des Wassers, von dem diese Vegetation abhängig war. Das Volk der Desana, das an den Nebenflüssen des Amazonas in Kolumbien lebt, hat eine ähnliche Sichtweise. Die Desana vertreten die Auffassung, daß unsere Erde aus Land und Wasser besteht. Die üppige wilde Vegetation ihrer tropischen Heimat wird als männliche Energie betrachtet, während die langsam fließenden Flüsse, die sich durch das Land schlängeln, als weibliche Energie gelten. Laut der Beschreibung von DAVID SUZUKI und PETER KNUDTSON sind die beiden Kräfte »entgegengesetzt, ergänzen sich jedoch«. Gemäß der Weltsicht der Desana »befindet sich ein Wald, der an sich männlich ist, in einer gegenseitigen Umarmung mit dem Fluß, der weiblich in seinem Fließen ist und durch ihn verläuft ... (wobei) zahllose sich verändernde feine Interaktionen, Schöpfungen und Verbindlichkeiten in der natürlichen Welt (hervorgebracht werden), zu denen auch die Menschheit gehört«[1]

Wenn Sie dem Geistwesen eines bestimmten Ortes begegnen, können Sie es bitten, Ihnen als Grüner Mann oder als Frau der Wasser zu erscheinen, wobei Sie es dem Geistwesen überlassen, welche Gestalt und welches Gewand es wählt. Ich persönlich habe während meiner schamanischen Arbeit einen Grünen Mann und eine Frau der Wasser kennengelernt, die die Geister eines Ortes im Ozark-Gebiet in Missouri sind, jedoch in keiner Weise ein traditionelles Aussehen haben: keine Vegetation statt der Haare, kein Mantel aus Spinnweben, einfach nur ein Mann und eine Frau – die männliche Energie und die weibliche Energie, die Ursache von Leben, Wachstum, Tod, Zerfall und Wiedergeburt im Netz des Lebens sind, das diese Region der alten Ozarks zusammenhält.

Wenn Sie die Geistwesen bitten, in einer bestimmten Form oder Gestalt zu Ihnen zu kommen, so geschieht dies stets mit der Absicht, mit ihnen einfacher umgehen zu können, damit Sie mit ihnen sprechen, sie kennenlernen und sie herbeirufen können, wenn Sie Hilfe oder Rat benötigen. Wenn Sie die Geister bitten, in »traditioneller oder klassischer« Gestalt zu erscheinen und dies für die Geister nicht angemessen ist (oder es für Sie nicht angemessen ist, sie so zu sehen), dann werden sie dies auch nicht tun. Befragen Sie Ihr Krafttier zu diesem Thema und bringen Sie aufrichtig zum Ausdruck, warum Sie das Bedürfnis verspüren, bestimmte Geister in einer bestimmten Weise kennenzulernen. Vertrauen Sie dann darauf, daß die Geister, die Ihre Helfer sind, das tun werden, was für Sie in diesem Stadium Ihrer spirituellen Entwicklung das Richtige ist.

Einer der Vorteile, einen Grünen Mann oder eine Frau der Wasser als geistige Lehrer zu haben, liegt darin, daß man von ihnen eine natürliche Lebensweise lernen kann. Der Ausdruck »natürliche Lebensweise« ist für einige von uns wahrscheinlich ziemlich nichtssagend. Was ist heutzutage eine natürliche Lebensweise? Ist damit gemeint, daß man stärker mit der Natur und mit Tieren zusammenlebt? Bedeutet dies, daß man mit der Sonne zu Bett geht? Ist gemeint, daß man keine Videos mehr sehen sollte? Die meisten von uns leben mit technischem Komfort, der unsere Begegnungen mit den Elementen, den Jahreszeiten, der Witterung, den Tieren usw. verändert – oder sogar ganz ausschaltet. Erfordert eine natürliche Lebensweise, daß man von der Stadt aufs Land zieht? Oder ist damit nur gemeint, daß man die städtische Umgebung gelegentlich verläßt, um eine Wanderung in den Wäldern oder in einer Wüste zu machen? Für jeden von uns kann die Antwort ein wenig anders oder auch völlig anders lauten.

Reisen Sie zum Grünen Mann und zur Frau der Wasser, um zu fragen, wie Sie stärker im Einklang mit der Natur leben können. Es ist empfehlenswert, diese Reise in jeder Jahreszeit zu machen oder mehrmals im Jahr, sobald wir das Gefühl haben, daß unser Lebensstil weniger »natürlich« geworden ist und stärker von Orten und Dingen abhängt, die keinen Bezug zu den Rhythmen und Mustern der Erde zu haben scheinen. Schamanismus kann zwar durchaus auch in einer städtischen oder technologisierten Umgebung praktiziert werden, aber dennoch müssen wir in Kontakt mit den tieferen Energien und Rhythmen der Erde bleiben, die als Erbe vergangener Generationen in unserer Psyche und in unseren Genen gespeichert sind. Der Verlockung, einen völlig unnatürlichen Lebensstil zu pflegen, kann man in einer Kultur wie der unseren kaum widerstehen, in der die neueste Technik, die neueste Mode und die neuesten Trends des modernen Lebens zu Idealen erhoben werden. Als schamanisch Tätige müssen wir dafür sorgen, daß unsere spirituellen Wurzel einen festen Halt in den Geheimnissen der Erde haben und gut gewässert werden. Hierbei können uns der Grüne Mann und die Frau der heiligen Wasser helfen.

Als ich einmal im Winter auf einer Landstraße ging, überholte mich der Grüne Mann plötzlich und ging neben mir her. Ich fragte ihn: »Was machst du denn?« Er antwortete: »Ich bin Winter.« Dann fragte er mich: »Was machst du denn?« Mir wurde fast sofort klar, daß ich auch mit »Ich bin Winter« antworten sollte, aber ich war überhaupt nicht »Winter«. Ich träumte vor mich hin und malte mir aus, wie die Apfelplantagen, an denen ich vorübergegangen war, während der Blütezeit im Frühling aussehen würden, nicht voll von abgeschnittenen Zweigen, die vor kurzem entfernt worden waren und noch haufenweise zwischen den Reihen lagen. Ich neige dazu, mir in meiner Phantasie den Frühling vorzustellen, wenn der Winter unerträglich zu werden scheint. Aber der Grüne Mann hatte recht – wie immer. Ich mußte »Winter sein«, also reiste ich während der nächsten paar Wochen zu ihm, um Anweisungen dafür zu erhalten, wie ich meine Seele auf Winter einstellen konnte und zufriedener innerhalb der Geheimnisse der momentanen Jahreszeit leben konnte. Er lehrte mich, den Wert von langweilig grauen Tagen, Temperaturen unter Null und Flugausfällen wegen Schneestürmen zu erkennen. Leider konnte er mir nicht beibringen, wie ich Geduld haben und diese Dinge genießen könnte, die so wertvoll sind!

Einen Kraftplatz erkennen

Die Fähigkeit, Erdenergien zu erkennen und auf sie zu reagieren, ist bei jedem Menschen anders ausgeprägt, ebenso wie die Fähigkeit, die Energien in Kristallen und heiligen Steinen zu spüren. Ich bin kein Mensch, der einen Kristall in die Hand nimmt und dann in Begeisterung über die Energien ausbricht, die von dem Kristall ausgehen, auch wenn alle anderen, die den Kristall in der Hand hielten, beinahe ohnmächtig wurden. Ehrlich gesagt, ich muß gestehen, daß ich in der Regel überhaupt nichts besonders Beachtliches bei Steinen spüre, außer bei denen, die eine persönliche Bedeutung für mich haben. Andererseits kann ich »high« werden, wenn ich beim Autofahren nur einen kurzen Blick von einem Bach erhasche. Der unerwartete Anblick von strömendem Wasser läßt mein Herz schneller schlagen. Und wenn ich auf einer Brücke über einen Fluß fahre, gerate ich häufig gefährlich nah an den Rand der Brücke. Ich habe das Gefühl, in das Energiefeld einer großen Macht geraten zu sein. Meine Mitfahrer im Auto spüren vielleicht überhaupt nichts; sie bekommen lediglich Angst wegen meines Fahrstils.

Wenn Sie sich stark beobachtet fühlen, während Sie sich auf einer bestimmten Lichtung oder an einem Bach oder Wasserfall befinden oder alleine in einer großen Wüstenfläche stehen, ist dies ein verläßliches Zeichen dafür, daß Sie sich an einer der dünnen Stellen befinden, an denen die Energie der Geister besonders stark spürbar ist. Es bestehen noch andere Möglichkeiten, heilige Orte zu erkennen, hierfür gibt es jedoch keine absoluten Regeln; jeder Ort besitzt seine eigenen Geistwesen, und jeder Mensch ist auf andere Manifestationen der Aktivität von Geistwesen eingestellt.

Die nachfolgend aufgeführten Phänomene wurden übereinstimmend an heiligen Orten und Stellen berichtet, an denen die Erdenergien besonders offensichtlich sind.

- *Ausdehnung der Aura:* Viele Menschen spüren an heiligen Orten eine Art Ausdehnung ihrer Aura. Sie fühlen sich größer, umfassender und auch von einem großen und beständigen Energiefeld umschlossen.

- *Innere Ruhe:* In der Regel verlangsamt sich unsere hektische geistige Unruhe; wir hören auf zu grübeln; das Geplapper in unserem Kopf läßt nach. Es kommt tatsächlich häufig vor, daß die Aktivität in der rechten Gehirnhälfte zunimmt, und wir Farben, Formen, Beziehungen, Nebeneinanderstellungen und allgemeine Muster wahrnehmen.

- *Gefühl des Einsseins:* Ein weiteres Zeichen dafür, daß man sich an einem heiligen Ort befindet, ist das ekstatische Gefühl des Einsseins mit etwas, das größer ist als wir selbst: der Kosmos oder der Schöpfer. Dieses Gefühl geht stets mit einem Gefühl der Ehrfurcht und der Freude einher sowie wie mit dem Gefühl, daß alles an seinem richtigen Platz ist, und wir beginnen zu denken: »Mit der Welt ist alles in Ordnung.«.

- *Kommunikation mit anderen Spezies:* Es kommt häufig vor, daß man an einem Kraftplatz die Fähigkeit besitzt, mit anderen Spezies zu kommunizieren. Der Wind in den Bäumen hat Botschaften für uns. Das Geräusch von Wasser, das über Steine plätschert, klingt wie Wörter, die einen Sinn ergeben. Wir wissen, worüber die Vögel singen, und wir wissen, ob ihr Gesang uns betrifft oder an uns gerichtet ist.

- *Transparenz der materiellen Welt:* Es kann sein, daß die ganze Landschaft oder ein Teil der Landschaft durchscheinend, transparent, reiner und durchlässig wird, so daß wir die unsichtbaren Welten von Farben und Formen auf der anderen Seite erkennen können. Die kosmische Energie, die göttliche Kraft des Universums, fließt durch Bäume und Felsen; ein himmlisches Licht erhellt alles und scheint vom Inneren aller Dinge auszugehen.

- *Transzendenz und Immanenz:* An Kraftplätzen kann sich auch der paradoxe Eindruck ergeben, daß Ihr Erlebnis gleichzeitig transzendent und immanent ist. Wir fühlen uns in Ekstase dem gegenwärtigen Augenblick und Ort entrückt und mit dem uns umgebenden Universum verbunden, während wir gleichzeitig die Macht dieses Universums konzentriert zu unseren Füßen spüren, in der Luft, die wir atmen, und in den Farben des Himmels, der gleichzeitig in unserem Kopf und über unserem Kopf zu sein scheint. Wir transzendieren Zeit und Ort, auch wenn die gesamte Zeit und der gesamte Ort genau dort enthalten zu sein scheinen, wo wir uns befinden. Das Erscheinen des Göttlichen berauscht uns mit dem großen Geheimnis und Paradoxon von Transzendenz und Immanenz: Die Schöpfung scheint größer zu sein, als wir sie uns jemals vorgestellt haben, doch gleichzeitig scheint der Schöpfer so klein zu sein, daß er in unserer hohlen Hand Platz finden würde.

• *Verlust des Ich-Gefühls:* Heilige Orte können uns absorbieren, während sie uns in Ekstase versetzen. Wir fühlen uns in sie hineingezogen, möchten mit ihnen verschmelzen und mit ihnen eins werden, uns in ihnen auflösen und in ihnen verschwinden. Oder wir wollen das Gefühl der Berauschung oder Ekstase, das sie in uns hervorrufen, mit nach Hause nehmen und unser ganzes Leben lang bei uns behalten.

Der Anthropologe und Umweltschützer JAMES A. SWAN hat die verschiedenen heiligen Orte, die er im Laufe der Jahre bei seinen Gesprächen und Reisen mit Indianern kennengelernt hat, in verschiedene Kategorien eingeteilt.[2] Bei unserer Praxis des Schamanismus können wir diese Kategorien berücksichtigen und überlegen, wie wir sie einbeziehen können. Die Kategorien der heiligen Orte sind:

• Begräbnisstätten und Grabstätten

• Stätten der Reinigung und der Heilung, an denen Menschen in heiligen Gewässern baden, fasten, meditieren, Zeremonien abhalten.

• Orte mit besonderer Flora und Fauna, an denen spezielle Kräuter und Tiere zu finden sind.

• Stellen, an denen man besondere Steine oder Edelsteine findet.

• Orte, die zur Visionssuche und zum visionären Träumen aufgesucht werden.

- mythische oder legendäre Stätten

- Tempel und Schreine, die als vom Menschen errichtete Bauten die Heiligkeit des Ortes noch verstärken.

- Stätten spiritueller Erneuerung, die von Pilgern oder Visionssuchenden aufgesucht werden.

- Historische Stätten, die für ein bestimmtes Volk von Bedeutung sind.

- Sonnenaufgangsstätten, die der Verehrung der Sonne an wichtigen Wendepunkten des Jahres dienen.

- Stätten der Fruchtbarkeit

- Taufstätten für das Baden und Segnen neugeborener Kinder

Welchem Zweck ein Ort dient, ist in traditionellen Sagen und dem Wissen indigener Völker überliefert. In manchen Fällen wurde ein Ort bereits seit Urzeiten für eine bestimmte Aktivität benutzt. Als moderne Menschen, die Schamanismus praktizieren, können wir natürlich nicht immer heilige Orte finden, die eine lange Geschichte haben und von Stammeskulturen benutzt werden. Außerdem wollen wir dies ja auch nicht unbedingt, da wir nicht der Tradition angehören, die den Ort ehrt und nutzt. Es könnte einen Verstoß gegen die Heiligkeit des Ortes oder eine Entweihung bedeuten, einen solchen Ort in einer Weise zu benutzen, die nicht im Sinne der indigenen Menschen ist, die an erster Stelle ein Anrecht auf den betreffenden Ort haben. Allerdings gibt es auch einige Stellen, auf die niemand einen alleinigen Anspruch hat. In diesem Fall sollten wir uns darum bemühen, herauszufinden, für welchen Zweck der Ort traditionell verwendet wurde, und uns entsprechend verhalten, indem wir den Ort in der gleichen oder einer ähnlichen Weise benutzen, oder darauf achten, daß unsere eigenen Aktivitäten dem ursprünglichen Zweck des Ortes nicht entgegengesetzt sind oder ihn entweihen.

Beispielsweise würden wir keinen Schaden anrichten, wenn wir einen Berg aufsuchten, um nachts zu wachen oder uns auf Visionssuche zu begeben, und der Berg traditionell für diese Zwecke benutzt wurde, sofern die Aktivitäten von Einheimischen durch unsere Anwesenheit nicht gestört würden. Es wäre jedoch völlig unangebracht, eine heilige Begräbnisstätte zu betreten, um dort ein Sonnenaufgangsritual zu vollziehen. Ein Fluß oder eine Quelle mit Heilkräften, die kein Privateigentum ist, sollte theoretisch allen Menschen zur Verfügung stehen, die den Fluß oder die Quelle respektvoll benutzen und sich dabei korrekt verhalten.

Als Menschen, die Schamanismus praktizieren, werden wir wahrscheinlich selbst unsere eigenen Kraftplätze finden oder uns unsere eigenen Kraftplätze schaffen, indem wir diese auf heilige und bedeutsame Weise als solche weihen. Welche Arten von Orten könnten wir nun als heilige Orte finden oder speziell als heilige Orte weihen? Jeder Ort, der in Ihrem Leben eine bedeutende spirituelle oder transformierende Funktion hatte, ist für Sie bereits ein heiliger Ort oder kann zumindest zu einem heiligen Ort für Sie werden. Wenn Sie einen solchen Ort nicht kennen, müssen Sie einen suchen. Wie können Sie dies angehen?

Generell sollten Sie einen Ort suchen, der Sie in der materiellen Welt durch seine Schönheit oder ein spektakuläres Merkmal fasziniert, ein Ort, an dem Sie spüren, daß die Erdenergien besonders stark sind. Wahrscheinlich werden Sie einige der oben beschriebenen körperlichen, geistigen oder emotionalen Erfahrungen machen. Außerdem werden Sie den Eindruck haben, daß der Ort für Sie spirituell stimmig ist. Das Wichtige ist, daß Sie dem Ort gestatten, eine Wirkung auf Ihr spirituelles Leben zu haben. Sie erklären in aller Form, daß der Ort für Sie heilig ist und Sie sich an diesem Ort angemessen verhalten werden. Sie schließen sozusagen einen Vertrag oder einen Bund mit dem Ort. Anfangs wissen Sie wahrscheinlich noch nicht, für welche Art von Aktivität und wie häufig Sie den Ort aufsuchen werden. Wichtig ist jedoch das Gefühl, daß Sie und der Geist des betreffenden Ortes zueinander passen und sich gegenseitig akzeptieren. Wenn Sie sich beobachtet fühlen, setzen Sie sich hin und bringen Sie Ihre Absichten gegenüber dem Geist an dem Ort zum Ausdruck; versuchen Sie herauszufinden, ob sowohl der Geist als auch Sie selbst von einer gegenseitigen Beziehung profitieren würden, die auf einem heiligen Vertrauen darauf basiert, daß jeder die Rolle des jeweils anderen im sich entwickelnden Universum würdigen wird. Reisen Sie zu dem Geist des Ortes, oder kommunizieren Sie mit ihm, und finden Sie heraus, welche Art heiliger Aktivität Sie an diesem Ort vollziehen sollen.

Eine heilige Stätte schaffen

Es ist ein menschliches Bedürfnis und vielleicht sogar ein religiöses Bedürfnis, Orte zu prägen, indem man dort Zeichen hinterläßt. Die keltischen Stämme schnitzten gerne Gesichter in Baumstämme oder -stümpfe, um den Geist des Baumes oder des Ortes zu ehren. Steinzeitliche Maler hinterließen spektakuläre Gemälde in Höhlen in Südfrankreich und Nordspanien. Sie malten direkt auf die Höhlenwände und nutzten dabei manchmal die natürliche Oberflächenform der Felswand – Unebenheiten, Spalten, Risse und glatte Flächen –, um ein Tier im Flachrelief darzustellen. Riesige Steinkreise in Westeuropa, Irland und Großbritannien sowie die Medizinräder der Indianer zeugen von diesem uralten Wunsch, Mutter Erde von Menschenhand zu prägen.

Heilige Stätten bieten mystische »Ankerpunkte« für unsere spirituellen Praktiken, Stätte, an denen Zeit und Ewigkeit verschmelzen, Stätten, die eine materielle Form der Erinnerung an die Seelenarbeit darstellen, die wir dort leisten. Diese Stätten sind aufmerksame Wächter der Orte, an denen wir dem Numinosen begegnen. Es ist ein natürlicher Wunsch, die Wirkung dieser Orte noch zu steigern, indem wir sie so gestalten, daß sie für die spirituellen Aktivitäten, die wir dort vornehmen möchten, noch besser geeignet sind. Im folgenden werden Leitlinien dafür gegeben, wie Sie einen heiligen Ort schaffen können, und zwar entweder auf Ihrem eigenen Grundstück oder in öffentlich zugänglichen Naturgebieten, die sich nicht in Privatbesitz befinden. Auf Ihrem eigenen Grundstück haben Sie natürlich mehr Gestaltungsspielraum als in einem Nationalpark oder einem Naturschutzgebiet. Die folgenden Vorschläge sollten entsprechend angepaßt werden, und zwar abhängig davon, welches »Recht« Sie haben, die materielle Umgebung zu verändern. In manchen Fällen können Sie vielleicht sogar eine relativ aufwendige Zeremonienstätte für Sie selbst oder für eine Trommelgruppe schaffen, während Sie in anderen Fällen lediglich einige Talismane oder heiligen Objekte zurücklassen können, die Ihre Gegenwart in der Umgebung repräsentieren, bis Sie zurückkommen können.

• *Landschaftliche Form des Ortes:* Beginnen Sie damit, daß Sie sich der natürlichen Formen und Landschaftsmerkmale des Ortes bewußt werden und diese aufnehmen. Diese Merkmale fallen nicht immer sofort auf.

Betrachten Sie die Form der Landschaft an dem Ort: Ist sie flach, hügelig, bergig, von Vegetation überwuchert, handelt es sich um eine Lichtung oder einen Klippenvorsprung? Berücksichtigen Sie dabei auch das »geliehene« Land; damit ist die ganze Landschaft gemeint, die Sie von dem betreffenden Platz aus sehen können: Hügel oder Bergketten in der Ferne, ein See, ein Fluß unterhalb des Felsvorsprungs, ein Wäldchen.

- *Einzelne Elemente:* Achten Sie darauf, welche Elemente an dem Ort vorherrschen oder dort gemeinsam vorkommen: Wasser, Pflanzen, Bäume, Tiere, Erdboden, Sand, Kiesel, Schotter. Beachten Sie das Element Feuer in Form von Sonnenlicht und Schatten sowie das Element Luft in Form von Wind oder einem Luftzug, der durch das Gebiet streicht. Aus welcher Richtung weht der Wind heran? Wieviel Sonnenlicht fällt in das Gebiet während der Tageszeiten ein, zu denen Sie den Ort wahrscheinlich benutzen werden? Schauen Sie am Horizont nach dem Punkt des Sonnenaufgangs und dem Punkt des Sonnenuntergangs; achten Sie darauf, welche Himmelsregionen bei Nacht sichtbar sein werden, sowie auf ähnliche Aspekte.

- *Geistgesichter und -stimmen:* Sehen Sie sich nach Geistgesichtern um, und achten Sie auf Geiststimmen. Setzen Sie sich still hin, und schauen Sie alle Bäume und Felsen daraufhin an, ob Sie dort Gesichter sehen, die Sie bei der Gestaltung des Ortes für Rituale oder Zeremonien miteinbeziehen können oder die Ihnen bei der Entscheidung helfen könnten, wo Sie beim Trommeln sitzen werden. Lauschen Sie auf Stimmen im Wind, in den Bäumen oder in herabfließendem Wasser. Vielleicht möchten Sie in der Nähe der Stimmen sitzen oder liegen; wenn die Stimmen sehr laut sind, ist es vielleicht besser, einen entfernteren Sitz- oder Liegeplatz zu wählen, damit Sie beim Meditieren oder Reisen nicht abgelenkt werden.

- *Die vier Himmelsrichtungen:* Bestimmen Sie die vier Himmelsrichtungen, und markieren Sie die vier Punkte auf irgendeine Weise, je nachdem, welche deutlichen Zeichen Ihrer Anwesenheit Sie an dem Ort hinterlassen können. Wenn es sich um Ihr eigenes Grundstück handelt, können Sie die einzelnen Punkte entsprechend markieren, indem Sie dort große Steine aufstellen, einen Steinhügel oder eine Steinsäule errichten oder Blumen pflanzen. In öffentlich zugänglichem Gelände empfiehlt es sich, kleinere Steine zu verwenden oder heilige Gegenstände in jeder der vier Himmelsrichtungen zu vergraben. Kristalle oder Edelsteine sind hierfür gut geeignet, Sie können aber auch Talismane oder Bildnisse aus Holz, Ton oder Keramik vergraben. Talismane und Bildnisse können für die Verbündeten stehen, denen Sie – wie im vierten Kapitel beschrieben – in den einzelnen Himmelsrichtungen begegnet sind. Sie können die Punkte auch mit einem Gegenstand markieren, der für die vier Elemente steht: Räucherwerk oder Parfum für Luft im Osten, eine Kerze oder verbrannte Asche für Feuer im Süden, eine Muschel oder ein Fläschchen mit Wasser im Westen; ein Stein oder Kristall für Erde im Norden.

- *Votivgaben:* Sie können persönliche Gegenstände, wie z.B. Schmuck, Fotos und künstlerische Gegenstände, an dem Ort hinterlegen oder vergraben. Sie können eine Reise wegen der jeweiligen Gegenstände machen und Ihre Verbündeten in den einzelnen Himmelsrichtungen fragen, welche Gabe angemessen wäre. Sie sollten auch in Betracht ziehen, den vergrabenen Gegenstand als ein echtes Opfer darzubringen, um Ihre Verwurzelung in der Gegend zu verstärken. Viele Stammesvölker sind davon überzeugt, daß die Geister von uns Gaben von sehr beträchtlichem Wert erwarten, die wir weggeben oder diesen Geistern weihen sollen. Hierbei könnte es sich um Gegenstände handeln, die Ihnen bereits seit langem viel bedeuten und von denen Sie sich nicht so leicht trennen können, oder es kann sich um Schmuck, Werkzeuge und teure Gegenstände handeln, die Sie speziell kaufen, um sie als Opfergaben an dem Ort zu hinterlassen.

Die keltischen Stämme haben die Götter häufig auf diese Weise geehrt, insbesondere die Göttinnen von Quellen und Brunnen, in denen große Mengen an Schätzen gefunden wurden. Münzen, Waffen, Schmuck, Werkzeuge und persönliche Dinge wurden aus Mooren geborgen, die früher einmal Seen und Tümpel gewesen waren. Viele dieser Gegenstände wiesen keinerlei Zeichen eines Gebrauchs auf, das heißt, sie wurden speziell für den Zweck gefertigt oder gekauft, den Geistern als Gaben überlassen zu werden.

- *Der Mittelpunkt:* Schaffen Sie einen heiligen Mittelpunkt Ihres Ortes. Falls der tatsächliche Mittelpunkt aufgrund der Form des Ortes nicht ermittelt werden kann, sollten Sie sich überlegen, wie Sie den Ort nutzen möchten, und entsprechend den Platz bestimmen, an dem die wichtigsten Aktivitäten stattfinden werden. Dieser Platz wird dann zum »magischen Mittelpunkt« des Ortes, auch wenn er an der Seite liegt. Wenn beispielsweise ein Bach durch eine Waldlichtung fließt, dieser Bach jedoch nicht in der Mitte der Lichtung verläuft, könnten Sie sich dafür entscheiden, einen Platz zum Trommeln oder Flöte spielen an genau der Stelle zu errichten, an der der Bach in die Lichtung fließt. Dieser Platz wird dann der magische Mittelpunkt für rituelle Aktivitäten, daher sollten Sie den Umfang entsprechend mit Objekten und Markierungen für die Himmelsrichtungen ausstatten, falls der Ort hierfür geeignet ist.

- *Altäre:* Errichten Sie einen zentralen Altar für rituelle Aktivitäten. Altäre im Freien können aus Stein, Holz oder anderen haltbaren Materialien errichtet werden; manchmal bietet sich ein Felsklotz, ein umgefallener Baumstamm oder ein Baumstumpf ganz von selbst hierfür an. Altäre können auch mehr an der Seite oder in einer der vier Himmelsrichtungen errichtet werden, die für den Zweck des Altars am besten geeignet zu sein scheint. Ein Altar für Trankopfer könnte beispielsweise im Westen errichtet werden, der Himmelsrichtung des Wassers und des Sonnenuntergangs, oder im Osten, falls Sie die Stätte morgens benutzen möchten und der aufgehenden Sonne Trankopfer darbringen wollen. Ein Altar, auf den Nahrung für das Feenvolk gelegt wird, bietet sich in Richtung Norden an, der Himmelsrichtung für Stein, Höhlen, Brunnen und Schatten. Anstelle eines Altars können Sie auch eine mit Steinen eingefaßte Feuergrube bauen, die für Feuerzeremonien verwendet wird.

- *Der Eingang:* Entscheiden Sie abhängig von der materiellen Umgebung, ob ein »offizieller« Eingang in die heilige Stätte festgelegt werden soll. Bei einem solchen Eingang könnte es sich um den natürlichen Weg handeln, der zu dem Ort führt (und vielleicht den einzig möglichen Zugang darstellt), oder um einen rituellen Eingang in einer der vier Himmelsrichtungen, den Sie als die Stelle festlegen, an der Sie

den Ort »offiziell« für zeremonielle Aktivitäten betreten. Manche
Menschen bevorzugen einen Eingang im Osten, da dies die Himmelsrichtung ist, aus der die Sonne jeden Morgen am Himmel Ein-
zug hält. Der Westen ist für Aktivitäten am Abend oder bei Nacht
ebenfalls ein geeigneter Eingang. Es kann auch sein, daß die Gegebenheiten an dem Ort einen rituellen Eingang nahelegen, wenn beispielsweise zwei Bäume in einem entsprechenden Abstand zueinander stehen, eine Spalte zwischen zwei Felsblöcken einen Durchgang
bietet oder Steine in einem Bach sich zur Überquerung des Baches
anbieten. Wenn kein natürlicher Durchgang vorhanden ist, errichten
Sie aus zwei Steinen oder Steinhügeln einen Eingang oder schaffen
Sie mit jungen Bäumen einen Torbogen oder eine Laube als Durchgang.

- *Rituelle Werkzeuge:* Gegebenenfalls können Sie bestimmte rituelle
  Gegenstände an dem Ort zurücklassen, wie z.B. ein Gefäß für das
  Verbrennen von Räucherwerk, Kerzen, Schalen, Kelche, Kessel, eine
  Rassel, andere rituelle Werkzeuge und ähnliches. Sie können ein
  Schränkchen oder eine Kiste verwenden, um die Gegenstände darin
  geschützt aufzubewahren.

- *Einsiedeleien:* In vielen Stammeskulturen verfügen Schamanen über
  spezielle Hütten oder Häuschen, in denen sie ihre spirituellen Aktivitäten und Heilungen durchführen. In der christlichen Tradition Eu-
  ropas hatte die Einsiedelei im Wald eine ähnliche Funktion für Mönche, Nonnen oder Einsiedler, die abseits von der Gesellschaft leben
  und beten wollten. Sie könnten für diesen Zweck einen alten Schup-
  pen verwenden oder eine vorgefertigte Holzhütte kaufen. Wenn Sie
  keinen Platz im Freien dafür haben, ist auch ein Raum oder Bereich
  auf dem Dachboden oder im Keller dafür geeignet. Wie Sie den Platz
  auch gestalten mögen, in jedem Fall wird er ein Refugium werden, in
  dem Sie trommeln, meditieren oder sich einfach nur von den Aktivitäten des Alltags zum Ausruhen und Beten zurückziehen können.

Wenn Sie Ihr Heiligtum oder Ihre rituelle Stätte errichtet haben, weihen
Sie sie förmlich durch eine entsprechende Zeremonie oder durch ein
Treffen mit Menschen, mit denen Sie gemeinsam schamanisch arbeiten,

oder alleine, wenn Sie alleine schamanisch arbeiten. Eine Trommelnacht mit Chanting und Tänzen, die bei Sonnenuntergang beginnt und bis zur Morgendämmerung dauert, ist eine wirkungsvolle Möglichkeit, eine heilige Stätte einzuweihen. Eine einfachere Methode ist es, Ihre Trommelgruppe zusammenzurufen und jeden einzelnen zu den Geistwesen reisen zu lassen, um den Ort in der nichtalltäglichen Wirklichkeit zu feiern, wobei die Beteiligten auch um einen Tanz, ein Lied, ein Gedicht oder ein Ritual bitten können, das sie von der Reise zurückbringen und der Gruppe mitteilen können. Eine andere Möglichkeit besteht darin, daß alle Mitglieder eine Reise machen, um einen Namen für den Ort zu erfahren, und daß entweder nachher in der Gruppe besprochen wird, welcher Name genommen werden soll, oder eine Divination zu den Namen durchgeführt wird, um zu sehen, welchen Namen die Geister wählen. Segnen Sie an-schließend den Ort in einer Zeremonie mit seinem heiligen Namen.

Die Geschichten eines Ortes

Viele indigenen Kulturen kennen Geschichten für bestimmte geographische Orte, heilige Geschichten, die sozusagen zu einem übernatürlichen Archiv eines Platzes werden. In Australien beispielsweise schufen die Schöpfungsgeister des Landes die natürlichen Merkmale der Landschaft durch ihren Gesang. Die Aborigines erhalten die Lieder und Geschichten der Schöpfung immer noch lebendig, indem sie über das Land gehen und die Geschichten immer wieder erzählen, die aus der Traumzeit stammen, in der die Welt erschaffen wurde. Jedem Ort wird ein schützender Tiergeist zugeordnet, und manchen Traditionen zufolge erhalten die Menschen, die an diesen Orten geboren werden, das Geisttier als Totem, das sie ihr Leben lang begleiten wird.

In Irland sind die *Dindsenchas* die gälischen »Liedverse«, Geschichten und Märchen, mit denen die Orte in der materiellen Welt mit den Schöpfungskräften der anderen Welt – häufig Gottheiten, die die Schutzgeister dieser Orte sind und Pilgern Kraft, Segen und Gnade gewähren – in Beziehung gesetzt werden. Beispielsweise wurde die irische Göttin Tailtiu, die Tochter des Gottes der anderen Welt, als die »Große Ebene« bezeichnet. Der Legende nach rodete sie das irische Land und machte es urbar, so daß es bebaut werden konnte. Hierbei überanstrengte sie sich und starb. Ihr Stiefsohn war der Sonnengott Lug, der ihr zu Ehren das Sommerfest zu Lugnasa einführte, das zwei Wochen vor dem 1. August begann und zwei Wochen danach endete. Während dieser Zeit fanden große Jahrmärkte, Pferderennen und athletische Wettkämpfe aller Art statt. Es wurden Hochzeiten vereinbart, und einjährige Ehen auf Probe begannen zu diesem Zeitpunkt. In der Gegend um das heutige Teltown sollen die Lugnasa-Feiern stattgefunden haben.

In Stammeskulturen ist die Landschaft der materiellen Welt übersät mit heiligen Orten und Landschaftsmerkmalen, die von der Kraft der anderen Welt erfüllt sind. Die Menschen verstanden die Beziehung zwischen bestimmten Orten und ihren Gegenstücken in der geistigen Welt traditionell durch die überlieferten Geschichten, mythischen Beschreibungen und alten Lieder, in denen die Netzlinien der Bedeutung deutlich zum Ausdruck kamen, die von den Merkmalen des Landes in der materiellen Welt zu den entsprechenden Merkmalen in der geistigen Welt verliefen. Durch einen Wald, über eine Wiese oder über einen Hügel zu gehen, bedeutete, sich auf heiligem Boden zu bewegen.

Uns modernen Menschen fehlt häufig diese enge Beziehung zu dem Land, auf dem wir leben. In der modernen Kultur werden die alten Geschichten nicht bewahrt oder überliefert, und falls dies doch geschieht, neigen wir dazu, sie als Aberglauben abzutun, falls wir sie überhaupt verstehen. Meist haben wir jedoch den Eindruck, daß in ihnen obskure Menschen, Ereignisse und »mythische« Charaktere erwähnt werden, die für uns keine Bedeutung haben. Als Menschen, die Core-Schamanismus praktizieren, pflegen wir eine alte Form der Spiritualität und passen diese unseren Bedürfnissen entsprechend an, uns fehlt jedoch der »irdische« Rahmen der materiellen Welt voller heiliger Bedeutungen, aus dem wir bei unserer Praxis des Schamanismus schöpfen könnten. Unsere Praxis des Schamanismus ist nicht nur eine mentale Aktivität, sondern findet in der materiellen Welt statt und sollte daher in den Landschaften, die heilige Geschichten enthalten, fest verwurzelt sein.

Wir können uns natürlich mit den alten Geschichten und Legenden der indigenen Menschen unserer Gegend befassen. Es ist gut, diese Geschichten zu kennen und zu ehren und sich an die Geschichten über bestimmte Berge, Flüsse, Seen oder Täler erinnern zu können, wenn wir sie sehen oder an diesen vorbeikommen. Unser Ziel als Menschen, die

Core-Schamanismus praktizieren, ist es jedoch nicht, die spirituellen Traditionen anderer Völker willkürlich zu übernehmen, auch können wir nicht immer die Charaktere und Ereignisse ihrer Geschichten in unsere Praxis des Schamanismus integrieren, obwohl wir wissen, daß die Kenntnis dieser Geschichten unsere Fähigkeit stärkt, intelligent und spirituell in einer Gegend zu leben.

Beispielsweise möchte jemand, der in Australien lebt und vielleicht einige der Traumgesänge kennt, die von den Aborigines erzählt werden, selbstverständlich die Landschaftsformen, die er in seinem alltäglichen Leben sieht, in seine Praxis des Schamanismus miteinbeziehen. Die kosmischen und natürlichen Kräfte, die die Landschaft schufen – unterirdische Flüsse, Stürme, Erdaufwölbungen usw. –, sind die schöpferischen Ahnen, die das Land mit der Lebenskraft erfüllten, die es den Menschen ermöglicht hat, dort mehr als hunderttausend Jahre lang glücklich zu leben. Die Geschichten über diese Ahnen, die von Generation zu Generation weitergegeben wurden, können für jemanden, der in Australien lebt, zwar inspirierend sein, wenn jedoch jemand, der selbst nicht zur indigenen Bevölkerung des Landes gehört, diese Geschichten in die eigene Praxis des Schamanismus zu integrieren versuchte, würden sie wahrscheinlich nichtssagend und unecht erscheinen.

Die einheimischen Geschichten der Gegend über die »Urzeit« nicht vollständig nutzen (oder überhaupt verstehen) zu können, bringt uns in die paradoxe Situation, daß wir einerseits mit den Geistwesen eines Ortes arbeiten möchten, andererseits die Gestalten, Formen, Geschichten und Assoziationen für diese Geistwesen jedoch von den archaischen verwandtschaftlichen Bindungen eines anderes Volkes zu dem Land zeugen und nicht von unseren eigenen Bindungen. Die Geschichten enthalten vielleicht nicht die numinosen Eigenschaften, die wir bräuchten, damit sie für unsere spirituellen Praktiken von Bedeutung sind. Daher müssen wir die Geistwesen bitten, uns neue Geschichten und neue Liedverse zu erzählen, die für unsere individuellen Bemühungen besser geeignet sind, das Numinose im heutigen Leben zu finden. Die Ortsgeister sind nicht auf die alten Geschichten festgelegt, sie können diese Geschichten an die heutige Zeit und an heutige Suchende anpassen.

Bei einer Reise, die dem Zweck dient, die neuen Geschichten kennenzulernen, sollten Sie damit beginnen, daß Sie Ihr Krafttier bitten, Sie zu dem Geist eines Ortes zu bringen, der für Sie in Ihrem jetzigen Leben wichtig ist und dessen für Sie bedeutungsvolle Geschichte der geistigen Dimension Sie erfahren möchten. Es empfiehlt sich, darum zu bitten, die Geschichte stückweise mitgeteilt zu bekommen, damit Sie die einzelnen Teile langsam aufnehmen können, so daß die ganze Geschichte in Ihrem Bewußtsein allmählich wachsen kann und Sie ihre Bedeutungen und ihren Stellenwert für Sie nach und nach »wohldosiert« erkennen können. Wenn Sie eine vollständige Geschichte sozusagen auf einen Schlag erhalten, könnte das so auf uns wirken wie die fertigen Geschichten, mit denen wir ständig im Fernsehen und im Kino bombardiert werden – sie gehen zum einen Ohr hinein und zum anderen wieder hinaus. Indigene Völker haben ihre heiligen Geschichten langsam erfahren, manchmal Stück für Stück, eingebunden in einen jahrelangen Prozeß der Einweihung, der von der Kindheit bis zum Erwachsenenalter dauerte. Die Geschichten gaben ihre Geheimnisse nach und nach preis.

Sie können den Prozeß, Ihre Geschichten nach und nach zu erfahren, zum Beispiel damit in Gang setzen, daß Sie dem Geist eines Ortes die folgenden Fragen stellen:

- Bin ich dir in meinem Leben schon einmal begegnet?

- In welcher Form bist du oder deine Kraft mir damals erschienen oder hast dich mir manifestiert?

- Was habe ich im Laufe der Jahre seit dieser Zeit von dir vergessen?

- Beeinflußt du mich in einer anderen Form oder Gestalt weiterhin, ohne daß ich erkenne, daß du das bist?

Mit Hilfe dieser Fragen werden Sie sich mit dem Geist eines Ortes anhand Ihrer eigenen Lebensgeschichte anfreunden, und Sie können die ganze Geschichte allmählich Gestalt und Bedeutung annehmen lassen und verschiedene Aspekte der Geschichte würdigen, um sie vollständig in Ihr Bewußtsein zu integrieren. Wenn die Aspekte der Geschichte für Sie zur zweiten Natur werden, werden Sie erkennen, daß sie tatsächlich und wirklich Teil Ihrer spirituellen Entwicklungsreise ist und nicht etwas, das Sie aus den Traditionen eines anderen Volkes übernommen haben.

Ein Beispiel: Nehmen wir einmal an, Sie leben in den Vereinigten Staaten in der Nähe eines kleinen Berges mit einem Felsvorsprung über einem Fluß. Sie leben dort bereits seit einigen Jahren. Nun möchten Sie den Geist dieses Ortes kennenlernen – den Geist des Felsvorsprungs –, da Sie den Ort aufsuchen, um dort zu trommeln und zu meditieren, und Sie möchten die Geschichte des Ortes erfahren. Sie kennen alte Legenden, denen zufolge der Felsvorsprung von Indianern für die Visionssuche benutzt wurde, bevor der Stamm aus der Gegend vertrieben wurde, und es gibt Geschichten aus der Pionierzeit, die besagen, daß dort unglücklich Verliebte in den Tod gesprungen sind. Sie kennen spezielle, detaillierte Geschichten aus beiden Traditionen, aber keine ist für Ihre derzeitige Praxis des Schamanismus geeignet. Die Energie des Felsvorsprungs wurde eindeutig durch frühere menschliche Erfahrungen stark geprägt, und der Geist des Felsvorsprungs übt eindeutig eine starke Anziehungskraft auf Sie aus.

Wenn Sie sich dem Geist des Felsvorsprungs mit Fragen ähnlich der oben vorgeschlagenen nähern, erfahren Sie vielleicht etwas Ähnliches wie folgendes: Der Geist des Felsvorsprungs ist die gleiche Art von Kraft wie die des Flußufers, das Sie während Ihrer College-Zeit aufsuchten, um dort zu lernen und Pläne für Ihre Zukunft zu machen. Was Sie über den Geist vergessen haben, ist die Tatsache, daß der Geist eine Quelle der Stärke und des Mutes für die Planung wichtiger Veränderungen in Ihrem Leben darstellt. Der Geist des Felsvorsprungs weist Sie vielleicht darauf hin, daß der Geist Ihrer verstorbenen Großmutter, der Sie gelegentlich bei schamanischen Reisen begegnen und die in Augenblicken der Reflexion mit Ihnen kommuniziert, das gleiche Bedürfnis in Ihrem Leben erfüllt wie der Geist des Flußufers und der Geist des Felsvorsprungs. Sie gibt Ihnen Ratschläge ähnlich wie zu der Zeit, als sie noch am Leben war. Mit anderen Worten: Flußufer, Großmutter und Felsvorsprung stellen ein Trio von Geistwesen dar, die ähnliche Funktionen in Ihrem Leben haben. Wenn Sie dies wissen, wird der Felsvorsprung selbst, das heißt der Ort über dem Fluß in der materiellen Wirklichkeit, zu einem Teil Ihrer Vergangenheit, Ihrer Familie und Ihrer momentanen Lebenssituation. Seine Geschichte beginnt, als Teil Ihrer persönlichen Mythologie Gestalt anzunehmen.

Vertiefen Sie Ihre Reisen und Meditationen, damit diese Geschichte fest in Ihr vergangenes und jetziges Leben und das Leben des Felsvorsprungs über dem Fluß eingeflochten wird. Sie können den Geist des Felsvorsprungs schließlich nach seinem Namen fragen und ihn bitten, Ihnen andere Geschichten darüber zu erzählen, was sich an dem Ort zugetragen hat oder bei welchen Ereignissen er eine Rolle gespielt hat, und Sie zu lehren, wie Sie eine stärkere spirituelle Verbindung zu dem Ort herstellen können. Mit der Zeit wird sich eine Geschichte herausbilden, die persönlich, tröstlich und stärkend ist, eine Geschichte, die Teil der heiligen Archive wird, die Ihr Leben enthalten. Bei dem genannten Beispiel könnte es sich herausstellen, daß die Geschichte, die sowohl aus den Erzählungen des Geistes als auch aus Ihren eigenen meditativen Betrachtungen über die Einzelheiten entsteht, einige der Elemente aus den Geschichten der Indianer und den Legenden aus der Pionierzeit enthält, die für Ihren eigenen spirituellen Weg von Bedeutung sind. Vielleicht erweist sich auch, daß keine der älteren Geschichten für Sie bedeutungsvoll ist, und die Geschichte des Ortes ist wirklich ein einzigartiger, persönlicher Liedvers, den nur Sie und der Geist des Ortes kennen.

Ley-Linien, Energielinien und Feenwege

Es besteht die allgemeine Auffassung, daß die Erde von einem Netz von Lebenskräften und Energien überzogen wird, die Einfluß auf die menschliche Aktivität haben, insbesondere auf das Anlegen von Straßenwegen und das Errichten sakraler Bauwerke. In der westlichen Welt begann das moderne Interesse an dieser Art von Vernetzung im Jahre 1921, als ALFRED WATKINS eine Linie bemerkte, die über die englische Landschaft verlief und Kirchen, Brunnen, Schlösser, aufrecht stehende Steine sowie andere Markierungen miteinander verband, was darauf schließen ließ, daß sich die Menschen nicht zufällig an diesen unsichtbaren Weg hielten. Er nannte diesen Weg natürlicher und von Menschenhand geschaffener Artefakte »The Old Straight Track« (der alte gerade Weg). Diese Energie-linien wurden schließlich als »Ley-Linien« bezeichnet und haben Wissenschaftler, Metaphysiker, Spiritisten, Wünschelrutengänger und Volkskundler dazu inspiriert, nach ihrer tieferen Bedeutung zu forschen. Ähnliche Linien oder Wege wurden auch auf anderen Kontinenten entdeckt und fallen häufig mit neolithischen

Strukturen zusammen, so daß man annehmen kann, daß unsere Vorfahren auf der ganzen Welt die Erdkräfte wahrnehmen konnten, die für die menschlichen Sinne üblicherweise nicht wahrnehmbar sind, und daß diese Kräfte das Netz bildeten, auf dem die Menschen einige ihrer stärksten spirituellen Bestrebungen zum Ausdruck brachten.

Ähnliche Vorstellungen von Energielinien findet man auch in der chinesischen Kunst des Feng Shui, einer alten Lehre, bei der die natürlichen Energien eines Ortes als spirituelle Vorlage für das Bauen und die Nutzung des Landes berücksichtigt werden. In Irland sind ähnliche Erdkräfte als Feenwege bekannt, die von manchen Baumeistern auch heute noch ernst genommen werden. Wenn man ein Haus auf einem Feenweg baut, unterbricht man die gewohnten Reisewege der Feen, und sie können sich dafür rächen, indem sie ein Unglück herbeiführen oder das Haus selbst zerbröckeln lassen. Eine traditionelle Möglichkeit, vor dem Baubeginn zu prüfen, ob das Haus auf einem Feenweg steht, besteht darin, vier Grassodenstücke an den vier geplanten Ecken des Hauses umzudrehen und dort zwei oder drei Tage lang liegen zu lassen. Wenn man nach dieser Zeit zurückkommt und eines der Grassodenstücke inzwischen wieder umgedreht wurde, ist dies eine Warnung der Feen. In diesem Fall sollte ein anderer Standort für das Haus gewählt werden, oder das Haus sollte neu geplant werden, so daß es nicht auf dem Feenweg steht.

Die Menschen fühlen sich von Natur aus zu Ley-Linien und Feenorten hingezogen, da dort die Energien der Erde besonders stark sind; diese Plätze sind natürliche Orte der Kraft, an denen unsere Sinne am schärfsten sind und unsere bewußte Achtsamkeit erhellt und gesteigert wird. In unterschiedlichem Maße durchdringt uns ein köperliches, geistiges, emotionales und spirituelles Wohlgefühl; es fühlt sich gut an, an dem Ort zu sein. Und dies ist es im allgemeinen auch, sofern Sie den Ort nicht zu einem Zweck benutzen möchten, der nicht in Einklang mit den Interessen der Ortsgeister ist. Als schamanisch Tätige sollten wir die natürlichen Energielinien kennen, die unsere Gegend durchziehen, und wir sollten in Übereinstimmung mit diesen Linien leben.

Die übliche Methode, Energielinien zu suchen, ist die Verwendung einer Wünschelrute oder eines Pendels. Bücher zu diesem Verfahren und über Ley-Linien können Ihnen Informationen darüber liefern, wie Sie vorgehen sollten. Es gibt jedoch auch eine schamanische Methode dafür, die natürlichen Ströme der Energie in einem Gebiet herauszufinden, die ebenso hilfreich sein kann oder sogar noch wirksamer ist. Machen Sie mit Ihrem Krafttier eine Reise, um die Kraftlinien zu sehen, das Netz der spirituellen Energie, das dem Terrain Ihrer Umgebung zugrunde liegt. Wenn Sie sich über die tatsächlichen Gegebenheiten der Landschaft in der materiellen Welt im klaren sein möchten, die Sie während der schamanischen Reise von einer Perspektive in der geistigen Welt aus sehen werden, können Sie vor der Reise eine topographische Karte studieren, um sich mit den wichtigsten landschaftlichen Merkmalen der Gegend vertraut zu machen. Achten Sie darauf, wo sich der höchste Berg oder Hügel, die wichtigen Flüsse, Bäche und Seen befinden, welche Form die Küstenlinie hat, sowie auf bedeutende Höhenänderungen und verschiedene Täler. Beachten Sie, in welche Richtung Bergketten, Flüsse und Täler verlaufen. Sie brauchen die Landkarte nicht auswendig zu lernen oder die genauen Höhenangaben zu kennen. Versuchen Sie einfach, sich einen Eindruck davon zu verschaffen, wie die Gegend von oben aussehen wird.

Machen Sie anschließend eine Reise in der mittleren Welt, bei der Sie folgendermaßen vorgehen:

1. Steigen Sie mit Ihrem Krafttier in die Höhe, so daß Sie das Gebiet überblicken können, oder fliegen Sie mit Ihrem Krafttier über das Gebiet.

2. Bitten Sie die Geistwesen, Sie die Energieströme, Ley-Linien und Feenwege sehen zu lassen, die durch die natürliche Landschaft und entlang landschaftlicher Merkmale verlaufen.

3. Bitten Sie auch darum, die Muster in der geistigen Welt sehen zu dürfen, die möglicherweise mit dem Gelände in der materiellen Welt übereinstimmen. Bei diesen Mustern kann es sich um Spiralen, Netze, Wellen, Kuppeln oder kreisförmige Strukturen mit einer dreidimensionalen Komponente handeln. Diese Energielinien und -muster können in unterschiedlichen Farben oder Texturen erscheinen.

4. Bitten Sie während der Reise oder später – vielleicht bei einer Wanderung durch den betreffenden Teil der Landschaft – darum, gezeigt zu bekommen, welchem Zweck die Energie der verschiedenen Plätze

dient, wie Sie in Harmonie mit dieser Energie leben können und wie Sie sie nutzen können (falls möglich), um das ökologische Gleichgewicht zu erhalten. Dies bedeutet, daß Sie als Mitglied der biotischen und geologischen Lebensgemeinschaften der Gegend herausfinden sollten, wie Sie die ökologische Gesundheit des Gebietes sowohl auf der Ebene der materiellen Welt als auch auf der Ebene der geistigen Welt fördern können.

5. Finden Sie heraus, welche Aufgaben Sie in der Gegend haben. Es kann sein, daß die Landgeister möchten, daß Sie bestimmte Rituale an bestimmten Orten oder für bestimmte Orte zu verschiedenen Zeiten des Jahres vollziehen, beispielsweise bei Sonnenwenden und Tagundnachtgleichen.

Wallfahrt, nächtliches Wachen und Visionssuche

Es gibt eine alte Geschichte über einen sehr korrekten englischen Anthropologen, der durch ein fernes Land reiste und dort die Eingeborenen befragte und studierte. Als er einmal sein Lager zwischen zwei Dörfern aufgeschlagen hatte, hörte er eines abends tief im Wald eine Trommel. Da er neugierig war, setzte er seine Teetasse ab und machte sich auf den Weg in die Richtung, aus der das Trommeln kam. Er gelangte zu einer Lichtung, auf der ein Mann trommelte und um ein Feuer tanzte. Der Mann begleitete sein Tanzen mit Sprechgesängen und Liedern, legte die Trommel nieder, nahm Rasseln und setzte seine ekstatischen Bewegungen um das Feuer fort. Nach ungefähr einer Stunde ständigen Tanzens, Trommelns und Rasselns setzte sich der Mann, um sich auszuruhen. Da ging der Anthropologe auf ihn zu und sagte höflich: »Sir, ich habe Ihrem Ritual voller Bewunderung zugesehen. Sagen Sie mir doch, um was es dabei geht. Warum sind Sie hier ganz alleine und tanzen, trommeln, rasseln und singen? Was bedeutet das alles?« Der Eingeborene sah ihn erstaunt an und fragte: »Wie meinen Sie das, ›ganz alleine‹?«

Hier hatte der Engländer also noch einiges zu lernen, dem die Sichtweise indigener Völker fremd war, die wie z.B. die Dakota-Sioux ihre

Kinder lehren, daß es so etwas wie völlige Einsamkeit nicht gibt. Wohin wir auch gehen, sind wir von Leben umgeben – das ein Bewußtsein hat, reagiert und mit uns kommunizieren kann. Bei spirituellen Aktivitäten, auch wenn sie in der anscheinend abgeschiedenen Wildnis der Natur stattfinden, sind wir niemals wirklich »allein«, da die sogenannte Wildnis dicht von Geistwesen bevölkert ist. Indem ein Schamane »mit den Geistern alleine ist«, wird ihm Weisheit zuteil. IGJUGARJUK, ein Caribou-Eskimo-Schamane hat dies folgendermaßen ausgedrückt:

> Wahre Weisheit wird nur fern der Menschen gefunden, draußen in der großen Einsamkeit, und man findet sie nicht im Spiel, sondern nur durch Leiden. Einsamkeit und Leiden schließen den menschlichen Geist auf, und daher muß ein Schamane seine Weisheit dort suchen.[3]

Es sollte Bestandteil unserer spirituellen Lebensweise sein, immer wieder Zeit in der Einsamkeit der Natur zu verbringen. Wir alle brauchen das, insbesondere jene Menschen, die in einer überfüllten und dicht besiedelten städtischen Umgebung leben, aber auch schamanisch Tätige, die auf dem Lande leben, sollten ab und zu ihren gewöhnlichen Alltag, ihre Familie und Freunde verlassen, um mit den Geistwesen alleine zu sein. Es gibt drei Möglichkeiten, sich in diese Zeit der Weisheit zu begeben: Wallfahrt, nächtliches Wachen und Visionssuche.

Wallfahrt

Ich verwende das Wort *Wallfahrt* absichtlich, um auf die Heiligkeit dieser Art von Aktivität hinzuweisen. Geschichtlich gesehen ist eine Wallfahrt eine Reise zu einem Ort, der als heilig gilt und entweder eine offiziell erbaute Stätte ist, die für eine organisierte Religion von Bedeutung ist, wie z.B. Tempel, Kirchen und Schreine, oder ein natürlicher Ort, den eine religiöse Tradition aus einem bestimmten Grund für wichtig hält. Bei den natürlichen Orten, wie z.B. Quellen oder Brunnen, kann es sich um Stellen handeln, an denen wundersame Heilungen stattfinden, oder um Stellen, an denen sich ein wichtiges Ereignis in der Geschichte der jeweiligen Religion abgespielt hat, wie z.B. der Ort, an dem der Begründer oder einer der Führer der Religion erleuchtet wurde oder vielleicht verstarb.

Für den schamanisch Tätigen kann die Wallfahrt zu einem heiligen Ort in der Natur einfach eine mehrstündige Wanderung zu einem Wasserfall oder einem Wäldchen sein, einem Ort, an dem Sie eine dauerhafte Beziehung zu den Geistwesen haben oder den Sie aufsuchen, um einfache Rituale zu vollziehen. Wir sollten Tageswanderungen als eine Form der spirituellen Übung nicht geringschätzen. Sogar eine Wanderung auf einem unbekannten Waldweg oder einem Weg durch ein Naturgebiet, den Sie noch nie begangen haben, kann im Sinne einer Wallfahrt durchgeführt werden, um der Natur näher zu sein, als Sie es gewöhnlich in Ihrem Alltagsleben sind, und um Unterweisung und Wissen von den Geistern des Ortes oder von Ihren eigenen Geistern zu erhalten, die Sie auf der Wanderung begleiten.

Als sportliche Betätigungen führen uns das Wandern, Campen, Bergsteigen oder Kanufahren hinaus in die natürliche Welt. Durch unseren körperlichen Einsatz zeigen wir den Geistwesen, daß wir unsere Praxis des Schamanismus ernst nehmen, und die »kleinen« Leiden, die auf dem Wege auftreten können – Müdigkeit, Durst, Schwitzen, Blasen, Kratzer und Insektenstiche – sind Zeichen unserer Entschlossenheit, die Natur und die Kräfte der Natur körperlich zu erfahren. Wie Igjugarjuk sagt, ist es das Leiden, das uns zur Weisheit führt.

Nächtliches Wachen

Das Durchwachen einer Nacht wird bereits seit langer Zeit als Bestandteil spiritueller Bemühungen gewürdigt: Man verbringt eine Nacht im Gebet in einer Kapelle, einem Heiligtum, auf einem Friedhof oder auch in der eigenen Wohnung. Auch wenn man sich nicht die ganze Nacht lang auf das Gebet konzentrieren kann, ist das Wachen während der Mitternachtsstunden eine spirituell lohnende Handlung. Als schamanisch Tätige können wir zuhause oder an einem Platz im Freien wachen, den wir als eine heilige Stätte betrachten. Eine Nacht an einem Kraftplatz zu durchwachen, dabei zu beten oder zu trommeln, ist in der Tat eine ideale Methode, um den Ort zu segnen und zu Ihrem eigenen heiligen Ort zu machen.

Sie können an dem Tag vor der durchwachten Nacht fasten und bis zum Frühstück am nächsten Morgen nur Flüssigkeit zu sich nehmen. Richten Sie es so ein, daß Sie vor Sonnenuntergang an dem Ort ankommen, am besten noch früh am Tag, damit Sie Ihren Aufenthalt an dem Ort noch voll nutzen können. Sammeln Sie Holz für ein Feuer, falls Sie möchten. Vielleicht möchten Sie sich aber nicht damit beschäftigen und statt dessen lieber Ihren Geist und Ihre Aufmerksamkeit für das nächtliche Wachen frei halten. Andererseits kann die Gesellschaft von Feuergeistern Geborgenheit vermitteln und lehrreich sein.

Nehmen Sie sich vor, von Sonnenuntergang bis Sonnenaufgang wach zu bleiben. Falls Sie dennoch einschlafen, sollten Sie sich selbst gegenüber nicht zu kritisch sein oder das Wachen als Fehlschlag betrachten. Nicht jeder kann eine ganze Nacht lang wach bleiben, und es kann sehr wohl sein, daß die Geister Ihren Schlaf mit Träumen erfüllen werden, die Sie lehren und stärken. Wenn Sie einschlafen, so ist dies auch eine Lektion über unsere Schwächen, unsere körperlichen Bedürfnisse und die Notwendigkeit, es noch einmal zu versuchen. Kein Versuch ist umsonst, wenn die Absichten rein sind.

Visionssuche

Eine Visionssuche ist ein längerer Aufenthalt an einsamen Plätzen in der Natur, der häufig drei bis vier Tage dauert. In manchen Kulturen bleibt der Visionssuchende, der fastet und nackt ist, in einer sitzenden Haltung wach und vollzieht unter Umständen einfache Rituale oder spricht bestimmte Gebete und fleht die Geistwesen an, ihm eine machtvolle Vision zu senden, die sein Leben verändern wird. Welche Bräuche der Visionssuche in verschiedenen Gesellschaften üblich sind und waren, können Sie in der Literatur nachlesen. Berücksichtigen Sie, daß Sie nicht den Brauch einer Kultur vollständig übernehmen und auf die gleiche Weise ausführen müssen. Im Sinne des Core-Schamanismus sollten Sie sich mit den verschiedenen Methoden der Visionssuche vertraut machen und dann die Elemente auswählen, die für Sie ansprechend sind. Machen Sie eine Reise zu diesem Thema, und fragen Sie Ihre Hilfsgeister, wie Sie eine Visionssuche planen sollen, die für Ihre Zwecke geeignet ist. Es gibt keine Methode der Visionssuche, die die einzig richtige wäre. Sie können statt einer Decke einen Schlafsack nehmen, Sie können eine Flasche Wasser zum Trinken mitnehmen und Sie können Insektenschutzmittel verwenden. Sie selbst und Ihre geistigen Lehrer können entscheiden, was Sie mitnehmen sollten und was nicht, wobei zu berücksichtigen ist, daß jeder von uns die Visionssuche mit unterschiedlichen Bedürfnissen und Erwartungen angeht. Auch das Niveau der spirituellen und körperlichen Entwicklung ist von Mensch zu Mensch verschieden, daher kann etwas, das für den einen richtig ist, für den anderen falsch sein, und umgekehrt.

Generell ist es empfehlenswert, soviel »Kram« zurückzulassen wie möglich: Lesestoff, Tagebuch und Schreibzeug, Musikkassetten, Kleidung und andere Sachen, die uns als Krücken dienen – Dinge, von denen wir meinen, nicht ohne sie leben zu können. Eines der Ziele der Visionssuche ist es, uns zu lehren, daß wir ohne unsere »Sicherheitsnetze« überlebensfähig sind. Vielen Menschen, die rituelle Gegenstände als Teil ihrer spirituellen Übungen benutzen, kann es sehr schwer fallen, sogar diese Gegenstände zuhause zu lassen. Ein Lieblingskristall, eine Rassel, Räucherwerk und sogar eine Trommel können spirituelle Krücken sein, die unserem Ziel der Einsamkeit und Entbehrung entgegengesetzt sind, das uns – wie wir hoffen – zur Weisheit führen wird. Jeder Mensch muß selbst entscheiden, welche Entbehrungen und Leiden er ertragen möchte, sollte dabei jedoch bedenken, daß stets die Möglichkeit besteht, später weitere Visionssuchen zu unternehmen, bei denen man dann die Intensität steigern kann.

Wie bereits erwähnt wurde, sollten Sie bei einem geplanten Aufenthalt in der Natur – auch wenn Sie nur eine Nacht lang wachen möchten – stets andere vorher über Ihren Aufenthaltsort und den geplanten Zeitpunkt Ihrer Rückkehr informieren. Außerdem sollten Sie soweit möglich vorher prüfen, ober der von Ihnen gewählte Platz sicher ist. In Flußbetten kann es zu einem plötzlichen flutartigen Wasseranstieg kommen; in manchen Regionen fallen die Temperaturen nach Sonnenuntergang rasch ab; zwielichtige Gestalten treiben sich in manchen Gegenden und auf Wanderwegen auf der Suche nach jemandem herum, den sie ausrauben oder belästigen können.

Der Schamanismus als spiritueller Weg sollte uns starke ökologische Eindrücke vermitteln, die zeigen, wie vielschichtig die Wechselbeziehungen zwischen der Natur und dem menschlichen Leben sind. Das spirituelle Leben der Natur ist von unserem eigenen nicht getrennt. Wir können von einer schamanischen Perspektive aus sogar argumentieren, daß unser spirituelles Leben von und aus den natürlichen Kräften der Erde entsteht. Unsere Beschäftigung mit Schamanismus, sofern sie uns wieder zu den unberührten und freien Plätzen in der Natur führt, bestätigt und vertieft diese Auffassung. Auch wenn wir relative Neulinge sind, die in einer Gegend leben, die möglicherweise nicht die Heimat unserer eigenen Vorfahren war, können wir damit beginnen, uns den Geistern des Ortes zu verpflichten, an dem wir leben, und mit ihnen einen Bund auf der Grundlage gegenseitigen Respekts und gegenseitiger Hilfe schließen.

SIEBENTES KAPITEL

DIE GEHEIMNISSE
DER KINDHEIT

Ich kann mich daran erinnern, wie ich das erste Mal eine Antwort auf die Frage hörte, »Wie sind Sie zum Schamanismus gekommen?« Es war bei einem Wochenendseminar in der Mitte der 80er Jahre, und die Frau, die gefragt worden war, gab folgende Antwort: »Ich habe vor ungefähr acht Jahren ein Buch über Schamanismus gelesen und nahm dann Kontakt zu Indianern auf.« Der Fragesteller lächelte, nickte und schien mit der Antwort ganz zufrieden zu sein, aber die Frau fuhr fast ohne Atempause fort: »Aber als ich ein Kind war, wissen Sie, da wußte ich, daß es Geister im Wald gab, und ich hatte einen Lieblingsplatz im Wald an einem Bach, wohin ich regelmäßig ging und mit den Geistern sprach.« Als ich das hörte, war es wie ein Déjà-vu-Erlebnis: Ich hätte genau dieselbe Antwort geben können.

Seit diesem Zeitpunkt habe ich immer wieder festgestellt, daß die meisten Menschen auf die Frage, was sie zum Schamanismus geführt habe, eine aus zwei Teilen bestehende Antwort geben. Zuerst sagen sie, daß sie vor fünf, acht oder zehn Jahren »einem Schamanen begegneten« oder »an einem Kurs über Schamanismus teilnahmen« oder »ein Buch über Schamanismus lasen«. Anschließend geben sie eine zweite Antwort, die weitaus mehr über ihre spirituelle Suche aussagt. Sie sagen dann etwas wie: »Aber als ich ein Kind war, sah ich immer Elfen im Garten.« oder »Wenn ich mit meiner Familie einen Ausflug in die Natur machte, sprach ich mit den Geistern im Wald.« oder »Wenn ich den lateinischen Gesängen des Kirchenchores zuhörte, geriet ich in einen veränderten Bewußtseinszustand und hatte Visionen von Heiligen und Engeln.«. Viele gestehen, daß sie unsichtbare Freunde oder Schutzengel hatten, zu denen sie komplexe dauerhafte Beziehungen pflegten.

Schamanisch arbeitende Menschen erkennen instinktiv Parallelen zwischen ihrer Beschäftigung mit Schamanismus und ihren Kindheitserlebnissen. Paradoxerweise fühlen sich diese Menschen häufig als schamanisch Tätige benachteiligt, weil sie nicht in indigenen Kulturen geboren wurden und aufgewachsen sind, deren Angehörige in einer engen Beziehung zum Land, zu den Tieren und zu den Geistern der Natur leben. Das »Möchtegern«-Syndrom kann einen großen Einfluß haben. Und diese Menschen mögen recht haben. Kinder, die in kulturellen Umgebungen aufwachsen, in denen die Menschen die spirituelle Dimension der Natur anerkennen und würdigen, finden bei ihren Eltern Ermutigung und Unterstützung, wenn sie den natürlichen Mystizismus der Kindheit entwickeln. AMERICO YABAR, ein Schamane des Q'ero-Stammes, der in den Anden im mittleren Südperu lebt, erklärt dies folgendermaßen:

> Bereits das Leben in den Bergen bringt einem Kind einen spirituellen Vorteil. Von Geburt an ist das Kind in der Nähe des Feuers und unter den Sternen. Das Kind stellt eine Beziehung zu dem Alpaka und dem Puma her. Das Kind spricht auf ganz natürliche Art mit den Steinen und mit den Pflanzen. In den Bergen finden magische Wechselwirkungen mit den Elementen täglich statt. Daher wissen selbst die Kinder mit Gewißheit, daß ihre Welt von Geistwesen bevölkert ist – der Fluß hat einen Geist, der Baum hat einen Geist, der Stein hat einen Geist.[1]

Die Erfahrungen der Q'ero-Kinder sind typisch für Kinder auf der ganzen Welt, ganz unabhängig von ihrer Lebensumgebung. Die Kinder kommunizieren spontan mit Tieren, Vögeln, Blumen und Spielzeugen. In den meisten modernen Kulturen können sie diese Gewohnheit jedoch nicht bis zum Erwachsenenalter beibehalten, aber die Erinnerung an diese Erfahrungen überlebt auf einer unbewußten Ebene und taucht dann wieder im Bewußtsein auf, wenn Menschen beginnen, sich aktiv mit Schamanismus zu befassen. Sie stellen überrascht fest, daß sie solche Sachen schon früher gemacht haben.

Eine ähnliche Erfahrung machte KAI DONNER, der zu Beginn des zwanzigsten Jahrhunderts die Samojeden in Südsibirien besuchte. Er saß mit einigen der Stammesleute um das Feuer und hörte zu, wie alte

Männer Legenden erzählten und Schamanen von ihren Reisen in die obere und die untere Welt berichteten.

> Plötzlich fühlte ich mich wie ein Kind, wie in der Kindheit. Ich stellte mir vor, daß jeder Gegenstand seinen Geist besitze, daß Wasser und Erde von geheimnisvollen, unsichtbaren Wesen bevölkert seien, die auf unterklärliche Weise den Lauf der Welt und das Schicksal der Menschen regelten. In der unberührten Wildnis und ihrer ewigen Stille umfingen mich traditionelle Mystik und religiöses Geheimnis, durch die der Glaube so viele Dinge erfährt.[2]

Die traditionelle Mystik und das religiöse Geheimnis, von denen Donner spricht, sind charakteristisch für die Kindheit, und die spontan wiederkehrenden Kindheitserinnerungen von Menschen, die in späteren Jahren schamanische Praktiken kennenlernen, und zeugen von dem Fortbestand dieser Mystik. Unser angeborener Mystizismus, der auf dem langen, beschwerlichen Weg des Erwachsenwerdens zu verblassen scheint, wird niemals ganz ausgelöscht. Bereits die allereinfachste Handlung – auf dem Boden in einem Kreis um eine Kerze zu sitzen, eine Rassel in einem halbdunklen Raum zu schütteln, dem archaischen Geräusch einer Trommel zu lauschen, die mit dem vertrauten Schlagen unseres Herzens mittönt – kann die Gedanken und Gefühle des »Kind-Schamanen-Mystikers« wiedererwecken, der tief in uns verborgen ist.

Es ist nicht so, daß wir den Schamanismus später im Leben »entdecken« würden, ohne über jegliche frühere schamanische Erfahrungen zu verfügen. Unsere ersten mystischen Erfahrungen und spirituellen Entdeckungen machten wir, als wir noch sehr jung waren, und wir können uns auf diese übernatürlichen Abenteuer stützen, um schamanisches Wissen für unsere heutige Praxis des Core-Schamanismus zu finden. Im vorliegenden Kapitel werden wir den natürlichen Schamanismus von Kindern betrachten sowie die starken gesellschaftlichen und kulturellen Kräfte, die ihm entgegenwirken, und wir werden Methoden dafür kennenlernen, wie wir den Geist und die Geheimnisse unserer eigenen Kindheit wiedererwecken und wiederfinden können, die uns unsere ersten schamanischen Erfahrungen vermittelten.

Die Herausbildung der Kindheit
als eigene Lebensphase

Die Kindheit, wie wir sie heute kennen, existiert in der westlichen Welt erst seit ungefähr dem Beginn des 17. Jahrhunderts. Bei der Untersuchung des Familienlebens in Westeuropa stellten Sozialhistoriker fest, daß seit ungefähr dem Beginn des 17. Jahrhunderts Kinder der Mittelschicht eine Art der Ausbildung – und somit auch eine Lebensweise – erhielten, die bis zum 19. Jahrhundert auch auf die Kinder niedrigerer sozialer Schichten und der Arbeiterschicht ausgedehnt wurde. Heutzutage, im 20. Jahrhundert, gehen wir ganz selbstverständlich davon aus, daß jeder Junge und jedes Mädchen diesen Weg von der Geburt bis zum Erwachsenenalter durchlaufen muß, der solange andauern kann, bis ein junger Mensch weit über 20 Jahre alt ist. Dies bedeutet, daß die westliche Gesellschaft »Lebensphasen« mit der Bezeichnung »Kindheit« und »Jugend« geschaffen hat, in denen der natürliche Mystizismus der Kinder systematisch durch eine lineare, rationale, wissenschaftliche Wahrnehmungsweise der Realität ersetzt wird, die frühere kindliche Wahrnehmungen als »Phantasie« und »Einbildung« erscheinen läßt.

Es bestehen zahlreiche Belege dafür, daß die Kindheit erst ungefähr zu Beginn des 17. Jahrhunderts zu einer sogenannten »Lebensphase« wurde, als die industrielle, protestantische, wissenschaftliche Revolution im westlichen Denken und der westlichen Kultur stattfand (das Datum ist etwas willkürlich, da etwas wie eine Lebensphase selbstverständlich nicht zu einem bestimmten Zeitpunkt erschaffen und eingeführt werden konnte). Vor dem 17. Jahrhundert lebten Kinder und Erwachsene in derselben Welt und in derselben materiellen und übernatürlichen Umgebung. Kinder waren nicht von den Erfahrungen Erwachsener ausgeschlossen und in ein Umfeld abgesondert, das vorwiegend aus Kindern des gleichen Alters bestand, deren Erfahrungen von Erwachsenen nicht geteilt wurden.

Beispielsweise trugen Kinder und Erwachsene die gleiche Kleidung, spielten die gleichen Spiele, nahmen an den gleichen Veranstaltungen von Geschichtenerzählern teil, aßen das gleiche Essen, schliefen im selben Raum (häufig sogar im selben Bett) und beteiligten sich an den gleichen Arbeiten. Die »Spielzeuge« der Kinder waren Miniaturversionen der Werkzeuge, die von Erwachsenen benutzt wurden, oder sogar diese

Werkzeuge selbst. Wenn Erwachsene und Kinder bei Tätigkeiten oder Aufgaben getrennt waren, dann nur wegen der ungleichen Körpergröße und -kraft. Einem Kind wurden nur die Arbeiten zugeteilt, zu denen es körperlich in der Lage war. Auch wenn Kinder zusammen spielten, hatte das den gleichen Grund – sie waren sich körperlich eher ebenbürtig –, sie spielten jedoch die gleichen Spiele wie die Erwachsenen.

Die von den Gebrüdern Grimm und anderen im 19. Jahrhundert gesammelten Volksmärchen erscheinen heute erschreckend brutal, grausam und obszön. Sie enthalten bildliche Beschreibungen von Inzest, sadistischen Eltern und Stiefeltern, Selbstverstümmelung, von brutalen Verletzungen, dem Verschlungenwerden durch wilde Tiere und von Rache – Themen, die unserer modernen Empfindung nach nicht für Kinder geeignet sind. Wir sollten jedoch bedenken, daß diese Märchen ursprünglich keine Geschichten für Kinder waren. Es waren Geschichten, denen Menschen aller Altersstufen gerne zuhörten. Erst als die Kindheit zu einer eigenen Lebensphase wurde und Volks- und Feenmärchen als die Domäne der Kinder betrachtet wurden, schienen diese Geschichten für Kinder irgendwie nicht geeignet zu sein und mußten keimfrei gemacht werden.

Als Kinder noch eng mit Erwachsenen zusammenlebten, blieben ihnen die Tatsachen des Lebens nicht verborgen: Sex, Geburt, Tod und die Notwendigkeit zu töten. Kinder wurden regelmäßig Zeugen dieser Ereignisse, entweder bei Tieren oder bei den Erwachsenen, bei denen sie lebten. Die Vorstellung, daß Kinder »unschuldig« seien und vor diesen Realitäten »geschützt« werden müßten, ist Teil des modernen Empfindens, das sich zu Beginn des 17. Jahrhunderts herausbildete.

In Dorf- und Stammeskulturen leben Kinder und Erwachsene eng zusammen. Die Kinder lernen, wie sie Erwachsene werden können, indem sie ihre Eltern und andere Erwachsene nachahmen – natürlich in gleicher Weise, wie die Nachkommen aller Spezies sich zur Reife entwickeln. Sie beobachten, ahmen nach und bemühen sich, das zu tun, was die Älteren tun. Was für uns im zwanzigsten Jahrhundert erstaunlich erscheint, ist die Tatsache, daß Kinder in indigenen Kulturen Erwachsene werden *möchten* und wie Erwachsene werden möchten. Auch fürchten Kinder in Stammeskulturen in der Regel Erwachsene nicht, laufen nicht weg, wenn Erwachsene anwesend sind, und sind in der Gegenwart von Fremden nicht ängstlich. Es leuchtet ein, daß die Lebenskraft, die auf das Überleben gerichtet ist, die Kinder aller Spezies mit einem natürlichen Wunsch ausstattet, die Älteren nachzuahmen, damit ein natürliches Erwachsenwerden gewährleistet wird.

JEAN LIEDLOFF, die bei dem Stamm der Yequana in Venezuela gelebt und das Verhältnis zwischen Erwachsenen und Kindern in ihrem Klassiker *The Continuum Concept* (deutscher Titel: *Auf der Suche nach dem verlorenen Glück*) beschrieben hat, stellte fest, daß es bereits für sechs- und siebenjährige Jungen und Mädchen üblich war, ohne Aufsicht durch Erwachsene mit Kanus durch die heimtückischsten Stromschnellen der Welt zu paddeln. In diesem Alter hatten sie nicht nur das Kanufahren gelernt, da sie von Geburt an in Kanus waren, Erwachsenen beim Paddeln zugesehen hatten und unter Aufsicht von Erwachsenen selbst mit Paddeln umgegangen waren, sobald sie genug Kraft dazu hatten, sondern – was noch beachtlicher ist – sie hatten gelernt, Verantwortung zu tragen. Sie konnten eine Aufgabe ohne Widerrede übernehmen, sogar ohne das Gezänk unter den Geschlechtern, das wir für normal halten, wenn kleine Kinder gebeten werden, sich gegenseitig bei einer Sache zu helfen.[3]

Warum hat diese natürlichere Art, Kinder großzuziehen, im Westen nicht überlebt?

Der Bedarf an gebildeten Bürgern, der mit der Herausbildung des städtischen Lebens zur Zeit der industriellen Revolution entstand, hat das in Klassen gestufte Schulsystem hervorgebracht, das inzwischen die Kindheit und Jugend in der modernen Welt dominiert. Die Fähigkeit, lesen, schreiben und mathematische Aufgaben rechnen zu können, sowie eine umfassende Kenntnis der uns umgebenden Welt (Naturwissenschaft, Geschichte, Literatur, Kunst usw.) wurden zu einer Notwendigkeit für den sich entwickelnden Lebensstil Westeuropas. Heute braucht man nicht nur das Gymnasium, um die grundlegenden Fähigkeiten und Kenntnisse zu erwerben, die notwendig sind, um in unserer Gesellschaft überleben und erfolgreich daran teilnehmen zu können, sondern darüber hinaus noch ein Studium und weitere Kurse. Wir haben das Erwachsenenalter und die Aufgaben des Erwachsenenalters weit über das Alter der Pubertät hinaus verschoben, in der ein Junge körperlich ein junger Mann, und ein Mädchen eine junge Frau wird. Heutzutage verschieben viele junge Menschen ihren vollständigen Eintritt ins Erwachsenenalter – den Eintritt ins Berufsleben oder die erste Vollzeit-Arbeitsstelle, Heirat und Familiengründung –, bis sie Anfang oder Mitte zwanzig sind oder sogar noch älter, das heißt gut zehn bis fünfzehn Jahre nach der Pubertät. Man kann zusammenfassen, daß ein Mensch heute ein Viertel bis ein Drittel seines Lebens damit verbringt, sich darauf vorzubereiten, ein Erwachsener zu werden. Das war von der Natur ursprünglich nicht so vorgesehen.

Der natürliche Mystizismus der Kindheit, oder das, was häufig als das magische, nichtrationale Denken der Kindheit bezeichnet wird, wird rigoros unterdrückt, wenn das Kind von Klasse zu Klasse, Stufe zu Stufe fortschreitet und die rationale, wissenschaftliche, technisch orientierte Denk- und Handlungsweise, die die linke Gehirnhälfte betont, erlernt, die für die Anforderungen der modernen Welt erforderlich ist. Dies zeigt sich eindeutig in den Zeichnungen von Kindern. Bis ungefähr zum Alter von elf Jahren zeichnen Kinder sehr schamanisch. Ein Haus, ein Vogel, ein Baum und sogar das Selbstbildnis eines kleinen Mädchens können auf dem Blatt alle gleich groß sein; die Farben können von den tatsächlichen Farben in der Natur abweichen. Dem Kind könnte es gleichgültig sein. Für das mystische Bewußtsein des Kindes gibt das Bild einen Sinn. Im Alter von ungefähr elf Jahren wird das Kind mit seinen Zeichnungen unzufrieden und zeichnet immer wieder dasselbe Motiv, zerknüllt jeden Versuch und wirft das Blatt auf den Boden, da es nun »realistisch« zeichnen möchte, das heißt fotografisch oder so, wie die Dinge »wirklich aussehen«. Mit der Zeit erscheinen ihm die phantasievollen, nichtalltäglichen Wahrnehmungen der Welt, wenn sie auf den Zeichenblock übertragen werden, beschämend und kindisch. Und die meisten Kinder (das heißt: die meisten von uns!) kommen zu der Überzeugung, daß sie kein Talent haben. Wir hören auf zu zeichnen.

Die Sichtweise der Kindheit wiederfinden

Von Geburt an bis zum Alter von ungefähr neun Jahren haben wir alle eine Phase durchlebt, die vielleicht unsere spirituell kreativste und am stärksten mystisch ausgerichtete Phase unseres Lebens war. Im allgemeinen fördern Eltern und Erwachsene diesen natürlichen Mystizismus, fast als ob sie intuitiv spürten, daß diese Jahre aus spiritueller Sicht kostbar sind. In dieser Zeit sollen die Kinder spielen, ihrer Phantasie und ihren Tagträumen freien Lauf lassen und Märchen, Phantasien und spontane Spiele, die unsere zweite Natur sind, genießen. Manchmal hoffen die Erwachsenen, die traurig bemerken, daß sie diese Art des Auf-der-Welt-Seins aufgegeben haben, um Erwachsene zu werden, etwas von diesem Leben der Kindheit indirekt zurückbekommen zu können, indem sie diese Lebensweise bei ihren Kindern fördern und viele Dinge durch die Augen ihrer Söhne und Töchter nochmals erleben.

In Stammes- und Dorfgemeinschaften teilen Kinder und Erwachsene die wichtigsten Elemente ihres Lebens; die Aktivitäten und Erfahrungen der Kinder entsprechen weitgehend denen der Erwachsenen und umgekehrt. Die materiellen, übernatürlichen und *spirituellen* Umgebungen, in denen Erwachsene und Kinder leben, sind identisch. Ein Kind, das im Wald dem »kleinen Volk« begegnet, Tiere sprechen hört oder von den Helden oder Gottheiten der jeweiligen Kultur träumt, kann mit den Erwachsenen über diese Erfahrungen reden. Irgendwo im Dorf lebt eine Großmutter oder ein Großvater, der ebenfalls Begegnungen mit dem »kleinen Volk« hat, mit Tiergeistern spricht und von den gleichen Göttern und Göttinnen träumt. Wenn Kinder in Stammes- und Dorfgemeinschaften größer werden, schwerere körperliche Arbeiten erledigen und die gleiche Verantwortung wie Erwachsene übernehmen, geben sie die natürliche Spiritualität nicht auf, mit der sie geboren wurden. Es besteht in der Tat überhaupt keine Notwendigkeit dafür, sie aufzugeben, da die Kinder Erwachsene in der Gemeinschaft erleben, die die Welt immer noch auf diese spirituell verbundene Weise wahrnehmen und aufgrund dieser Tatsache ein produktives Leben führen.

Die spirituellen Erfahrungen unserer Kindheit entsprachen zwar jenen von Kindern in Stammes- oder Dorfgemeinschaften, die in weniger verstädterten und technologisierten Gesellschaften leben, doch im Gegensatz zu diesen Kindern erlebten wir einen beträchtlichen Mangel an Unterstützung und an Förderung des Selbstvertrauens. Die meisten von uns haben über ihre Träume und sogenannten Phantasien nicht mit Erwachsenen gesprochen, da wir wußten, daß die Erwachsenen diese Träume und Phantasien nicht hatten. Wenn wir aus einem Alptraum erwachten, wurden wir von unseren Eltern häufig damit beruhigt, daß sie uns sagten, wir bräuchten keine Angst zu haben, da der Traum »nicht real« war. Wir spürten intuitiv, daß Erwachsene die Märchen, die sie uns vorlasen, nicht so sehr genossen – oder daran glaubten – wie wir. Ich habe niemals gehört, daß Erwachsene über »imaginäre« Begegnungen mit den gleichen heroischen und mythischen Wesen sprachen, die mein Leben bevölkerten: Robin Hood, Superman, Peter Pan, Spin und Marty. Und die meisten von uns wurden bereits wenige Minuten nach der Geburt vom physischen Kontakt zu Eltern ausgeschlossen. Wir hatten unsere eigenen Zimmer, Betten, Spielbereiche. Wir erhielten Spielsachen und Spiele, um uns zu vergnügen, für die es bei den Erwachsenen keine Entsprechungen gab.

Bei unserer Praxis des Schamanismus sollten wir aus verschiedenen Gründen wieder an die Visionserfahrungen anknüpfen, die wir als Kinder hatten. Erstens waren dies unsere ersten und natürlichsten mystischen Erfahrungen, die als Teil unserer Datenbank an Lebenserfahrungen weiterhin einen Einfluß auf uns haben – ob wir uns dessen bewußt sind oder nicht. Zweitens kann es sein, daß die persönlichen Geister, mit denen wir enge, dauerhafte Beziehungen hatten, heute immer noch eine aktive Rolle in unserem Leben spielen, und es wäre hilfreich zu erkennen, in welcher Form sie im Laufe der Jahre bei uns geblieben sind oder zu uns zurückgekehrt sind, als wir begannen, uns aktiv mit Schamanismus zu beschäftigen. Drittens besteht eines der Ziele jedes spirituellen Weges darin, uns auf den Tod vorzubereiten, indem wir den Sinn dieses Lebens, einschließlich der Jahre von Kindheit und Jugend, verstehen.

An dem Tag, als wir geboren wurden, traten wir mit einem furchtlosen Gefühl der Einheit mit den Menschen und der Natur in das Leben ein. Wir hatten keine Vorstellung vom Tod und keine Angst vor dem Tod. HENRY DAVID THOREAU beklagte, daß er nicht so weise sei wie am Tag seiner Geburt.[4] BLACK ELK gab den Rat, wir sollten »von sehr kleinen Kindern lernen, da die Herzen kleiner Kinder rein sind, und daher kann ihnen der Große Geist viele Dinge zeigen, die älteren Menschen entgehen«.[5] Dies ist die Weisheit, die wir bei unserer Beschäftigung mit Schamanismus suchen.

Unsere ersten
geistigen Verbündeten

Schamanen gehen davon aus, daß wir stets von Hilfsgeistern beschützt und behütet werden – wie hätten wir sonst so lange in diesem Leben überleben können, wenn wir nicht beschützt würden? Wenn dies zutrifft, dann haben sich Schutzgeister bereits seit unserer frühesten Kindheit um uns gekümmert. Als wir noch Kinder waren, wurde vielen von uns gesagt, daß wir persönliche Schutzengel hätten, und einige von uns haben durch Gebet und Andacht Beziehungen zu diesen Schutzengeln aufgebaut. Aber zusätzlich zu den »offiziellen« geistigen Beschützern, an die Kinder unter Anleitung durch Erwachsene und religiöse Führer glauben, haben viele Kinder auch andere geistige Helfer in Form von unsichtbaren Freunden, Elfen, Tieren und Helden der jeweiligen Kultur, die entweder aus den populären Medien stammen – wie z.B. die Disney-Figuren – oder aus älteren Volkstraditionen – wie z.B. den Märchen, die in früheren Jahrhunderten gesammelt wurden.

Wir dürfen nicht vergessen, daß Geistwesen sich verwandeln können und uns in der Form und Gestalt erscheinen werden, die für uns einen Sinn ergibt, die wir akzeptieren können, die »funktioniert«. Geistwesen in allen Kulturen machen dies. Wenn wir uns einmal kurz die Situation in Stammeskulturen vorstellen, in denen keine populären Medien am laufenden Band alle paar Jahre neue Helden produzieren, in denen Erwachsene und Kinder die gleichen Geschichten und Erfahrungen mit einer endlichen Gruppe von Gottheiten, Geistwesen und kulturtypischen Helden haben, so ist es einleuchtend, daß die Geistwesen den Menschen in der Gemeinschaft in so ziemlich der gleichen Gestalt begegnen.

In unserer Kultur jedoch, in der die Erlebniswelt der Kinder sich völlig von der der Erwachsenen unterscheidet, ist zu erwarten, daß die Geister die Formen wählen, die zur Zeit zur Verfügung stehen und den Bedürfnissen der Vorstellungswelt der Kinder entsprechen. Donald Duck, Minnie, Miss Piggy, Barbie, die Ninja-Turtles, Barney, Big Bird und jede andere Zeichentrick- oder Komikfigur, die im Moment eine wichtige Rolle in der Vorstellungs- und Traumwelt der Kinder spielt, kann Hilfsgeistern als Vehikel dienen. Die Figuren, die wir als Kinder oder als Erwachsene bewundern, gleichen sich meist darin, daß sie Manifestationen bestimmter archetypischer Formen sind, die in der ganzen menschlichen Erfahrung stets gleich bleiben, auch wenn ihre körperliche Gestalt von Kultur zu Kultur unterschiedlich ist. In diesem Sinne weisen der »Grüne Mann des Waldes«, Robin Hood, Daniel Boone, Tarzan und Huckleberry Finn die gleiche archetypische Energie auf, und ein Hilfsgeist kann die populären Darstellungen dieser verschiedenen Figuren benutzen, um auf ein kleines Kind positiv zu wirken, das einen geistigen Gefährten braucht, der ein freies Leben außerhalb von familiären und gesellschaftlichen Bindungen führt.

Welche helfende Funktion diese Kindheitshelden und -gefährten spielten, wird deutlich, wenn wir bedenken, daß viele von uns tatsächlich mit diesen Gefährten sprachen, komplizierte Gespräche mit ihnen führten und ihren Rat befolgten. Sie trösteten uns, wenn wir traurig waren, lehrten uns, wie wir Kindheitsprobleme und -enttäuschungen überwinden konnten, und hörten uns zu, wenn wir uns nicht bei Erwachsenen beklagen konnten, die viel zu beschäftigt zu sein schienen, um unserem Geplapper zuzuhören. Einige von uns stellten sich vor, was für ein Leben diese Gefährten führten, und hofften, daß sie eines Tages ebenso werden würden wie diese Figuren; wir stellten uns vor, wir seien diese Figuren, besäßen deren Stärken und Tugenden und erlebten die gleichen Abenteuer wie sie.

Auch wenn wir das vielleicht kaum glauben können, so waren diese »kindlichen Phantasien« doch ernstzunehmende Manifestationen spiritueller Hilfe. Geister erscheinen uns in der Vorstellungswelt unseres Bewußtseins, die durch bestimmte Menschen, Orte, Gegenstände, Gestalten und Formen strukturiert wird, ob wir nun fünfzig oder fünf Jahre alt sind. Wir wurden so sehr einer Gehirnwäsche unterzogen, mit der uns beigebracht wurde, Kindheitserfahrungen seien für unser Erwachsenenleben nahezu wertlos, daß wir leicht die bedeutende Rolle übersehen können, die diese Gefährten unserer Kindheit in unserem Leben gespielt haben und vielleicht immer noch spielen. Deshalb sollten wir zu unseren früheren geistigen Helfern reisen, um an diese Beziehungen anzuknüpfen und sie wiederzubeleben. Dazu können Sie folgendermaßen vorgehen:

1. Setzen Sie sich hin und rasseln Sie ein paar Minuten, während Sie Ihr Krafttier zu sich rufen und es bitten, Ihnen mitzuteilen, zu welchem Ihrer imaginären Gefährten Ihrer Kindheit Sie zu diesem Zeitpunkt reisen sollten. Vielleicht denken Sie an mehrere Gefährten, oder Ihnen fällt im Moment überhaupt keiner ein. Ihr Krafttier wird Ihre Erinnerung auf einen Gefährten konzentrieren.

- Wählen Sie niemanden, den Sie in Ihrer Kindheit tatsächlich gekannt haben, wie z.B. die ältere Schwester eines Freundes oder einen lustigen Onkel, auch wenn Sie noch so fasziniert von diesen Menschen gewesen sind. Bei dieser Übung geht es darum, daß Sie eine Reise zu jemandem machen, der in Ihrem Leben nur als imaginärer Gefährte aufgetreten ist, nicht zu einem Freund oder Bekannten aus der alltäglichen Wirklichkeit.

- Der geistige Gefährte kann die Gestalt einer Figur aus der Geschichte haben, wie z.B. Jeanne d'Arc oder Daniel Boone, da Sie die Person in der Vorstellungswelt gekannt und erlebt haben, und nicht in der alltäglichen Wirklichkeit.

- Es kann auch ein populäres Tier, wie z.B. Lassie, Rin Tin Tin, Simba, der König der Löwen oder ein persönlicher Tier-Gefährte, wie z.B. ein Einhorn oder eine imaginäre Krähe, verwendet werden.

- Wenn Sie und Ihr Krafttier keine Figur finden können, die die Funktion eines wichtigen Helfers in Ihrem Leben hatte, versuchen Sie, sich an alle fiktiven oder historischen Charaktere zu erinnern, die Sie einfach bewunderten, auch wenn diese keine Musterbeispiele an Heldenmut sind. Es kann sein, daß Ihre Erinnerung lückenhaft ist oder daß Sie die Erinnerung an imaginäre Helden Ihrer Kindheit unterdrückt haben. Wenn Sie eine Reise zu einer Figur machen, die Sie bewundert haben, kann diese Figur frühere Erinnerungen freisetzen, und Sie entdecken vielleicht andere geistige Gefährten, wenn Sie mit der bewunderten Figur darüber sprechen.

2. Bitten Sie Ihr Krafttier, Sie zu diesem Gefährten aus der Kindheit zu bringen, und stellen Sie dann die folgenden drei Fragen:

- Was habe ich über dich vergessen?

- Kannst du mir irgendeine Hilfe, eine Kraft oder einen Ratschlag für meine derzeitige Lebenssituation geben?

- Hast du in einer anderen Form oder Gestalt immer noch einen Einfluß auf mich?

Diese Fragen führen in der Regel dazu, daß die spirituellen Bindeglieder zutage treten, die zwischen unserer Beschäftigung mit Schamanismus im Erwachsenenalter und dem spontanen Schamanismus der Kindheit bestehen.

Die Bedeutung dieses geistigen Gefährten aus der Kindheit ist im gegenwärtigen Leben vieler Menschen erkennbar, die Schamanismus praktizieren. Diese Menschen stellen häufig fest, daß der geistige Helfer viele wichtige Ratschläge und Kräfte für ihr momentanes Leben bereithält, und viele Geistwesen sagen, daß sie uns in einer anderen Form weiterhin helfen, die manchmal eng mit der ursprünglichen Form aus der Kindheit verwandt ist. Beispielsweise kann ein Robin-Hood-Geist in den schamanischen Erfahrungen eines Erwachsenen als Waldgeist, vielleicht als Grüner Mann oder als der Geist eines bestimmten Wäldchens weiterwirken. Die Informationen, die jemand über seinen Gefährten aus der Kindheit vergessen hat, geben häufig wichtige Hinweise in Situationen, in denen jemand seinen Idealismus verloren hat oder Jugendträume verblaßt sind.

Um weitere Erkenntnisse zu erhalten, sollten Sie sich fragen, ob es irgendeinen Zusammenhang zwischen Ihrem Helden aus der Kindheit und Ihrem derzeitigen beruflichen Weg, Ihrer Lebensweise oder Ihrer Berufung gibt. Manche Menschen sehen den Zusammenhang schnell. Beispielsweise ist eine Frau, deren geistiger Helfer in der Kindheit Lassie gewesen war, nun Drogenberaterin für Jugendliche und noch immer damit beschäftigt, jungen Menschen aus der Patsche zu helfen. Ein Mann, dessen Held Spiderman war, ist nun ein professioneller Bergsteiger und Höhlenforscher. Eine Frau, die Nancy Drew bewunderte, ist nun Bezirksstaatsanwältin.

Meiner Erfahrung nach ist es allgemein so, daß Menschen, die eine starke Verbindung zwischen ihrem Kindheitshelden und ihrem gegenwärtigen Leben feststellen, meist sehr glücklich und zufrieden sind. Menschen, die keine Verbindung sehen, sind häufig mit ihrem gegenwärtigen beruflichen Weg und ihrer momentanen Lebensweise unzufrieden und haben das Gefühl, daß ihnen die Erfüllung fehlt. Dies ist keine verbindliche Regel, aber dieses Phänomen weist doch auf die wichtige Rolle hin, die die Hilfsgeister aus Kindertagen in unserem Leben spielen, sowohl in unserer Jugend, als sie uns bei der Berufswahl inspirierten, als auch im späteren Leben, indem sie uns dazu ermutigten, die Möglichkeiten zu wählen, die unsere Träume wahr werden ließen. Wenn Sie keinen Zusammenhang erkennen können und mit Ihrem derzeitigen Leben unzufrieden sind, sollten Sie vielleicht eine Reihe von Reisen zu dem betreffenden Geistwesen machen, um herauszufinden, was an Ihrem gegenwärtigen Lebensstil nicht stimmt und wie Sie Veränderungen vornehmen könnten. Die Antworten auf die Frage »Was habe ich über dich vergessen?« können hierfür ausschlaggebende Hinweise geben.

Eine weitere Frage, die Sie mit Ihrem geistigen Helfer aus der Kindheit klären sollten, ist, ob er weiterhin in seiner ursprünglichen Gestalt oder in einer anderen Form zu Ihrem spirituellen Weg beitragen wird, oder ob er zukünftig keine Funktion mehr in Ihrem Leben hat. Manche Geistwesen sind nur für eine bestimmte Zeit bei uns, um uns in bestimmten Situationen zu helfen. Anschließend verlassen Sie uns wieder. Sie können jedoch stets fragen, ob der Geist in Ihrem gegenwärtigen Leben eine bestimmte Funktion hat. Wenn dies so ist, sollten Sie Reisen und Rituale durchführen, um die Beziehung wiederherzustellen.

Kinder und Tiere

Kinder fühlen sich von Natur aus zu Tieren hingezogen, und falls sie nicht durch eine plötzliche Bewegung oder ein plötzliches Geräusch eines Tieres erschreckt werden, haben sie keine Angst vor Tieren. Wenn ein kleines Kind im Zoo einen Bären sieht, kann es sein, daß es seinen Stoffbären fallen läßt und mit ausgestreckter Hand auf den lebendigen Bären zurennt, um möglichst nahe an ihn heranzukommen und ihn zu berühren. Dies zeigt, wie mächtig die Lebenskraft ist, der angeborene Trieb, sich mit einem anderen lebenden Wesen als sich selbst zu vereinen, die mystische Einheit zu verwirklichen, die das Leben im Mutterleib kennzeichnet. Eine solche Furchtlosigkeit dauert jedoch in der Regel nicht lange, da Eltern und andere Erwachsene den Kindern beibringen, gegenüber fremden Tieren mißtrauisch und ängstlich zu sein.

Forschungen über das Verhalten von Kindern haben ergeben, daß Kinder im Alter von vier bis sieben Jahren häufiger von Tieren träumen als von Menschen, und die Tiere, die in den Träumen von Kindern auftauchen, sind nicht die Katze, der Hund oder der Sittich der Familie. Die

Tiere in den Träumen der Kinder sind wilde Tiere, Tiere vom Bauernhof, Tiere, die sie im Zoo oder im Fernsehen gesehen haben, Tiere, die
einen aufregenden »anderen« Aspekt des Lebens des Kindes repräsentieren und die in einer Wirklichkeit leben, die im Vergleich zur Wirklichkeit des Kindes nichtalltäglich ist. Es wird vermutet, daß Kinder sich
deshalb von Natur aus zu Tieren hingezogen fühlen, da Tiere anders als
Erwachsene unzweideutig, direkt, offen und ehrlich sind. Tiere lügen
nicht, täuschen nicht, schummeln nicht, halten keine Geheimnisse
zurück. Wenn sie knurren, dann knurren sie. Wenn sie auf einen zuren-
nen, dann kommen sie wirklich. Wenn sie zurückweichen, haben sie
Angst vor einem. Sie täuschen nichts vor. Ein Kind kann (mit einiger
Übung) Tiere »verstehen« und sicher sein, daß Tiere genau das meinen,
was sie auch zu meinen scheinen.

Dies ist vielleicht der Grund dafür, warum wir uns mit unseren unsichtbaren Tier-Gefährten so wohl fühlten. Wir »taten so, als ob« sie bei
uns wären oder als ob wir diese Tiere wären, und stellten uns vor, wir
seien Pferde oder Rehe, wenn wir über das Gras liefen; in unserem Bewußtsein verwandelten wir uns in diese Tiere. Als Tiere mußten wir nicht
die zwiespältigen Spiele der Erwachsenen spielen oder ihren ungewis-
sen Erwartungen an uns entsprechen. Wir wußten, wer wir waren, und
wir wußten, was wir tun sollten. Und wir taten es.

Kinder lieben Geschichten über Tiere und brauchen anscheinend
Tierdarstellungen in ihrer Umgebung: Tierbilder an den Wänden ihres
Zimmers, Tiermotive auf Bettwäsche und Decken, weiche Stofftiere,
Tiere aus Keramik, Ton oder aus Holz geschnitzte Tiere. Zeichentrick-
filme und Komiks über Tiere, entweder mit naturgetreuen oder stili-
sierten Zeichnungen, regen die Phantasie des Kindes auf tiefgreifende
und bedeutende Weise an. Wenn das Kind größer wird, verwenden wir
Geschichten von »vermenschlichten« Tieren, um dem Kind – parado-
xerweise – Lektionen darüber zu erteilen, wie man sich als menschliches
Wesen zu benehmen hat! Die Fehler und Verrücktheiten des menschlichen Verhaltens findet man in Geschichten über menschenähnliche
Tiere. Tiere gehören zu unseren ersten Lehrern.

Da das Selbst in der Kindheit nicht starr ist und die Ego-Grenzen
noch fließend sind, fällt es Kindern leicht, die Merkmale von Tieren zu
übernehmen und sich wie Tiere zu bewegen und zu verhalten, wobei sie
sich vorstellen, daß sie Tiere sein können, wann immer sie wollen. Aus

schamanischer Sicht haben Kinder die natürliche Fähigkeit, eine andere Gestalt anzunehmen. Sie finden viel Trost dabei, mit Tiergeistern eins zu werden, da ihnen diese Erfahrungen ermöglichen, die alltägliche Wirklichkeit – die Wirklichkeit der Eltern und Erwachsenen, in der verwirrende und schwierige Regeln gelten – zu verlassen und Zeit in den nichtalltäglichen Reichen der geistigen Welt zu verbringen.

Ich kann mich an ein Mädchen erinnern, das schneller laufen konnte als alle anderen Kinder in unserer Wohngegend. Wir nannten sie Gator. Gator sagte häufig, daß sie lieber als Pferd zur Welt gekommen wäre. Sie gewann nicht nur jedes Wettrennen, sondern lief ständig: auf ihrem Weg zur Schule, zum Einkaufsladen an der Ecke oder zum Haus ihrer Freunde. Fahrräder verachtete sie. In einem Sommer sprach es sich dann herum, daß Gator Rotklee von den unbebauten Grundstücken in unserem Wohnviertel aß, und bald mampften wir alle heimlich Rotklee in Parks und auf Friedhöfen, da wir hofften, daß dies das Geheimnis hinter Gators Schnelligkeit war. Es erschien uns einleuchtend: Pferde fraßen Klee, und Pferde waren schnell. Gator war teilweise ein Pferd. Der Mensch ist, was er ißt. Irgendwie bekam mein Vater Wind von der Sache oder roch den Klee an meinem Atem (so wie er ein paar Jahre später auch den Zigarettenrauch gerochen hat). Er hielt nichts von der Idee und redete mir das Unkrautknabbern aus, daher mußte ich mich damit abfinden, daß ich niemals so schnell würde rennen können wie Gator. Auch andere Kinder gaben auf: sowohl das Grasen im Klee, als auch die Hoffnung, Gator überholen zu können. Heute ist Gator Pferdezüchterin im Mittelwesten.

Wenn Kinder ungefähr sieben Jahre alt sind, werden die Träume von Tieren seltener, und die Kinder träumen häufiger von ihren Eltern,- Lehrern, Geschwistern und Freunden. Geschichten von Menschen, die in Tiere verwandelt werden, werden für die Kinder beängstigend, wenn die sich herausbildenden Ego-Grenzen des Kindes die Vorstellung verstärken, daß das Kind ein abgetrenntes Selbst ist, das sich von anderen Lebewesen unterscheidet. Die Aufgabe eines Kindes ist es, zivilisiert zu werden, die Regeln zu lernen und soziale Umgangsformen zu entwickeln. Die Dichotomie »zahm – wild« bekommt für das Kind eine Bedeutung, die sie wahrscheinlich während des ganzen Lebens behalten wird und sich schließlich zu der überzivilisierten Angst vor jeglichem Leben entwickelt, das zu organisch, schmutzig, ungezähmt und wild ist. Das Kind lernt schließlich, nicht mehr im Dreck zu spielen, keine Freude mehr an Käfern zu haben, in der Öffentlichkeit nicht in der Nase zu bohren und nicht so begeistert über Exkremente zu reden.

Als schamanisch Tätige haben wir bereits wieder eine Verbindung zu den Geistern des organischen Lebens – zu Tieren, dem Erdboden, den Elementen, den Pflanzen – hergestellt, und hierdurch die Einheit mit dem Kosmos wieder neu erschaffen, die in unserer frühesten Kindheit spontan, natürlich und vollkommen war. Aber wir können noch mehr tun. Hier sind einige Ziele für Reisen zu dem Geist eines bestimmten Tier-Gefährten oder Phantasietieres, das sie als Kind hatten.

- Verbringen Sie einige Zeit mit dem Tier, und spielen Sie mit ihm, so wie Sie es auch als Kind gemacht hätten.

- Verwandeln Sie sich in das Tier, und erfahren Sie erneut die Kraft und die Eigenschaften des Tieres.

- Fragen Sie das Tier, ob es weiterhin eine Rolle als Ihr geistiger Lehrer oder Begleiter bei Ihrer schamanischen Arbeit spielen will.

- Fragen Sie um Rat wegen des Umgangs mit Ihren eigenen Kindern.

Wenn ich Seelenrückholungen mache, bitte ich häufig um ein Krafttier, das einem Aspekt der Seele entspricht, der in der frühen Kindheit verlorenging, und ich bin oft überrascht, wie häufig das Krafttier sich als ein junges Tier erweist: ein Rehkitz, ein Wolf- oder Fuchswelpe, ein junges Zebra. Gelegentlich mache ich für jemanden eine Krafttier-Rückholung und bitte speziell um ein noch nicht ausgewachsenes Krafttier, wenn diese Art von jugendlicher Energie für die Situation der jeweiligen Person von Vorteil wäre. Sie können sich überlegen, ob ein junger Tiergeist Ihrem eigenen spirituellen Leben eine neue Qualität verleihen würde, und in diesem Fall eine Reise machen, um so ein junges Tier zu suchen. Das Tier könnte ein Verbündeter bei anderen Reisen und Ritualen werden, die dazu dienen, die Verbindung zu dem Geist der Kindheit wiederherzustellen und die natürliche Mystik wiederzufinden, die Sie als Kind erlebt haben.

Kraftplätze aus
der Kindheit aufsuchen

Im sechsten Kapitel wurde dargestellt, wie wichtig es ist, die Geister von Orten als geistige Lehrer zu haben. Bei unserem Bemühen, die spirituellen Erfahrungen der Kindheit wiederzufinden, sollten wir zu einem Ort in der Natur reisen, der für uns ein Kraftplatz war, als wir Kinder waren. Kraftplätze könnten die folgenden Ort gewesen sein:

• Ein Ort, den Sie regelmäßig aufsuchten, um den Spannungen des Familienlebens zu entfliehen.

• Ein sehr beeindruckender Ort, an dem Sie nur einmal waren, beispielsweise bei einem Familienausflug, der Ihnen jedoch so sehr mythisch erschien, daß Sie sich immer noch genau an den Ort oder das erinnern, was sich dort ereignet hat.

• Ein Ort, den Sie gelegentlich besuchten, wie z.B. ein Bauernhof, ein Strand oder ein Ort in einem Waldgebiet, an dem häufig Familien-Picknicks stattfanden.

• Ein Ort, an dem Sie eigentlich niemals waren, aber von dem Sie wußten und der Sie stets besonders fasziniert hat, wie z.B. ein unzugängliches Grundstück in der Nähe oder das entfernte Ufer eines Flusses.

Diese Zufluchtsorte können verschiedenen Zwecken gedient haben. Für Menschen mit einem Familienleben, in dem Mißbrauch und Gewalt herrschten, kann der Kraftplatz ein Versteck für die Flucht vor dem Leben zuhause gewesen sein, das von Furcht und Einsamkeit geprägt war. Menschen mit einer weniger traumatischen Kindheit haben den Kraftplatz vielleicht in einer freudigen Stimmung aufgesucht, aus dem gesunden Bedürfnis heraus, alleine zu sein, um sich Träumereien hinzugeben, Luftschlösser zu bauen und Entdeckungen zu machen oder mit unsichtbaren Gefährten zusammen zu sein. In jedem Fall kann der Geist des Ortes für Ihren spirituellen Weg Ihres Erwachsenenlebens von Nutzen sein.

Suchen Sie, wie bei den Reisen zu den Kindheitsgefährten, den Geist des Ortes in Menschen- oder Tiergestalt auf und stellen Sie ihm die folgenden Fragen:

- Was habe ich über diesen Ort vergessen?

- Hast du einen bestimmten Rat für mein gegenwärtiges Leben oder meinen spirituellen Weg?

- Gibt es einen Ort, den ich heute aufsuchen sollte, um die gleiche Art spiritueller Erneuerung zu erfahren, die ich früher bei dir gefunden habe?

Falls es sich um einen Geist zu handeln scheint, der weiterhin eine Rolle in Ihrem Leben spielen wird, sollten Sie den Geist kennenlernen und herausfinden, in welcher Weise er Sie unterstützen kann.

Die wortlose Reise

Als wir zur Welt kamen, verfügten wir noch nicht über eine vollentwickelte Sprache. Die Wörter und ihre Bedeutungen, Satzstrukturen, die Feinheiten der Formulierung – dies alles erlernten wir langsam mit den Jahren, durch viel Übung und mit sehr vielen Frustrationen. Unser frühestes Gefühl des Einsseins mit der Umgebung erforderte keine Wörter. In der Tat war das Benutzen von Wörtern, insbesondere das Benennen von Gegenständen – »Hund«, »Katze«, »Nase«, »Papa« – Teil des Prozesses, der die Zerstörung dieses Einsseins bewirkte und durch den wir lernten, daß wir Individuen sind, die vom Rest des Universums auf irgendeine Weise getrennt sind.

Bei unseren ersten Sprechversuchen verwendeten wir die Sprache auf magische Weise. Wir plapperten unsinnige Silben, um Gefühle in der Gegenwart von Gegenständen, Menschen und bei Erfahrungen auszudrücken. Wir haben vielleicht geheime Namen für Dinge geprägt, lange bevor wir die wirklichen Namen wußten oder aussprechen konnten. Wenn Vierjährige im Zimmer spielen, plappern sie ständig, häufig zu sich selbst und ohne den offensichtlichen Versuch, mit ihren Spielkameraden zu kommunizieren. Wissenschaftler haben vermutet, daß sie im wörtlichen Sinne »ihre Welt aussprechen« und dadurch ihr Universum an Erfahrungen verbal erschaffen, während sie sie auf der materiellen Ebene gestalten. In diesem Fall ist Sprache vollständig expressiv, magisch, unsinnig und in erster Linie mit der inneren Erfahrung des Kindes von dem verknüpft, was das Kind in der betreffenden Situation gerade macht.

Menschen in Stammeskulturen, insbesondere Schamanen, verwenden Sprache in ähnlicher, ganz persönlicher Weise. Schamanen verstehen die Sprache von Tieren, kommunizieren mit Bäumen, Flüssen und Bergen und kehren von einer Reise in die geistige Welt mit neuen Kraftliedern zurück. Eine Parallele zu den Singsang-Versen von Kindern ist in der Praxis des Schamanismus das rhythmische Singen von Wörtern, Phrasen oder einfachen Lautformen (das sogenannte *Chanting*), das dazu dient, einen nichtalltäglichen Bewußtseinszustand herbeizuführen. Ebenso wichtig ist die Fähigkeit des Schamanen, still zu sein und eine Verbindung zur Natur und den Geistern herzustellen, ohne daß Sprache hieran beteiligt ist, die dazu neigt, Erfahrungen in Kategorien einzuteilen, indem Wörter und Namen benutzt werden, um die Erfahrung künstlich gemäß grammatikalischer Regeln zu strukturieren.

ORPINGALIK, ein Eskimo-Schamane, erklärt, daß unsere Gedanken von einer Kraft getrieben werden, wie von einer Strömung oder dem Wetter, die uns daran hindert, neue Möglichkeiten zu finden und uns auszudrücken, aber dann wird »eine Milderung des Wetters« einsetzen. Er fährt fort:

> Und dann wird es geschehen, daß wir, die wir stets glauben, unbedeutend zu sein, uns noch geringer fühlen. Und wir werden uns fürchten, Worte zu gebrauchen, aber es wird geschehen, daß die Worte von selbst aus uns aufsteigen. Wenn jene Worte, die wir anwenden, wie von selbst aus uns hervorkommen, dann erhalten wir ein neues Lied.[6]

LAME DEER sagte, daß sein Volk Symbole und Bilder als eine Mischung aus dem Spirituellen und dem Alltäglichen betrachtet, während für die westlichen Menschen »Symbole nur Wörter« seien. Er erklärt:

> Für uns sind sie Teil der Natur, Teil von uns selbst – der Erde, der
> Sonne, des Windes und des Regens, der Steine, Bäume, Tiere, so-
> gar der kleinen Insekten wie Ameisen und Heuschrecken. Wir ver-
> suchen nicht, sie mit dem Kopf zu verstehen, sondern mit dem
> Herzen.[7]

Wir müssen das Hindernis, das unser Kopf darstellt, aus dem Weg schaffen und unsere Neigung überwinden, Wörter mit den linearen Beschränkungen zu verwenden, die charakteristisch für die Kommunikation von Erwachsenen sind. Im allgemeinen ist die Sprache Erwachsener
so strukturiert, daß sie vorhersagbar ist und bestimmten Regeln unterliegt, damit sichergestellt wird, daß andere uns richtig verstehen. Als wir
Kinder waren, brachte man uns bei, daß man Sprache ausschließlich gegenüber anderen menschlichen Wesen (und vielleicht noch Haustieren)
verwenden sollte, und nicht gegenüber Bäumen, Spielsachen, Vögeln
oder freilebenden Tieren. Man lehrte uns, Wörter so zu verwenden, wie
Erwachsene dies taten. Dies bedeutet, daß das Kind seine einzigartige,
magische, expressive Art des Sprechens aufgibt, so daß das Sprechen
nur noch die alltägliche Wirklichkeit widerspiegelt. Es sei denn, das Kind
wird ein Dichter.

In der Lyrik gelten weiterhin die persönlichen, expressiven und
mystischen Eigenschaften der Sprache; Wörter und Symbole müssen
keinen vereinbarten Definitionen entsprechen. Statt dessen können
sie die persönliche Sicht der Wirklichkeit wiedergeben, die der Dichter
hat, und sie spiegeln lediglich die momentanen Gefühle des Dichters
wider. Wenn andere Menschen mehr in ein Gedicht hineinlesen oder
aus einem Gedicht heraushören, als es der Dichter beabsichtigt hat,
macht dies nichts aus. In der Tat schlägt die große Lyrik der Welt Brücken zwischen der alltäglichen Wirklichkeit und der eigenen Auffassung des Lesers von den nichtalltäglichen Wirklichkeiten, die in
der persönlichen Erfahrung des Lesers verborgen sind. Die Brücke
hierbei ist die Vision des Dichters, die er in Wörtern eingefangen
hat, die niemand vor ihm jemals auf genau diese Weise angeordnet
hat.

Da Wörter auf eine stärker mystische Weise benutzt werden können
– für den persönlichen Ausdruck, für die Kommunikation mit den Geistern der Natur, um einen traumähnlichen Bewußtseinszustand herbei-

zuführen –, wäre es für unsere schamanische Arbeit von Nutzen, wenn
wir den normalen Verlauf des Wortstromes vorübergehend abschalten
könnten, wie Orpingaliks Strömung oder Wetter, damit eine Milderung
eintritt, in der wir unsere Reisen nonverbal erleben, nur mit dem Herzen, das uns mit den Geistern verbindet, denen wir in der anderen Welt
begegnen. Wie im Zen-Buddhismus, bei dem man danach strebt, das
Geplapper im Kopf abzuschalten, kann man im Schamanismus Reisen
machen, die den Strom der sorgenvollen, ängstlichen, grüblerischen Gedanken anhalten, die unser Leben im Wachzustand beherrschen. Eine
»wortlose« Reise kann folgendermaßen aufgebaut werden:

1. Machen Sie Ihren Krafttieren und Hilfsgeistern Ihre Absicht klar, daß
   während der Reise nicht gesprochen werden soll.

2. Bitten Sie Ihr Krafttier, Sie ohne den Gebrauch von Worten durch die
   andere Welt zu begleiten oder zu einem bestimmten Ort in der anderen Welt zu führen, für den Sie sich vor Beginn der Reise entschieden
   haben.

3. Alle Geister, denen Sie auf der Reise begegnen, werden ohne Worte
   kontaktiert.

4. Noch wichtiger und noch schwieriger ist es, auch das Geplapper in
   Ihrem Kopf abzuschalten. Sobald Sie sich dabei ertappen, wie Sie mit
   sich selbst über die Ereignisse der Reise sprechen, müssen Sie sich
   wieder darauf konzentrieren, daß dies eine Reise ohne Worte sein soll.

Es gibt eine einfache Möglichkeit, mit diesen verbalen Ablenkungen umzugehen, die auf einer Methode basiert, welche bei verschiedenen Meditationsformen verwendet wird.

1. Wenn ablenkende Gedanken – wie z.B. Analysen, Beurteilungen, Kri-
   tik, Erklärungen – in Ihrem Bewußtsein auftauchen, lassen Sie diese
   einfach vorbeiziehen und sehen direkt das an, was sich im Moment
   vor Ihnen befindet.

2. Benennen Sie dann das, was Sie sehen.

3. Wenn Sie es benannt haben, nähern Sie sich ihm, sehen Sie es von ganz nahe an und berühren Sie es. Lassen Sie Ihre Hand auf der Sache, bis die Reise weitergeht oder etwas anderes Ihre Aufmerksamkeit auf sich zieht.

4. Achten Sie darauf, wo sich Ihr Krafttier befindet, und geben Sie ihm eine Art nonverbales Signal, nicken Sie beispielsweise mit dem Kopf oder strecken Sie die Hand aus, um dem Tier zu zeigen, daß Sie die Reise fortsetzen möchten.

5. Vielleicht erleben Sie auch wie Orpingalik, daß Sie unbedeutender werden, und lassen zu, daß die Gegenstände, die Sie berühren, Ihre Aufmerksamkeit beherrschen oder in Ihrer visuellen Landschaft herausragen.

Durch diese Techniken gelingt es in der Regel, das innere Gespräch zum Schweigen zu bringen, und die Reise kann von selbst weitergehen.

RICHARD LEWIS, der Gründer und Leiter des »Touchstone Center for Children« in New York, sagt: »Durch das Sehen und Berühren erhalten wir Zugang zu einer Sprache der Gefühle, bei der die Aufmerksamkeit auf das geheftet wird, was die Dinge sind. Als Kinder kennen wir nicht die Namen der Dinge, sondern ihre Formen, ihre Oberflächenbeschaffenheit und ihre Gerüche.« Lewis erinnert sich daran, wie ihm ein Elfjähriger seine Erkenntnis mitteilte: »Ein Gefühl denkt durch das Sehen und Berühren.«[8]

Indem Sie sich auf das Sehen und Berühren konzentrieren, können Sie unerwünschte verbale Gedanken abstellen, und die Reise geht weiter. Sie sollten hierbei nicht zu hart über sich urteilen und sich keine Vorwürfe wegen analytischer und kritischer Ablenkungen machen. Gehen Sie davon aus, daß diese Ablenkungen häufig auftreten werden, da sie charakteristisch für Ihr Denken in der alltäglichen Wirklichkeit sind. Lassen Sie diese Gedanken einfach los, indem Sie den Gegenstand ansehen, berühren und benennen und anschließend die Reise fortsetzen. (Das »Benennen« ist Teil dieses Verfahrens für den Umgang mit Ablenkungen, da es unrealistisch wäre, so zu tun, als wüßten wir die Namen der Dinge nicht. Das Benennen eines unerwünschten Gedankens wird auch in einigen Meditationsformen als wirksame Methode für den Umgang mit Ablenkungen gelehrt.)

Es geht wieder darum, die Landschaft der anderen Welt zu erkunden und zu erspüren, ähnlich wie wir es als Kinder getan haben, als wir alle Dinge berührten, die wir zu fassen bekamen, und die meisten Dinge sogar in den Mund steckten.

Ein neues Lied finden

Es gibt eine Möglichkeit, die wortlose Reise so aufzuzeichnen, daß Sie daraus ein neues Geistlied entwickeln können. (Sie können diese Aufzeichnungsmethode eigentlich für jede Art von Reise verwenden, bei der wortlosen Reise funktioniert sie jedoch besonders gut.) Sie brauchen ein leeres Blatt Papier, in dessen Mitte Sie einen Kreis zeichnen, der ungefähr so groß wie ein Viertel des Blattes ist.

1. Verwenden Sie nur einzelne Wörter und kurze Formulierungen aus wenigen Wörtern, um die Reise aufzuzeichnen.

2. Verteilen Sie die Bilder und Ereignisse Ihrer Reise um den Kreis herum, wobei Sie die Vermerke so anordnen, daß sie keine Zeilen bilden.

3. Vermeiden Sie ganze Sätze. Schreiben Sie nicht, »Ich sah einen zerklüfteten Berg«, sondern »zerklüfteter Berg«.

4. Wenn Sie ein Verb verwenden, benutzen Sie, falls möglich, den Infinitiv, ansonsten die Verbform im Präsens. Schreiben Sie beispielsweise nicht, »Ein Fuchs rannte den Berg hoch«, sondern »Fuchs rennt Berg hoch«. Anstatt »Ich flog mit dem Adler«, schreiben Sie »mit Adler fliegen«. Durch diese Art der Formulierung im Präsens wird die Reise lebendiger und unmittelbarer.

5. Wenn Sie alles, das Sie gesehen, gehört, gespürt und erlebt haben, aufgezeichnet haben, sehen Sie sich die Aufzeichnungen sorgfältig an, lesen Sie sie immer wieder in unterschiedlicher Reihenfolge, um herauszufinden, welche drei oder vier Elemente das Kernstück der Reise darstellen. Versuchen Sie, die Formulierungen auszuwählen, die das Wesentliche der Reise wiedergeben.

6. Kreisen Sie diese drei oder vier Formulierungen ein.

7. Verwenden Sie dann die Metaphorik dieser Formulierungen (Sie brauchen den exakten Wortlaut nicht beizubehalten), und kombinieren Sie
sie so, daß ein kurzes, dreizeiliges Gedicht ähnlich einem Haiku entsteht. Dies soll ein kurzes Gedicht werden, das Ihnen die wichtigsten
Erinnerungen an die Erfahrungen der Reise wieder ins Gedächtnis
ruft, wenn Sie es eine Woche später lesen. Schreiben Sie dann das Gedicht.

Sie können die Haiku-Form als Muster für diese Gedichte verwenden,
ohne sich jedoch um die speziellen Regeln bezüglich Silben und Themen zu kümmern, die für echte Haikus typisch sind. Ich denke hierbei
daran, wie der Beat-Poet und amerikanische Buddhist JACK KEROUAC
ein Haiku definiert hat: »ein ganz winziges Gedicht«. Es ist hilfreich,
wenn Sie vor dieser Übung einige Haikus lesen, um ein Gefühl dafür zu
bekommen, wie kurz die Zeilen sind, daß sie keine vollständigen Sätze
darstellen müssen und wie sie lediglich zwei oder drei der Beobachtun-
gen des Dichters zum Ausdruck bringen. Obwohl es kurz ist, ist das Gedicht ein intensiver Eindruck von einer viel größeren und umfassende-
ren Erfahrung. Da Sie nicht den gesamten Umfang der Reise ausdrücken
müssen, können Sie mit diesen drei kurzen Zeilen eine Tiefe vermitteln,
die auch eine Eigenschaft der Seele ist. Stellen Sie sich das Gedicht als
den kurzen Ausdruck der Seele für das vor, was bei der Reise passiert
ist.

Wenn Sie das kurze Gedicht geschrieben haben, lesen Sie es einige
Minuten lang immer wieder laut und achten Sie dabei auf den natürlichen Rhythmus, den es enthält. Mit der Zeit wird das Gedicht seine eigene Melodie preisgeben, die als Grundlage für einen Sprechgesang oder
ein neues Lied dienen kann. Vielleicht fällt Ihnen nur eine Zeile besonders auf, die gesungen werden möchte. Falls dies so ist, singen Sie diese
Zeile. Auch wenn Sie nicht von sich behaupten, ein Dichter zu sein, und
sich gewiß nicht für einen begabten Sänger halten, werden Sie erstaunt
sein, wie leicht das Geistlied in Ihrem ganz winzigen Gedicht »von selbst
aus Ihnen hervorkommt«.

Den Schamanen in Ihren
Kindern fördern

Der natürliche Schamanismus der Kindheit kann aus kulturellen und gesellschaftlichen Gründen nicht unversehrt bis ins Erwachsenenalter fortbestehen, wir können es uns als Menschen, die Schamanismus praktizieren, jedoch zur Aufgabe machen, Möglichkeiten zu finden, wie wir das spirituelle Leben unserer eigenen Kinder so fördern können, daß sie wie Kinder in Stammeskulturen einen sanfteren Übergang ins Erwachsenleben erfahren und nicht ihre früheste spirituelle Weisheit im Laufstall zurücklassen. Hierfür gibt es zahlreiche Möglichkeiten.

Gemeinsam träumen

Nehmen Sie die Träume Ihrer Kinder ernst, insbesondere die Alpträume. Auch wenn Ihr Kind nach Ihnen schreit und den Trost braucht, daß es vor den bedrohlichen Elementen des Traumes sicher ist, sollten Sie der Versuchung widerstehen zu sagen, daß der Traum »nicht real« war. Träume sind real. Und auch das, was sie im Kind repräsentieren, ist real. Es gibt Möglichkeiten, wie Sie Ihrem Kind helfen können, Angstträume zu überwinden. Nehmen Sie ein Kind, das durch Träume beunruhigt wird, zu einer Wanderung mit, auf der ein »Traumstab« gesucht werden soll. Der Stab kann durch Schnitzen oder Malen verziert werden, und das Kind nimmt dann den Stab nachts mit in sein Bett. Der Stab hat die Macht, dem Kind die Fähigkeit zu verleihen, den bedrohlichen Wesen der Nacht zu begegnen und sie zu Freunden und Verbündeten zu machen. Sagen Sie Ihren Kindern, daß sie beim nächsten Angsttraum im Traum den Ablauf der Geschehnisse anhalten und sich dem Ungeheuer stellen können, wobei sie das Ungeheuer bitten, freundlich zu ihnen zu sein und ihnen ein Geschenk zu geben. Mit der Zeit lernen die Kinder, mit ihrem Traumleben so zurechtzukommen, daß sie nicht mehr beunruhigt werden oder sich fürchten.

Auch angenehme Träume müssen bekräftigt werden. Bei manchen Stämmen ist es üblich, daß man sich morgens die Träume erzählt und nach Informationen im Traum sucht, die Hinweise dafür geben, wie der

kommende Tag verbracht oder Probleme bewältigt werden können. Für
Kinder ist es wichtig zu erfahren, daß auch Sie träumen und von was Sie
träumen. Wenn die Kinder erleben, daß Sie Ihre nächtlichen Visionen
ernst nehmen, nehmen sie auch ihre eigenen Traumbilder ernst. Ein po-
sitiver Nebeneffekt ist, daß Kinder und Erwachsene durch das gegen-
seitige Erzählen von Träumen miteinander ins Gespräch kommen und
so einen Zugang zueinander finden.

Reisen,
um Krafttiere zu holen

Ein zehnjähriger Junge wurde ohnmächtig, nachdem er von einem Ba-
seball-Schläger am Kopf getroffen worden war. Als er wieder zu Bewußtsein kam, litt er an Sehstörungen. Seine Mutter, die Schamanismus
praktizierte, führte daraufhin eine Zeremonie zum Holen eines Krafttieres mit einigen ihrer Freunde und ein paar Kameraden ihres Sohnes
durch. Hierbei sollte ein Krafttier geholt werden, das über ein besonders gutes Sehvermögen verfügt, um die Behandlung durch Augenärzte
zur Wiederherstellung des Sehvermögens ihres Sohnes auf einer spirituellen Ebene zu verstärken. Bei dieser Zeremonie begegneten sie dem
Adler. Mit der Zeit normalisierte sich das Sehvermögen des Jungen wieder. Ebenso wichtig ist jedoch, daß sich der Junge sein Leben lang an
die spirituelle Arbeit erinnern wird, die in seiner Kindheit für ihn geleistet wurde, sowie auch daran, daß seine Mutter an seinen schamanischen
Erfahrungen in Kindertagen persönlich beteiligt war.

Zeremonien zum Holen von Krafttieren können eingesetzt werden,
um den gegenwärtigen Problemen eines Kindes eine neue Dimension
zu verleihen. Ereignisse wie der erste Schultag, Krankheiten, sportliche
oder schulische Wettkämpfe, ein Krankenhausaufenthalt, sogar Zahn-
arztbesuche, können Gelegenheiten dafür sein, Krafttiere für Ihre Kinder zu suchen oder Zeremonien für die erneute Kontaktaufnahme zu
Krafttieren durchzuführen. Diese Bemühungen werden Resultate im gegenwärtigen Leben Ihrer Kinder zur Folge haben und – was noch wichtiger ist – Erinnerungen an spirituelle Erfahrungen schaffen, die in die
alltäglichen Ereignisse der Kindheit eingeflochten sind und an die sich
das Kind später als Erwachsener erinnern kann.

Sie können eine Reise machen, um ein Krafttier für Ihr Kind zu holen, oder das Kind selbst reisen lassen, wenn es reif genug zu sein scheint. Ich habe mit Kindern von zehn bis sechzehn Jahren gearbeitet und festgestellt, daß es ihnen leicht fällt, einem Krafttier zu begegnen, sogar ohne eine richtige Reise in die untere Welt zu machen. Hierzu können Sie folgendermaßen vorgehen, unabhängig davon, ob Sie diese Art der Reise mit einer Gruppe von Kindern oder mit nur einem Kind machen.

1. Erklären Sie den Kindern, daß überall Tierenergien vorhanden sind, auch wenn wir diese nicht immer sehen oder spüren können. Dies bedeutet, daß auch Tiergeister überall sein können.

2. Erläutern Sie die Tatsache, daß Geistwesen für uns unter normalen Umständen von Natur aus unsichtbar und nicht hörbar sind, so daß wir Plätze in unserer Vorstellung bzw. »imaginäre Reiche« schaffen müssen, in denen sie sich uns kundtun können.

3. Erklären Sie den Kindern, daß Geistwesen Bilder verwenden, um mit uns zu kommunizieren.

4. Lassen Sie die Kinder in ihrer Vorstellung einen »geistigen Ort« schaffen, indem sie eine Wiese sehen (oder spüren). Leiten Sie die Kinder dazu an, an einem Ende der Wiese einen Wald zu schaffen und in der Wiese oder in der Nähe der Wiese einen kleinen Hügel; außerdem soll sich in der Nähe ein Gewässer, das heißt ein Teich oder ein Fluß, befinden. Warten Sie mit dem Trommeln, bis die Kinder ihre Wiese mit geschlossenen Augen deutlich sehen. Regen Sie die Kinder dazu an, die Wiese mit so vielen Sinnen wie möglich wahrzunehmen.

5. Bitten Sie die Kinder, die Augen zu öffnen und Ihnen ihre Wiese zu beschreiben.

6. Demonstrieren Sie den Kindern den Trommelrhythmus und das Rückrufverfahren.

7. Erklären Sie nun den Aufbau der Reise. Sagen Sie den Kindern, daß sie sich hinlegen sollen und daß sie ihre Wiese sehen werden, wenn Sie zu trommeln beginnen. Erklären Sie, daß die Kinder »in die Wiese gehen« werden und lautlos ihre Hilfsgeister rufen werden, damit diese in der Gestalt von Tieren erscheinen.

8. Teilen Sie den Kindern auf der Grundlage der Anleitungen im zweiten Kapitel mit, wie sie erkennen können, welches Tier das Krafttier ist.

9. Erklären Sie, daß jedes Kind mit dem Tier auf die Weise kommunizieren kann, die ihm natürlich erscheint, und daß es das Tier darum bitten kann, seine Kräfte, seine Fähigkeiten und sein Wissen zu offenbaren.

10. Sagen Sie den Kindern, daß sie solange bei ihrem Krafttier bleiben sollen, bis das Trommelzeichen ankündigt, daß die Reise nun vorüber ist.

11. Erklären Sie den Kindern, daß sie sich von ihrem Krafttier verabschieden sollen, daß sie jedoch die Gegenwart des Tieres weiterhin in ihrem Alltagsleben spüren werden.

12. Teilen Sie den Kindern mit, daß sie die Reise einfach dadurch beenden können, daß sie sich nicht mehr auf die Wiese konzentrieren, sondern sich wieder des Fußbodens bewußt werden, auf dem sie in der alltäglichen Wirklichkeit liegen.

13. Wenn die Reise vorüber ist, bringen Sie den Kindern einige der Techniken aus dem zweiten Kapitel bei, mit denen die Kinder den Kontakt zu ihrem Krafttier aufrechterhalten können.

Übergangsriten

Von besonderer Bedeutung sind Übergangsriten in der Zeit der Pubertät. Die erste Menstruation eines Mädchens kann zum Gegenstand einer »Mondzeremonie« gemacht werden, in der die Mutter und andere

Frauen aus der Familie oder dem Freundeskreis das Mädchen in die Gemeinschaft der Frauen aufnehmen. Der Zeitpunkt für den Pubertätsritus für Jungen ist schwieriger festzulegen, da es nicht nur ein Ereignis gibt, das eindeutig kennzeichnet, daß ein Junge zu einem Mann geworden ist. Es bietet sich jedoch an, den Jungen beispielsweise in dem Alter, in dem er sich zu rasieren beginnt, im Kreis der Männer willkommen zu heißen, indem der Vater und männliche Freunde und Familienmitglieder mit dem Jungen zelten gehen, ihm Geschichten über das Mannsein erzählen, von ihren eigenen Erfahrungen berichten und geeignete schamanische Rituale und Techniken anwenden. Auch das Ende der Grundschule und der spätere Schulabschluß können Ereignisse sein, zu denen schamanische Zeremonien abgehalten werden können, beispielsweise um ein Krafttier zu suchen, um eine Reise zur Unterstützung bei Übergangssituationen im Leben zu machen und ähnliches.

Einladungen in Kreise Erwachsener

Je nach Reife des Kindes sollten Sie es irgendwann an einer Trommelgruppe teilehmen lassen (siehe neuntes Kapitel). Diese Aufnahme kann zusammen mit einem Übergangsritus erfolgen. Wenn Jugendliche gelegentlich an einer Trommelgruppe teilnehmen, kann dies auch eine Möglichkeit sein, die Kommunikation zwischen Eltern und Kind während der Jugend aufrechtzuerhalten. Wahrscheinlich wird der in unserer Gesellschaft »normale« Trend, daß Teenager möglichst wenig mit Eltern zu tun haben möchten, die Oberhand über ihr Interesse an der Teilnahme an einer Trommelgruppe von Erwachsenen gewinnen, es kann jedoch auch sein, daß Jugendliche die schamanischen Aktivitäten ihrer Eltern als gerade ausgefallen genug betrachten, um sie in einem gewissen Maße »cool« zu finden, so daß die Jugendlichen ab und zu doch teilnehmen möchten.

In unserer Kultur ist es für Kinder wichtig, ein gesundes Selbstwertgefühl, ein gesundes Gefühl des Abgetrenntseins und des Egos zu entwickeln, um in unserer Gesellschaft nicht unterzugehen. Eltern müssen herausfinden, welche Bedürfnisse ihre Kinder haben, und dürfen die

Vorstellungswelt des Kindes nicht zu einem Ort werden lassen, an den das Kind flieht, um der Verantwortung des Erwachsenwerdens zu entkommen. Dennoch sind Kinder erstaunlich flexibel, und wir sollten ihre Fähigkeit nicht unterschätzen, »im Gleichgewicht zu gehen«, die Welt der alltäglichen Wirklichkeit und der nichtalltäglichen Wirklichkeit voneinander zu trennen und ohne unsere Hilfe auf die eindeutige Aufgabe konzentriert zu bleiben, erwachsen zu werden.

Dies ist keine einfache Sache. LAURENS VAN DER POST hat es folgendermaßen formuliert: »Was man Erwachsenwerden nannte, [ist] in gewisser Hinsicht ein Herauserziehen aus der Wirklichkeit, vor allem aus den bedeutenden unsichtbaren Wirklichkeiten, die für einen jungen Menschen so viel wichtiger sind als die materiellen Wirklichkeiten, auf die Menschen bei weitem mehr Wert legen, wenn sie älter werden.«[9] Ein Erwachsener in unserer Kultur zu werden, erfordert dies vielleicht. Andererseits ist der Bruch mit den unsichtbaren Wirklichkeiten für Menschen, die Schamanismus praktizieren, und für deren Kinder wahrscheinlich weniger dramatisch.

Vor einigen Jahren habe ich eine Zeremonie zum Holen von Krafttieren für fünfzehn Schüler gemacht, die sich auf einem Schulabschluß-Campingausflug befanden. Wir baten darum, Krafttieren zu begegnen, die den Kindern helfen würden, sich an die vielen neuen und beängstigenden Veränderungen anzupassen, die der Eintritt in die High School für sie bringen würde. Als wir fertig waren und unsere Trommeln und Rasseln einsammelten, kam ein Junge zu mir und sagte stolz: »Wissen Sie, ich habe noch mehr Krafttiere als nur den Bären, dem ich heute begegnet bin.« Ich gab mich überrascht, und er zählte mehrere Krafttiere auf: Puma, Adler, Maus und Eichhörnchen. Ich fragte ihn, wie er diese Krafttiere gefunden habe, und er antwortete: »Meine Mutter macht so etwas!« Es stellte sich heraus, daß seine Mutter einer schamanischen Trommelgruppe angehörte, bei der die Kinder der Mitglieder gelegentlich teilnehmen durften. Als ich auf diesen jungen Mann hinunter sah, überkam mich ein seltsamer Schauder. Ich stand gerade vor der zweiten Generation der modernen Menschen, die Schamanismus praktizieren.

Der Core-Schamanismus ist in den Vereinigten Staaten den Durchschnittsbürgern erst seit ungefähr zwanzig Jahren zugänglich, und doch kann man dort schon das Entstehen der nächsten Generation von schamanisch tätigen Menschen beobachten. Wenn man bedenkt, daß der Zen-Buddhismus in den USA erst ungefähr seit drei Generationen allgemein zugänglich ist, und sich bereits jetzt ein erkennbarer amerikanischer Stil des Zen-Buddhismus herausbildet, darf man auf die Entwicklungen im Core-Schamanismus unter den nächsten Generationen der schamanisch Tätigen gespannt sein, wenn diese Generationen und wir eine echt amerikanische Form der Praxis des Core-Schamanismus entwickeln werden. In Stammeskulturen arbeiten ältere und jüngere Schamanen zusammen, um die Traditionen stark und lebendig zu erhalten. Das sollten auch wir tun.

ACHTES KAPITEL

AHNENGEISTER

Vor einigen Jahren besuchte ich einen an AIDS erkrankten Freund im Krankenhaus. Er sah abgezehrt und körperlich verfallen aus, als befände er sich bereits an der Schwelle zum Tod, aber seine Augen waren noch immer klar und lebendig. Er sagte: »Ich glaube, mein Geist ist immer noch sehr stark in mir«, und als ich ihn anschaute und die Energie spürte, die seinen abgemagerten Körper umgab, mußte ich ihm rechtgeben. »Du hast sehr viel Leben in dir«, bestätigte ich. Dann fragte er mich: »Würdest du für mich trommeln, damit das Leben mich verläßt?«

Das war das erste Mal, daß ich als schamanisch Tätiger (und als Freund) speziell darum gebeten worden war, jemandem beim Sterben zu helfen. Mein Freund wußte über das Trommeln Bescheid, da wir in all den Jahren, die wir uns bereits kannten, gelegentlich zusammen schamanisch gereist waren. Er vermutete, daß ich seiner Bitte nachkommen würde, und überließ es mir, die Einzelheiten auszuarbeiten. Wie ich es machen würde, war ihm eigentlich egal. Er wollte einfach sterben und in die nächste Welt gehen. Ich versprach, daß ich für ihn trommeln würde. Ich ging nach Hause, nahm meine Trommel, und es überkam mich das Gefühl, noch nie zuvor getrommelt zu haben. Ich war mir nicht sicher, ob ich wußte, wie es geht.

Ich machte eine Reise, um mir Rat zu holen, und erhielt die Antwort, daß ich mich einfach hinsetzen und trommeln sollte und daß ich abwarten sollte, was dann passieren würde. Also begann ich damit, fast täglich zu trommeln, bis mein Freund ungefähr zwei Wochen später schließlich verstarb. Beim Trommeln ergab es sich manchmal, daß ich in die untere Welt reiste, um dort jede »Aufgabe« zu erfüllen, die ich erhielt, um seinem Geist bei der Reise in die nächste Welt behilflich zu sein; manchmal reiste ich auch durch die mittlere Welt in sein Krankenhauszimmer, um einfach nur bei ihm zu sein; meistens reiste ich jedoch überhaupt nicht. Ich trommelte einfach nur, und die Trommel machte die Arbeit. Nun ist er unter den Ahnen.

Schamanen erfüllen traditionell »Psychompos«-Aufgaben für Sterbende. Dies ist ein Begriff aus dem Griechischen, der wörtlich bedeutet »die Seele führen«; hiermit ist das Geleiten der Seele in die nächste Welt gemeint. Eine Irin, die schamanische Techniken in den 50er Jahren von ihrer Großmutter erlernt hatte, erklärt dies so:

> Wenn eine Seele diese Welt verläßt und Angst besteht, bringen ich und andere Wesen der Seele soviel Licht, wie wir können. Wir gießen Licht in sie, gießen soviel Licht in sie ... (daß) die alte Angst keine Macht hat ... (dann) steigt das Individuum, das die Reise zwischen den beiden Welten vor sich hat, einfach hoch in das Licht.[1]

Heute werden auch schamanisch arbeitende Menschen gebeten, diese Funktion zu erfüllen, wobei die heutigen Umstände und Bedingungen mit denen der vertrauten dörflichen Umgebung wenig gemein haben, in der Schamanen den Menschen jahrhundertelang dabei geholfen haben, ihr Leben zu leben und ihrem Tod zu begegnen. Wir müssen noch viel lernen und uns viel erarbeiten, wenn unsere moderne Form der Praxis des Schamanismus unserer eigenen Familie und unseren Freunden in ihren letzten Tagen den gleichen Dienst erweisen soll wie die Arbeit der traditionellen Schamanen.

Bei den Toten sein und tot sein

Schamanen verfügten traditionell über enge Beziehungen zu den Geistern der Toten. In manchen Kulturen erfolgt die Berufung eines Menschen zur Schamanenausbildung durch verstorbene Verwandte oder Stammesälteste. Häufig erfolgt die Initiation durch den Geist eines verstorbenen Schamanen. Der jakutische Schamane Tüspüt beschreibt seine Initiation folgendermaßen:

Eines Tages, als ich auf den Bergen herumirrte, dort unten gegen Norden, verhielt ich neben einem Holzhaufen, um mir mein Essen zu kochen. Ich setzte den Haufen in Brand, aber darunter war ein tungusischer Schamane begraben. Sein Geist hat sich meiner bemächtigt.[2]

Der Geist unterstützte Tüspüt in einem so engen Kontakt, daß Tüspüt bei seinen Sitzungen tungusische Worte sprach.

MIRCEA ELIADE, der auf dem Gebiet der Weltreligionen eine große Autorität ist, weist darauf hin, daß in manchen Kulturen die Seelen der Toten »dem Kandidaten den Kontakt mit den göttlichen und halbgöttlichen Wesen vermitteln (durch die ekstatischen Reisen zum Himmel und in die Unterwelt) oder den künftigen Schamanen in den Stand setzen, sich die heiligen Wirklichkeiten anzueignen, die nur den Abgeschiedenen zugänglich sind«.[3] Ich hebe die letzte Aussage hervor, da sie eine Überzeugung zum Ausdruck bringt, die in vielen indigenen Kulturen verbreitet ist und dennoch unter modernen Menschen, die Schamanismus praktizieren, nicht gerne angesprochen wird. Nur selten betrachten schamanisch Tätige sich als in gewissem Sinne tot, womit ich meine, daß sie losgelöster, freier, weiter von der materiellen Welt entfernt sind, um einen engeren bewußten Kontakt zu anderen Wirklichkeiten zu haben.

Diese unterschiedliche Betrachtungsweise kann darauf zurückzuführen sein, daß es ein großer Unterschied ist, ob man ein Schamane oder ein moderner schamanisch Tätiger ist, oder sie spiegelt eine tief verwurzelte zeitgenössische Einstellung gegenüber dem Tod wider, die die modernen schamanisch Tätigen von der Gesellschaft übernehmen – eine Einstellung, die gegen die Vorstellung spricht, daß eine lebende Person in gewisser Weise tot ist. Ich halte die letztere Erklärung für wahrscheinlicher und ermutige die schamanisch Tätigen dazu, Wege zu suchen und sich von ihren Hilfsgeistern Möglichkeiten zeigen zu lassen, um sich diese archaischere Vorstellung anzueignen und sie soweit wie möglich an die Erfordernisse ihrer Praxis des Schamanismus anzupassen. Lernen Sie, wie Sie in mancher Weise tot sein können. Hierdurch werden Sie ein stärkeres Gefühl der Fähigkeit haben, eine Brücke zwischen der Welt des Lebens und der Welt des Todes zu schlagen und erfolgreicher als Wanderer zwischen den Welten der alltäglichen und der nichtalltäglichen Wirklichkeit zu fungieren. Außerdem können Sie dann mit größerem Vertrauen über den Tod sprechen und sich besser auf Ihren eigenen Tod vorbereiten.

Der menschliche Geist ist frei, unabhängig, unsterblich und dazu 'in der Lage, jede materielle Form, in der er sich befindet, zu transzendieren. Unseren jetzigen Körper besitzen wir in der Tat nur vorübergehend. Vor ihm hatten wir andere, und es werden noch weitere kommen, nachdem wir aus dieser physischen Gestalt herausgeschlüpft sind, von der wir glauben, ohne sie nicht leben zu können. Schamanisch Reisenden stehen zahlreiche Körper, Lebensformen und Zeiten zur Verfügung, die sie während der ekstatischen Seelenflüge der schamanischen Reise bewohnen können. Dies ist einer der wichtigsten Gründe dafür, Core-Schamanismus zu praktizieren. TALIESIN, der walisische Barde und Schamane aus dem 6. Jahrhundert, sprach von seinen zahlreichen Verwandlungen in verschiedene Tiere und Lebensformen als von einer Art Tod. Er sagte, und da können wir ihm beipflichten: »Ich war tot, ich war lebendig ... Es gibt nichts, in dem ich nicht gewesen bin.«[4]

Die schamanische Reise und das Todesnähe-Erlebnis

Die Initiation in die schamanische Reise ist ein Paradigma des Todes und weist viele Eigenschaften des Todesnähe-Erlebnisses selbst auf. Sowohl die schamanische Reise als auch das Todesnähe-Erlebnis zeichnen sich in erster Linie durch den Tunnel aus, der von der vertrauten Umgebung im alltäglichen Leben in einen hellen Bereich führt, der sich außerhalb der Matrix von Raum und Zeit der materiellen Welt befindet. Ein Mensch, der ein Todesnähe-Erlebnis hat, begegnet den Geistern von verstorbenen Familienmitgliedern und von Freunden, die ihn beruhigen und sagen, daß die Reise in die nächste Welt gefahrlos sei, wenn die richtige Zeit für den betreffenden Menschen gekommen ist. Wie der Schamane kehrt der Mensch nach einem Todesnähe-Erlebnis wieder in die alltägliche Wirklichkeit zurück, häufig mit radikal veränderten Einstellungen zum Leben und zum Tod aufgrund dieses Erlebnisses. Für viele Rückkehrer schwindet die Angst vor dem Tod, und sie sind entschlossen, ein erfüll-

teres und stärker altruistisch ausgerichtetes Alltagsleben zu führen. Nach
einer solchen Erfahrung lebt der Mensch wieder, jedoch auf eine andere
und bewußtere Weise. Das gleiche gilt für den schamanisch Reisenden.

Was einen Schamanen in den gleichen Status versetzt wie die Toten,
ist die Tatsache, daß er die geistige Natur der menschlichen Existenz bewußter wahrnimmt als andere. Durch die unsichtbaren Pforten zwischen
den Welten reisen und auch wieder zurückkehren zu können, setzt eine
Art nichtkörperlicher Existenz voraus, die der der Sterbenden gleicht,
wenn diese ihren materiellen Körper verlassen. In manchen Kulturen
werden Schamanen als tot betrachtet, wenn ihr Geist während des schamanischen Trance-Zustands von ihrem Körper getrennt ist, und sie kehren ins Leben zurück, wenn sie wieder den normalen Bewußtseinszustand erlangen.

Der Eskimo-Schamane AUA teilte dem Forscher und Völkerkundler
KNUD RASMUSSEN noch einen weiteren Grund dafür mit, warum der
Schamane eine besondere Beziehung zu den Seelen der Toten hat. Es
ist einfach so, daß die Toten sich über die Besuche des Schamanen freuen.
Aua sagte:

> Es herrscht immer große Freude, wenn ein Geisterbeschwörer
> [ein Schamane] zu Besuch ins Land des Tages kommt; und so-
> gleich stürzen alle Seelen der Toten aus ihren Häusern ... Sie lau-
> fen dem Ankommenden entgegen, froh, ihm huldigen, glücklich,
> ihm Willkommen entbieten zu können; denn sie glauben, er sei
> wie sie selbst die Seele eines toten Mannes.

Wenn sie jedoch merken, daß es sich um einen Schamanen handelt und
nicht um einen jüngst Verstorbenen, sind sie enttäuscht. Der *Schamane*
bleibt jedoch eine Weile bei ihnen:

> Wenn sich der Geisterbeschwörer eine Zeitlang unter all den fro-
> hen Abgeschiedenen vergnügt hat, kehrt er wieder zu den Ge-
> fährten seines Wohnplatzes zurück, müde und außer Atem. Dann
> erzählt er von allem, was er erlebt hat.[5]

Auch hier zeigt sich eine bemerkenswerte Übereinstimmung zwischen
den Reaktionen der Geister, von denen Aua spricht, und denen der ver-

storbenen Familienmitglieder und Freunde, die glücklich sind und sich freuen, jemanden bei einem Todesnähe-Erlebnis in der nächsten Welt begrüßen zu können, und enttäuscht sind, wenn demjenigen mitgeteilt wird, daß es noch nicht an der Zeit sei und er in das Land der Lebenden zurückkehren müsse.

Aua berichtet uns jedoch, daß der Schamane seine Besuche im Land des Tages genießen kann und daß diese Besuche bei den Seelen der Toten sowohl für den Schamanen selbst, als auch später für die Lebenden ein Gewinn sein können, die aus den Berichten des Schamanen über seine Reise lernen können. Schamanen sind »Geographen des Todes«, die die Schwellen zur nächsten Welt erkunden, ihr Terrain erforschen, den Lebenden von den Gegebenheiten der nächsten Welt berichten und den Lebenden versichern, daß die Toten zwar in der nächsten Welt leben, aber dennoch nicht außer Reichweite sind. Auf diese Weise bringen die Schamanen den Lebenden Trost, indem sie die großen und beängstigenden Fragen darüber ein wenig erhellen, was uns nach dem Tod erwartet, und indem sie uns daran erinnern, daß die Welt der Lebenden und die Welt der Toten nicht völlig voneinander getrennt sind. Sie versichern uns, daß Kommunikation über Raum und Zeit hinweg möglich ist, innerhalb des mysteriösen Netzes von Wirklichkeiten, die das Universum bilden. Das wichtigste ist jedoch, daß die Schamanen den Mitgliedern ihrer Lebensgemeinschaft zeigen, daß es möglich ist, im Land der Toten zu weilen und von dort wiederzukehren.

Der Körper der Toten sowie der Ort, an dem der Körper ruht, spielen zuweilen in schamanischen Praktiken auf der ganzen Welt eine wesentliche Rolle. In Sibirien bewahren Schamanen die Schädel älterer Schamanen nach deren Tod auf und verwenden sie für die Divination. Hierfür gehen sie einfach so vor, daß sie dem verstorbenen Schamanen eine Frage stellen und anschließend den Schädel hochheben. Wenn sich der Schädel leicht anfühlt, ist die Antwort ja, und wenn sich der Schädel schwer anfühlt, ist die Antwort nein. Eliade zeigt Parallelen zwischen dieser Methode und den griechischen Berichten von Orpheus auf, dessen Kopf nach seinem Tod als Orakel diente, sowie den altnordischen Legenden über den Schädel des Gottes Mimir, der ebenfalls den Lebenden Ratschläge gab.[6]

Die keltischen Legenden sind voll von Berichten über abgeschlagene Köpfe, wie z.B. den des walisischen Anführers Bran, der aus der anderen Welt weiterhin zu den Menschen sprach und ihnen Anweisungen gab. In christlicher Zeit wurden die Schädel von keltischen Heiligen häufig an heiligen Orten aufbewahrt, die zu Pilgerstätten wurden, an denen die Gläubigen Rat suchten. Die Kelten setzten die Wallfahrten zu den Gräbern christlicher Heiliger und den Grabhügeln alter Götter und Göttinnen fort, um eine Art der Verbundenheit mit der anderen Welt zu erleben und Inspiration durch Wesenheiten aus der anderen Welt zu erhalten.

Die Toten nehmen uns ernst

Studien, die während der letzten zwanzig Jahre durchgeführt wurden, haben gezeigt, daß die Toten spontan mit früheren Freunden und mit Familienmitgliedern in Kontakt treten, und zwar erstaunlich häufig. Zwischen 47 bis 67 Prozent verwitweter Männer und Frauen berichten von spontanen Kontakten mit ihren verstorbenen Ehepartnern, wobei manche die Stimme der oder des Verstorbenen hören, manche sehen sie oder ihn in körperlicher Gestalt, einige spüren sogar Berührungen. In der Bevölkerung generell berichten 25 bis 42 Prozent von Post-mortem-Kontakten mit ihnen bekannten Menschen. Von den Eltern, die ein Kind verloren haben, geben mehr als 70 Prozent an, daß sie Kontakt zu ihrem verstorbenen Kind hatten. Wenn man berücksichtigt, daß viele Menschen Angst davor haben, solche Begegnungen mit Toten einzugestehen, da sie befürchten, nicht ernst genommen oder für verrückt gehalten zu werden, müssen diese Zahlen wahrscheinlich noch höher angesetzt werden. Wenn man noch die Menschen hinzurechnet, die mindestens ein Todesnähe-Erlebnis hatten, in dem sie die Geister verstorbener Bekannten getroffen haben, – in den Vereinigten Staaten sind dies beispielsweise acht Millionen – erhält man eine sehr hohe Anzahl von Menschen, die Kontakt zu den Toten haben. Fast alle diese Menschen erzählen, daß sie durch die Begegnungen mit den Toten Kraft erhielten, ermutigt wurden, Frieden empfanden, das Schicksal annehmen konnten und erleichtert darüber waren, daß es den Verstorbenen gutging.[7]

Aus diesen Statistiken kann man erkennen, daß die Toten Kontakt zu uns halten, ob wir ein Interesse daran haben oder nicht! Liebevolle Beziehungen zwischen Menschen werden nicht durch die Tatsache des kör-

perlichen Todes unterbrochen. Gewöhnliche Männer und Frauen setzen ihre Beziehungen zu Verstorbenen fort, sogar ohne mediale oder
schamanische Fähigkeiten erlernt zu haben. Einige Therapeuten ermu-
tigen ihre trauernden Klienten dazu, eine aktive Beziehung zu dem oder
der Verstorbenen beizubehalten und Dialoge mit dem Geist ihrer Lieben zu halten, um mit ihrem Kummer umzugehen und mit ihrem Leben weiterzumachen. Diese heutige Denkweise ist dem allgemein ver-
breiteten Ratschlag entgegengesetzt, der folgendermaßen lautet:»Vergiß
ihn. Sieh, daß du darüber hinweg kommst. Er ist nicht mehr da, aber
dein Leben geht weiter.« Gerade dadurch, daß man sich an den Verstorbenen erinnert, ihn ehrt und würdigt, kann das Leben für die Lebenden wieder seinen normalen Gang gehen.

Wenn man Schamanismus praktiziert, wird man darauf vorbereitet,
einen gewissenhaften Kontakt zu den Verstorbenen zu halten. Wenn wir
unsere Praxis des Schamanismus an den Kerntraditionen des indigenen
Schamanismus ausrichten, ist es in der Tat praktisch erforderlich, eine
Art von dauerhafter Beziehung zu den Toten zu haben. Und wer wäre
ein besserer persönlicher Berater hinsichtlich des Lebens und des Ster-
bens als jemand, den wir kannten und dessen Urteil wir vertrauten, als
er noch lebte? Wir sollten es zu einem Bestandteil unserer spirituellen
Lebensweise machen, uns Ratschläge und Anweisungen in spirituellen
Dingen bei den Geistern von Menschen zu holen, die wir kannten und
in diesem Leben respektierten. Die Toten können zu wichtigen Verbündeten in der anderen Welt werden, mit denen wir regelmäßig in Kontakt treten, oder sie können Hilfe in bestimmten Situationen anbieten,
zum Beispiel wenn wir jemandem beim Sterben unterstützen oder uns
auf unseren eigenen Tod vorbereiten. Eine schamanische Reise zu machen, um jemanden zu treffen, den Sie in diesem Leben kannten, ist
möglich, da der Tod die Bande der Liebe und der Verbundenheiten, die
in dieser Welt zwischen Ihnen bestanden, nicht vollständig durchtrennt.

Zu verstorbenen Menschen reisen,
die Sie kannten

Nicht jeder Geist eines Verstorbenen ist in der Lage oder dazu bereit,
wieder mit den Lebenden in Verbindung zu treten, obwohl Medien und

Schamanen meist die Erfahrung machen, daß viele Geister, wahrscheinlich die meisten, sich in einem Zustand befinden, der zu einem gewissen
Grad einen Kontakt mit den Lebenden zuläßt. Wenn Sie herausfinden
möchten, zu welchem der Ihnen persönlich bekannten Verstorbenen Sie
eine schamanische Reise machen könnten, und dabei die Würde der Verstorbenen respektieren möchten, können Sie folgendermaßen vorgehen:

- Nehmen Sie sich ein paar Tage oder sogar ein paar Wochen Zeit, um
  darüber nachzudenken und zu meditieren, wer die Person sein soll,
  insbesondere wenn in den letzten Jahren mehrere Menschen in Ihrer
  Familie oder Ihrem Bekanntenkreis verstarben.

- Sie können den Geist eines Verstorbenen darum bitten, Ihnen in einem Traum zu erscheinen oder Ihnen ein Omen zu senden, falls er
  möchte, daß Sie Kontakt zu ihm aufnehmen. (Informationen zu Träumen und Omen finden Sie im folgenden in den entsprechenden Ab-
  schnitten.)

- Sie können auch eine Reise machen, um Ihr Krafttier oder andere geistige Lehrer zu fragen, wer unter den Ihnen bekannten Verstorbenen
  eine vielversprechende Kontaktperson wäre.

Bei Sitzungen von Medien und beim Kontakt zu Geistwesen ist es generell üblich, mit den Versuchen der Kontaktaufnahme zu einem Geist
eines erst kürzlich Verstorbenen nicht zu früh nach dem Tode der Person zu beginnen. Die Toten brauchen Zeit, um anzukommen und sich
an ihr neues Leben zu gewöhnen. Es gibt keine allgemeinen Regeln dafür,
wie lange man nach dem Sterben mit einem Kontaktversuch warten
sollte, wahrscheinlich weil der Eintritt in die nächste Welt bei jedem in-
dividuell unterschiedlich verläuft. Sie könnten hierüber Ihr Krafttier und
andere geistige Lehrer befragen und außerdem bedenken, was für ein
Verhältnis Sie zu dem Verstorbenen hatten und welche Wünsche er in
dieser Situation haben könnte. Wenn der Verstorbene aus irgendwelchen
Gründen nicht dazu bereit oder in der Lage ist, mit Ihnen zu kommunizieren, wird Ihnen das mitgeteilt werden.
    Wenn Sie sich entschieden haben, zu welcher Person Sie Kontakt auf-
nehmen möchten, können Sie eine der im folgenden aufgeführten Me-

thoden wählen, um festzulegen, wie die Reise verlaufen soll. Diese Reise geht nicht in das klassische »Land der Toten«, das in schamanischer und mythologischer Literatur als ein beängstigendes und deprimierendes Reich beschrieben wird, in dem der Reisende vielerlei Gefahren ausgesetzt ist. Das Land der Toten ist der Ort, an dem verwirrte Geister auf ihren endgültigen Übergang von diesem Leben in das nächste warten, wobei manchen nicht bewußt ist, daß sie tot sind, und andere immer noch zu sehr diesem Leben verhaftet sind und nicht loslassen können. Dies sind die Menschen, denen Schamanen und Medien traditionell dabei helfen, auf die andere Seite zu gelangen. Dies sind nicht die Geister, die Sie sich als Berater und Lehrer wünschen würden, und sie wären auch gar nicht dazu in der Lage, als solche zu fungieren. Wenn Sie bei Ihren vorbereitenden Reisen und Überlegungen erkennen, daß die Person, die Sie als geistigen Führer suchen, sich in diesem Zustand befindet, sollten Sie mit Ihrem Krafttier die Möglichkeit besprechen, Psychopompos-Reisen zu machen, um der Person dabei zu helfen, ganz in das Reich der gesegneten Seelen überzuwechseln.

Ort des Treffens
und Vorgehensweise

Wenn Sie einen Verstorbenen auf einer schamanischen Reise treffen möchten, stehen Ihnen dafür mehrere Möglichkeiten zur Verfügung.

- Die meisten Menschen berichten, daß sie den Kontakt zu Toten und anderen nichtkörperlichen Wesenheiten in der oberen Welt haben. Lassen Sie Ihr Krafttier ein Treffen an einem Ort in der oberen Welt für Sie vereinbaren, den Sie bereits kennen, oder bitten Sie es, Sie an einen schönen Treffpunkt zu bringen, den es zu diesem Zweck auswählt.

- Sie können auch in der mittleren Welt zur geistigen Dimension eines Ortes reisen, an dem Sie und der Verstorbene gewöhnlich zusammen waren, zum Beispiel ein Park, ein Strand, ein Garten oder ein anderer Ort in der Natur, der Ihnen vertraut und angenehm ist. Auch wenn dieser Ort inzwischen nicht mehr existiert, kann Ihre Reise außerhalb von Raum und Zeit Sie zu einem »geistigen Spiegelbild« des ursprünglichen Ortes führen, das als eine gemeinsame Basis dienen kann, die von Ihrer beider Energien geprägt wurde, wo Sie sozusagen geistige Fußspuren oder Schatten hinterlassen haben und wo es für Sie beide angenehm wäre, wieder zusammen zu sein.

- Sie können Ihr Krafttier auch bitten, Sie zu einer bestimmten Art von Platz in der unteren Welt zu bringen, z.B. zu einem Feld, einer Wiese, einem Park, Strand oder einer anderen Stelle, wobei Sie Ihr Krafttier bitten, daß dieser Ort nach Ihren Wünschen so vorbereitet wird, daß Sie und der Geist, mit dem Sie sich treffen, sich dort wohlfühlen.

Menschen, die plötzlich einen geliebten Menschen verloren haben und sich nun von diesem Menschen verabschieden und noch offene Angelegenheiten regeln möchten, lehre ich in Beratungen, durch eine Öffnung im Boden und durch einen Tunnel zu einem bestimmten Ort zu reisen, den sie vor Beginn der Reise festlegen. Zunächst entscheiden wir, wo dieser Ort sein soll, wie er aussehen soll, welche Jahreszeit sein soll, welche Pflanzen oder Gegenstände dort sein sollen und so weiter. Hierdurch kann der erstmals Reisende sicher sein, zu einer vertrauten Umgebung geführt zu werden, und er muß keine Angst davor haben, was er vorfinden wird. Es ist wichtig, daß man sich wegen dieser Dinge keine großen Gedanken macht, da es bei der Reise in erster Linie darum geht, mit dem Verstorbenen zusammen zu sein, und nicht darum, eine Landschaft der anderen Welt zu erkunden. Ein Klient von mir, dessen Tochter im Teenager-Alter bei einem Autounfall ums Leben gekommen war, ohne daß er die Möglichkeit hatte, sich von ihr zu verabschieden, entschied sich dafür, sich bei einem Tennisplatz mit ihr zu treffen, auf dem sie immer zusammen gespielt hatten. Zu seiner Überraschung kam sie nicht nur zu dem Treffen, um ihm die Gelegenheit eines Abschieds zu geben, sondern sie wollte mit ihm auch eine Partie Tennis spielen. Er hat mir nicht gesagt, wer dabei gewonnen hat.

Überlegen Sie sich, welchem Zweck die Reise dienen soll:

- Zum einen geht es darum zu erleben, wie es ist, dem Geist einer Person zu begegnen, mit der Sie wahrscheinlich seit ihrem Tod keinen

Kontakt mehr hatten. Sie sollten sich begrüßen und Ihre Beziehung erneuern.

- Stellen Sie der Person bestimmte Fragen oder persönliche Fragen, und seien Sie dazu bereit, die Fragen zu beantworten, die der Geist vielleicht an Sie richtet.

- Finden Sie heraus, ob die Person zu regelmäßigen Treffen bereit ist und als ein geistiger Lehrer für Ihre Praxis des Schamanismus fungieren bzw. Ihnen bei wichtigen Lebensfragen zum gegebenen Zeitpunkt mit Ratschlägen zur Seite stehen möchte. Wenn diese Fragen bejaht werden, können Sie damit anfangen, eine dauerhafte Beziehung zu der Person aufzubauen. Falls nicht, ist dies vielleicht Ihr einziges Treffen, und Sie müssen Ihre Angelegenheiten bei diesem Treffen regeln.

- Falls die Person dazu bereit ist, als Lehrer oder Berater zu fungieren, fragen Sie sie, ob es irgendwelche Anforderungen oder Bedingungen für Reisen gibt, die Sie machen, um die Person zu treffen, oder ob es andere Kommunikationsmittel gibt, wie z.B. Träume, automatisches Schreiben, Omen und Zeichen in der Natur.

- Sie können auch fragen, ob die Person ein Krafttier oder ein Tier als Boten hat, das Sie kennen sollten. Dieses Tier kann ein von der Person stammendes Zeichen sein, wenn Sie es in der alltäglichen Wirklichkeit sehen. Es kann sich auch um ein Krafttier handeln, zu dem Sie in der nichtalltäglichen Wirklichkeit reisen können und das dem Geist als Bote dient oder seine Anweisungen übermittelt.

- Sie sollten die Person fragen, ob sie möchte, daß andere lebende Personen, die sie kennt, darüber Bescheid wissen, daß sie einen derartigen Kontakt zu Ihnen hat. Respektieren Sie die Wünsche des Geistes in dieser Sache.

- Einer der Vorteile, die es hat, einen Geist der Verstorbenen als Lehrer zu haben, besteht darin, daß man Dinge lernt, die mit dem Tod zu tun haben, beispielsweise wie man sich auf den eigenen Tod vorbereiten kann und wie man einem Sterbenden helfen kann. Wie bereits erwähnt wurde, können diese Informationen für schamanisch Tätige äußerst wertvoll sein, die einem Sterbenden zur Seite stehen sollen, insbesondere in der heutigen Zeit, in der den Menschen viel daran liegt, diese Welt auf eine Weise zu verlassen, die für sie persönlich bedeutungsvoll ist.

• Genießen Sie die Begegnung. Tanzen und singen Sie zusammen mit der Person, falls dies angemessen zu sein scheint.

Schamanen unter den Ahnen

Viele Menschen, die Schamanismus praktizieren und von europäischen Ahnen abstammen oder aus Kulturen kommen, in denen es keine gegenwärtige Tradition des Schamanismus gibt, auf die sich die schamanisch Tätigen stützen könnten, fragen sich häufig, ob es unter ihren Vorfahren Schamanen gab und welche Praktiken diese anwandten. In Märchen und volkstümlichen Geschichten über Zauberei können wir Rudimente älterer schamanischer Bräuche entdecken – das Verwandeln, das Heilen durch Zauber, Kräuter und Beschwörungen, intelligente Tiere, die Freunde von Menschen sind, das Reisen in nichtalltägliche Reiche im Erdinnern oder über dem Himmel – wir wissen jedoch nicht immer genau, wie diese Kunststücke genau durchgeführt wurden.

Das Wissen der Ahnen geht niemals völlig verloren, denn alles jemals Geschehene hat in den geistigen Reichen des Universums einen Abdruck hinterlassen, daher können wir zum Geist eines Schamanen unter unseren Ahnen reisen, um die alten Methoden zu erlernen, die Teil unseres familiären oder kulturellen Erbes waren. Eine solche Reise gleicht der Reise zu den Verstorbenen und kann ähnlich aufgebaut werden wie eine Reise zu jemandem, der erst in jüngerer Zeit verstorben ist. Eine Variation hierbei ist jedoch, daß Sie zurück in der Zeit reisen, um das Stammesleben oder das bäuerliche Leben zu beobachten, das Ihre entfernten Verwandten geführt haben, und einen Schamanen oder geistigen Heiler auszumachen, den Sie um Unterweisung bitten können.

Alle Informationen, die Sie erhalten, sollten Sie mit Respekt und der aufrichtigen Absicht zurückbringen, sich weiter damit zu befassen und

darüber nachzudenken, während Sie sie in die Praxis umsetzen. Nicht jeder Brauch und jede Technik aus alten Zeiten ist für die moderne Welt
geeignet. Beispielsweise haben die meisten Stammesvölker Tieropfer und
in manchen Zeiten sogar Menschenopfer dargebracht. Diese Praktiken
würden unserem heutigen ethischen und moralischen Empfinden wider-
sprechen, auch wenn Menschen früherer Zeitalter tief und aufrichtig an
den Sinn dieser Opfer glaubten und diese für notwendig hielten. Außerdem waren die durchschnittlichen Menschen vergangener Jahrhunderte
körperlich daran gewöhnt, eine sehr strenge Askese zu überstehen, die für
Menschen der heutigen Zeit unerträglich und sogar gefährlich für die körperliche oder geistige Gesundheit wäre. Die Kräuter, Steine, Hölzer und
andere natürliche Inhaltsstoffe, die vor Jahrhunderten für Medizin verwendet wurden, sind heute vielleicht nicht mehr erhältlich oder könnten
für moderne Menschen eine schädliche Wirkung haben.

   Jeder Rat, den Sie von Ahnengeistern erhalten, sollte sowohl von
Ihnen und Ihren anderen geistigen Lehrern als auch von anderen
schamanisch Tätigen, deren Urteil Sie respektieren, sorgfältig beurteilt
werden. Dennoch können allgemeine Grundsätze, Anregungen und persönliche Geschichten von geistigen Lehrern unter den Ahnen sehr wertvoll sein, um Ihre Praxis des Schamanismus in dem spirituellen Erbe zu
verwurzeln, aus dem Ihre Familie stammt. Sie können Methoden des
nächtlichen Wachens und der Visionssuche sowie Gottheiten, Schutzgeister und Clan-Totems Ihrer Ahnen finden. Lesen Sie Literatur über
die Folklore, Geschichte und die Anthropologie des Volkes, von dem
Sie abstammen, und beschäftigen Sie sich mit diesen Themen, damit Sie
so gut wie möglich informiert sind.

Träume von Geistwesen

Die Toten erscheinen uns häufig in Träumen. Nicht jeder Traum, in dem
eine verstorbene Person vorkommt, muß jedoch eine wichtige Botschaft
oder Begegnung darstellen. Wie bei Träumen im allgemeinen müssen
wir zwischen den zwei Arten von Träumen unterscheiden, die manche
Kulturen »große« Träume und »kleine« Träume nennen –, das heißt
Träume, die wirklich bedeutungsvoll sind, im Gegensatz zu Träumen,
in denen lediglich die Ereignisse oder Sorgen des vorherigen Tages ver-

arbeitet werden. In der Regel ist es ein zuverlässiges Zeichen, daß Sie einen »großen« Traum hatten, wenn Sie nach dem Traum beim Aufwachen ein starkes kribbeliges Gefühl oder den Eindruck intensiverer Angeregtheit haben, ein beunruhigendes Gefühl, daß der Traum von Bedeutung war. Wenn Sie einen großen Traum von den Toten haben, ist es ratsam, mit dem Traum schamanisch zu arbeiten, um herauszufinden, welche weiteren Bedeutungen er hat und wie Sie ihn für Ihr Leben nutzen können.

Ebenso hilfreich sind diejenigen Träume von Toten, die Sie selbst initiiert haben. Um bestimmte Träume zu initiieren oder »vorzuprogrammieren«, suggerieren Sie sich selbst tagsüber und abends unmittelbar vor dem Einschlafen, daß Sie von einer bestimmten Sache träumen werden. In diesem Fall würden Sie beispielsweise den Geist eines verstorbenen Freundes bitten, Sie in einem Traum zu besuchen. Viele Menschen müssen an mehreren Abenden nacheinander um einen solchen Traum bitten, bis der Traum tatsächlich eintritt. Dies könnte notwendig sein, da der Geist vielleicht abwartet, wie wichtig Ihnen der Traum wirklich ist, oder damit Ihre Suggestionen genug Zeit haben, um andere Ablenkungen aus Ihrem Traumbewußtsein zu entfernen und es darauf vorzubereiten, einen Traum über das gewünschte Thema zu empfangen.

Eine beachtenswerte Theorie über diese Art von initiierten Träumen, die allerdings nicht von allen akzeptiert wird, besagt, daß bei der Bitte um einen Traum zu einem bestimmten Thema jeder Traum, den man in der Nacht träumt, von dem gewünschten Thema handelt, auch wenn das Thema im manifesten Inhalt des Traumes möglicherweise nicht direkt erscheint. Diese Theorie argumentiert, daß das gewünschte Thema des Traumes in Metaphern verborgen ist, die den Träumenden dazu auffordern, sich tiefergehend mit dem Traum zu befassen und mehr Zeit für die Entschlüsselung der Traumbotschaft aufzuwenden, als dies erforderlich wäre, wenn der manifeste Inhalt des Traumes eindeutig das gewünschte Thema wäre. Wenn Sie einen Geist bitten, in einem Traum zu Ihnen zu kommen oder Ihnen Anweisungen in einer bestimmten Angelegenheit zu geben, gilt für unsere Zwecke, daß alles, was Sie in der betreffenden Nacht träumen, als relevante Information von oder über den Geist des Verstorbenen interpretiert werden sollte.

Unabhängig davon, für welche Art des Verständnisses initiierter Träume Sie sich entscheiden, können Sie die folgenden Methoden an-

wenden, um in einen Traum zu reisen und seine Botschaft und Bedeutung umfassender zu begreifen. Im neunten Kapitel ist eine Möglichkeit
dafür beschrieben, wie man diese Traum-Reise-Technik mit einer
Gruppe einsetzen kann.

- Sie können am Anfang des Traumes beginnen und direkt die Traum-
  geschehnisse so durchleben, wie sie sich ereignet haben.

- Oder bitten Sie Ihr Krafttier, Sie an den Punkt im Traum zurück-
  zuversetzen, an dem Sie seiner Meinung nach wieder einsteigen
  sollten.

- Bitten Sie ausdrücklich darum, an einem bestimmten, für Sie interessanten Punkt wieder in den Traum einzusteigen.

- Alles im Traum kann Ihnen Antwort geben, daher können Sie Menschen, Tiere, Orte und Gegenstände fragen, warum sie in dem Traum
  sind.

- Sie können auch Ihr Krafttier nach der Bedeutung von im Traum vor-
  kommenden Personen, Orten oder Gegenständen fragen.

- Sie können allen Elementen des Traumes die folgenden drei
  Fragen stellen, die gewöhnlich wichtige Informationen zutage fördern: Warum bist du in meinem Traum? Welches Geschenk/welche
  Kraft/welchen Rat kannst du mir für mein Leben heute geben? Bist
  du im Grunde etwas anderes als das, was du in diesem Traum zu sein
  scheinst?

- Sie können auch zu jedem beliebigem Punkt in dem Traum gehen und
  diesen Punkt verändern, so daß sich der Traum auf eine andere Weise
  entfalten kann als ursprünglich. Wenn Sie beispielsweise an einem
  Punkt im Traum kurz davor waren, durch eine Pforte zu gehen, es
  aber doch nicht taten, haben Sie jetzt die Chance, in Begleitung Ihres
  Krafttieres durch die Pforte zu gehen. Wenn es in dem Traum eine
  Gestalt gab, der Sie sich nähern oder die Sie befragen wollten, können Sie dies nun tun.

- Sie können den Traum über sein ursprüngliches Ende hinaus weiter-
  führen. Die meisten Träume »brechen ab« oder klingen aus, ohne zu
  einem richtigen Schluß gekommen zu sein. Auf der Reise können Sie
  den Traum weiterträumen und herausfinden, was als nächstes passieren wird.

- Entsprechend können Sie auch »rückwärts gehen« und herausfinden,
  welche Ereignisse unmittelbar vor dem ursprünglichen Anfang des
  Traumes geschahen.

Wenn der Geist des Verstorbenen Ihnen deutlich erschien und Ihnen
Informationen übermittelte, die für Sie einen Sinn ergeben, brauchen
Sie diese Reise zum erneuten Träumen nicht zu machen. Wenn der Traum
jedoch mysteriös oder unerklärlich war oder der Geist nicht erschien,
Sie jedoch dennoch davon ausgehen, daß der Traum von dem Geist kam,
sollten Sie eine Reise entsprechend dieser Anleitung machen.

Zeichen, Geheimnisse
und Synchronizitäten

Jim, ein Freund von mir, den ich bereits seit meiner High-School- und
College-Zeit gekannt hatte, starb unerwartet während einer Lungen-
operation. Einige Jahre später, als ich alleine mit dem Auto unterwegs
war und einen Oldie-Sender hörte, kam ein Lied aus den 60er Jahren im
Radio, das ein Lieblingslied von Jim gewesen war; das Lied war von den
Shirelles, einer der populären »Mädchen-Bands« dieser Zeit. Ohne er-
sichtlichen Grund spürte ich den Drang zu sagen: »Das ist für dich, Jim«,
und ich fing an, laut mitzusingen. Das hat etwas in Gang gebracht. Immer, wenn ich jetzt ein Lied von den Shirelles höre (und alleine im Wagen bin), singe ich für Jim mit.
   Ein oder zwei Monate, nachdem ich mit dieser Gewohnheit begonnen hatte, zog ich ein Buch aus dem Bücherregal, um etwas nach-
zusehen, ein Buch, das ich seit Jahren nicht in der Hand gehabt hatte.
Als ich es aufschlug, fiel eine alte Weihnachtskarte von Jim heraus,
die das Datum 1988 trug und mehrere Jahre vor seinem Tod geschrieben worden war. Es war nichts Auffallendes an der Karte, keine auf-

fallende Nachricht und kein besonderes Bild, auch keine besondere handschriftliche Anmerkung außer, »Ich hoffe, daß das neue Jahr gut wird.« Ich hatte keinen Grund gehabt, die Karte aufzubewahren, daher nehme ich an, daß ich sie fast acht Jahre zuvor als Lesezeichen in das Buch gesteckt und dann vergessen hatte. Als die Karte aus dem Buch fiel, war mir fast sofort klar, warum dies so war. Sie war ein Zeichen von Jim, daß er meine Konzerte mit den Shirelles hörte und sie ihm gefielen.

Die Toten sind auf subtile und nicht ganz so subtile Weise bei uns und schubsen uns häufig aus unserem durch das Alltagsleben hervorgerufenen Trance-Zustand, damit wir uns ihrer Gegenwart in unserem Leben bewußt werden. Zeichen und Synchronizitäten, wie die vergilbte Weihnachtskarte von Jim, treten häufiger auf, als uns bewußt ist, da wir sie entweder überhaupt nicht wahrnehmen oder gerne einfach als merkwürdige Zufälle abtun. Aber sie sind mehr als reine Launen des Schicksals. Eine Synchronizität ist eine bedeutungsvolle Fügung, eine, die uns ins Auge springt, ein Kribbeln verursacht und uns das Gefühl vermittelt, daß irgendeine andere Intelligenz an unseren Alltagsaktivitäten beteiligt ist. Die Geister setzen Synchronizitäten ein, um uns daran zu erinnern, daß sie in der nächsten Welt weiterleben, und um ihren Geist in dieser Welt am Leben zu erhalten, insbesondere in unseren Köpfen und Herzen. Sie verlassen sich nicht auf unsere Fähigkeit, alte Erinnerungen zu bewahren, sondern schicken uns diese Ereignisse in unserem gegenwärtigen Leben, damit wir wissen, daß sie immer noch da sind.

Menschen, die regelmäßig spirituelle Übungen machen, z.B. Meditation, Gebet und religiöse Übungen, erleben meist häufiger Synchronizitäten als andere Menschen oder nehmen diese häufiger wahr, wahrscheinlich deshalb, weil spirituelle Aktivitäten eine Person so formen, daß sie wachsamer gegenüber feinstofflichen, nichtmateriellen Einflüssen im Alltag ist. Wie bereits erwähnt wurde, wird Ihnen die Häufigkeit von Synchronizitäten eher bewußt, wenn Sie sie in einem Tagebuch notieren.

Zeichen und Omen von den Toten können in unterschiedlichen Formen erfolgen. Wie im Falle der alten Weihnachtskarte kann es sich um ein einzigartiges Zeichen handeln, bei dem eindeutig gekennzeichnet ist, daß es von einer bestimmten Person stammt (die Unterschrift eines Freundes ist ziemlich eindeutig!). Andere Zeichen sind vielleicht ebenso

einzigartig, aber nicht so offensichtlich. Wenn Sie jedoch spüren, daß
das Ereignis bedeutungsvoll ist, sollten Sie wohl annehmen, daß es ein
Zeichen von einem verstorbenen Freund ist. Sie können danach eine
Reise zu Ihrem Krafttier oder einem anderen geistigen Lehrer machen,
um nach der Bedeutung oder einer genaueren Erklärung für die Synchronizität zu fragen.

Sie können auch eine Reise zu den Verstorbenen machen und um Zeichen bitten. Eine Möglichkeit hierfür besteht darin, zu fragen »Was sollte
ich als ein Zeichen von Dir betrachten?« Ähnlich ist die Frage nach dem
Krafttier eines verstorbenen Freundes. Sie erfahren vielleicht auch, daß
bestimmte Zeiten des Tages für Zeichen und Omen günstiger sind, wie
z.B. die Zeit des Sonnenuntergangs und des Sonnenaufgangs, bei denen
es sich um Zeiten »dazwischen« handelt, die für immaterielle Einflüsse
förderlich sind. Vielleicht bekommen Sie auch die Information, daß die
Vollmondnächte die Zeiten sind, in denen ein bestimmter Geist Kontakt zu Ihnen aufnehmen wird. Die Gegenwart bestimmter Vögel, ein
bestimmtes Verhalten von Vögeln oder das Erscheinen von Vögeln zu
einer bestimmten Zeit könnte ein Zeichen sein. Vielleicht möchten die
Toten, daß Sie sich an bestimmte Orte begeben – vielleicht Orte, die ihnen zu Lebzeiten wichtig waren –, um Zeichen zu erhalten. Es kann auch
sein, daß ein Datum, das im Leben des Toten eine wichtige Rolle gespielt hat, günstig dafür ist, um Zeichen, Omen oder Träume von dem
Verstorbenen zu erhalten.

Ebenso wie für Träume gilt auch für Fügungen, daß nicht jeder Zufall unbedingt eine wichtige Botschaft oder ein Zeichen von den Verstorbenen ist. Wenn Sie beispielsweise erfahren haben, daß eine bestimmte Vogelart das Totem eines verstorbenen Verwandten ist,
bedeutet dies dennoch nicht, daß jedes Erscheinen eines solchen Vogel
unbedingt ein Gruß des Verstorbenen sein muß. Wenn Sie wachsam
sind, sich über die Zeiten und Orte Gedanken machen, an denen diese
Vögel Ihnen erscheinen, wenn Sie auf die Bedeutung der Ereignisse achten und wenn Sie um innerliche Bestätigungen durch die Verstorbenen
bitten, werden Sie mit der Zeit lernen, Zeichen und Omen zu interpretieren.

Grabstätten-Rituale

Das Aufsuchen von Gräbern unterliegt der Mode. Im 19. Jahrhundert war dies in den Vereinigten Staaten ein beliebter Zeitvertreib, wie auch die landschaftliche und architektonische Gestaltung von Friedhöfen. Man hielt Picknicks an Gräbern ab, die Bildhauerkunst der Grabsteine und die Architektur der Mausoleen konnten es mit den Skulpturen und der Architektur auf dem Grundbesitz der Reichen aufnehmen. Mitte des 20. Jahrhunderts wurde dies von vielen Menschen als makaber betrachtet, und der Besuch von Gräbern wurde größtenteils auf den Volkstrauertag beschränkt. Auch haben die Amerikaner andere Plätze gefunden, an denen sie picknicken können. Für Menschen, die Schamanismus praktizieren, gibt es jedoch gute Gründe, die letzte Ruhestätte der Toten zu besuchen, und zwar unabhängig von den aktuellen Trends. Im folgenden sind einige dieser Gründe aufgeführt.

- *Auf Gräbern schlafen:* Bei den indigenen Völkern Sibiriens und Australiens, bei den Eskimos der Arktis sowie bei den Kelten bestand die Auffassung, daß das Schlafen am oder auf dem Grab des Toten den Kontakt zu verstorbenen Freunden und Bekannten erleichtere. Die Überzeugung, daß die Seelen oder Geister der Toten in der Nähe des Körpers bleiben, besteht nicht überall, für die vorgeschlagene Methode braucht man diese Auffassung jedoch nicht zu vertreten. Der Geist ist nicht an Zeit und Ort gebunden; er transzendiert Zeit und Ort. Aber das Grab kann eine Art Abdruck der geistigen Energie des Toten besitzen, die den Lebenden dabei hilft, Kontakt zu dem Toten aufzunehmen. Unabhängig von der jeweiligen Überzeugung ist das Grab ganz einfach ein logischer Ort dafür, Kontakt aufzunehmen oder auch Rituale zu Ehren der Toten abzuhalten.

Die im Schamanismus weltweit wichtigen Praktiken des nächtlichen Wachens und der Visionssuche können am Grab eines Hilfsgeistes stattfinden, wenn der Friedhof bei Nacht zugänglich ist. Die meisten großen öffentlichen Friedhöfe sind über Nacht geschlossen, kleinere sind jedoch häufig auch über Nacht offen. Es ist nicht ratsam, sich nach den Öffnungszeiten auf einen Friedhof zu schleichen. Sie könnten jedoch vielleicht eine Sondergenehmigung erhalten, wenn Sie sich bei dem zuständigen Leiter erkundigen, ob Sie eine nächtliche Wache an einem Grab abhalten können, insbesondere wenn Sie erläutern, daß dies im Rahmen einer spirituellen Übung zur Ehrung der Verstorbenen erfolgen soll.

- *An der Grabstätte eine schamanische Reise machen:* Sie können eine schamanische Reise zu dem Verstorbenen machen, während Sie sich an seinem Grab befinden, sofern der Platz persönlich und abgeschieden genug ist, daß Sie sich hierbei sicher fühlen können. Falls dies nicht der Fall ist, können Sie einfach am Grab trommeln oder rasseln, um den Geist des Verstorbenen stärker in Ihr Bewußtsein zu rufen. Die Verstorbenen erkennen unsere Bemühungen, mit ihnen in Kontakt zu kommen und ihren Geist in unserer Erinnerung und in Ritualen lebendig zu halten, daher bleiben Besuche am Grab, um diese Aktivitäten durchzuführen, in der geistigen Welt nicht unbemerkt und werden geschätzt.

- *Grabpflege:* Die Grabpflege kann eine wichtige Aktivität zur Ehrung der Toten sein, z. B. die Pflege der Pflanzen, das Pflanzen von Blumen oder Sträuchern, das Schmücken des Grabes mit jahreszeitlichen Dekorationen wie Kränzen oder anderem Grabschmuck. Sie können die gewöhnlichen Arbeiten der Grabpflege sozusagen aufwerten, indem Sie sie in einige der unten aufgeführten Handlungen einbeziehen:

Geschenke am Grab zurücklassen: In vielen Kulturen ist es üblich, Geschenke, wie z.B. Blumen oder Speisen, am Grab zu hinterlassen. Im Rahmen einer Praxis des Schamanismus, bei der die Toten als geistige Helfer einbezogen werden, können wir heilige Gegenstände, wie z.B. Kristalle, Steine und geschnitzte Stöcke, am Grab zurücklassen.

Asche verteilen: Wir können rituelle Kräuter oder Räucherwerk verbrennen und die Asche auf das Grab streuen.

Einen Grabstättenkreis schaffen: Wir können das Grab als Mittelpunkt eines heiligen Kreises ehren, indem wir die vier Himmelsrichtungen anrufen oder Kristalle oder Kraftobjekte in den vier Himmelsrichtungen um das Grab herum vergraben. Wir können auch spezielle Kräuter oder Stauden in den vier Himmelsrichtungen pflanzen.

Erde vom Grab mitnehmen oder dorthin bringen: Es ist ein alter Volksbrauch, eine kleine Menge Erde vom Grab mitzunehmen, um diese bei Ritualen zu verwenden, sie auf einem Altar aufzubewahren (ähnlich wie das Aufbewahren von Asche) oder um sie auf Blumenbeete oder Rasen anderer Familienmitglieder zu streuen. Sie können auch ein wenig Erde von Ihrem Zuhause mitnehmen und auf das Grab des Verstorbenen streuen, um hierdurch den Strom von Liebe und Energie zu symbolisieren, der weiterhin zwischen Ihnen in beide Richtungen fließt. Es reicht eine Handvoll oder ein Löffel voll Erde, da es nicht auf die Quantität ankommt, sondern auf die Absicht und das Vorhandensein von etwas Materiellem, das mit dem Verstorbenen in Beziehung steht. (Bedenken Sie dies, wenn Sie Erde vom Grab mitnehmen; wenn Sie eimerweise Erde aus einem Grab schaufeln, könnte dies vom Friedhofsamt als versuchter Grabraub oder Grabschändung betrachtet werden.)

Schamanen reisen in die nichtalltägliche Wirklichkeit, um die alten Bande der Verwandtschaft mit der Natur, mit den Elementen und den Toten aufrechtzuerhalten. Die Weisheit der Ahnen kann unsere spirituelle Reise durch das Leben fördern, und wenn wir diese Quelle der Weisheit mit Hilfe der Geister von Verstorbenen anzapfen, können wir unsere spirituelle Verbindung zum Universum stärken. Wir sollten die Toten durch Gesang und Tanz feiern, wie wir dies auch für Krafttiere und für die Geister der Natur und der Jahreszeiten tun. Bei ekstatischem Tanzen oder Reisen außerhalb des Normalbewußtseins erleben wir den freien und fluiden Seinszustand, in dem sich die Toten befinden. In gewissem Sinne sind wir dann tot, wenn auch nur für die Zeit, in der wir unseren Geist durch neue Lebenskraft stärken, indem wir mit dem großen Strom der Energie und der göttlichen Kraft in der nichtalltäglichen Wirklichkeit verschmelzen. Hierdurch erlangen wir Einblicke in das Wissen, das die Verstorbenen bereits besitzen: Das Wissen, daß wir sowohl lebendig als auch tot sind, und es gibt nichts, in dem wir nicht sein könnten.

NEUNTES KAPITEL

TROMMELGRUPPEN UND VORSCHLÄGE FÜR REISEN

Wenn Sie die schamanische Reise zu Ihrer zentralen spirituellen Übung machen möchten, müssen Sie sie regelmäßig in Ihr Leben integrieren. Sie können alleine oder zusammen mit anderen trommeln und reisen, wobei Sie Reisen zu den in den vorausgegangenen Kapiteln geschilderten Themen machen können oder Reisen zu anderen Themen, auf die Sie stoßen werden, wenn sich Ihr spirituelles Leben entfaltet. Häufig erhalten wir Anregungen für schamanische Reisen aus unserem Alltagsleben oder aus der geistigen Dimension unseres Lebens, die sich uns in den Träumen, den Synchronizitäten und den Reisen offenbart. Dieses Kapitel enthält Richtlinien für die Gründung und Leitung von Trommelgruppen sowie Vorschläge für verschiedene Reisen.

TROMMELGRUPPEN

Allgemeine Richtlinien

Bei den *Mitgliedern einer Trommelgruppe* sollte es sich um Menschen handeln, die zueinander passen, die sich mögen und gut miteinander auskommen. Eines der banalsten Probleme bei spirituellen Gruppen sind Meinungsverschiedenheiten und nicht harmonierende Persönlichkeiten. Es lassen sich zwar nicht alle zwischenmenschlichen Probleme vermeiden, die Gruppe kann jedoch schwierige Zeiten der Kontroversen und verletzten Gefühlen besser überstehen, wenn die Mitglieder der Gruppe einander vertrauen und sich gegenseitig respektieren.

Neue Mitglieder für Trommelgruppen sollten sehr sorgfältig ausgewählt werden. Wenn Sie eine Trommelgruppe gründen möchten, beginnen Sie am besten mit ein oder zwei Freunden, mit denen Sie sich wohlfühlen.

Wenn Sie eine Zeitlang Treffen abgehalten haben, können Sie entscheiden, ob Sie die Gruppe erweitern möchten, daher sollte der Kern der Gruppe ein Auswahl- oder Einladungsverfahren ausarbeiten. Eine Möglichkeit hierfür ist, daß jedes der ursprünglichen Mitglieder einen neuen Teilnehmer vorschlägt, der sich dann ein- oder zweimal mit der Gruppe trifft, damit die anderen ihn kennenlernen können. Hierdurch erhalten potentielle neue Mitglieder die Möglichkeit, auch die Gruppe genauer unter die Lupe zu nehmen und zu entscheiden, ob diese Gruppe die Art von spiritueller Arbeit macht, die sie suchen.

Später können Sie eine Auswahldiskussion abhalten und darüber abstimmen, ob der neue Kandidat akzeptiert wird. Legen Sie vorher die Art der Abstimmung für die Aufnahme neuer Mitglieder fest, beispielsweise ob für die Aufnahme eine einfache Mehrheit genügt oder ob Einstimmigkeit erforderlich ist. Es ist auch ratsam, neuen Mitgliedern eine Art Probezeit zu gewähren, nach der die anderen Mitglieder entscheiden, ob das neue Mitglied weiterhin teilnehmen soll.

Die *Häufigkeit der Treffen* sollte vereinbart werden. Viele Gruppen sind der Ansicht, daß ein Treffen im Monat nicht ausreichend ist. Wenn jemand an einem Treffen nicht teilnehmen kann, liegen für ihn oder sie ganze zwei Monate zwischen den Treffen. Sich einmal wöchentlich zu treffen, ist wahrscheinlich ideal, dieser Rhythmus kann für viele Menschen jedoch mit der Zeit eine zu große Verpflichtung darstellen. Daher sind Treffen im Abstand von zwei oder drei Wochen empfehlenswert.

Manche Gruppen treffen sich auch anläßlich der wichtigen Jahreszeitenwechsel – an den beiden Tagundnachtgleichen und Sonnenwenden – sowie vielleicht auch an den alten heidnischen Feiertagen, die zwischen diesen Zeitpunkten im Jahr liegen, d.h. am 1. Februar (Imbolc), 1. Mai (Beltene), 1. August (Lugnasa/Lammas) und 1. November (Samhain). Die Treffen an diesen Tagen können zusätzlich zu den regelmäßigen geplanten Treffen stattfinden oder anstelle des Treffens, das ansonsten kurz vor oder nach diesem Datum stattfinden würde.

Sich immer am Abend des gleichen Wochentags zu treffen, kann eine gute Gedächtnisstütze darstellen. Wenn jede Woche oder jeden Monat ein anderer Abend vereinbart wird, vergißt man das Treffen leicht. Falls die Gruppe sich jedoch nicht auf einen regelmäßigen Wochentag einigen kann, der für alle günstig ist, ist es ratsam, das Datum der Treffen für zwei oder drei Monate im voraus festzulegen, damit die Mitglieder der Gruppe sich diese Abende freihalten können.

Die *Rolle des Gruppenleiters* kann entweder einer Person zufallen oder im Rotationsverfahren von allen Mitgliedern ausgeübt werden. Die Aufgabe des Leiters kann darin bestehen, das Treffen einzuleiten und dafür zu sorgen, daß die Diskussion darüber, welche Art von Reise gemacht wird (siehe Beispiel auf den folgenden Seiten), reibungslos verläuft. Bei dem Leiter muß es sich nicht um die Person handeln, in deren Wohnung das Treffen stattfindet.

Beispiel für den Ablauf der Treffen

Die allgemeinen Rahmenbedingungen für die Treffen sollten von der Gruppe insgesamt vereinbart werden; zu diesen Bedingungen gehören der Zeitpunkt der Treffen, die Dauer der Treffen, wieviele Reisen gemacht werden, welche Arten von Reisen gemacht werden sowie welche sonstigen rituellen Aktivitäten, wie z.B. das Schaffen eines heiligen Raums, Chanting, Tanzen, das Erzählen von Reisen in der Gruppe und ähnliches, durchgeführt werden.

Das folgende Beispiel zeigt, wie ein Treffen ablaufen kann:

Zunächst wird ein heiliger Raum geschaffen, indem man eine Kerze in die Mitte auf den Boden stellt, veileicht auf einer kleinen Decke, damit hierdurch ein zentraler Konzentrationspunkt oder Altar geschaffen wird. Die Mitglieder können einige ihrer eigenen heiligen oder rituellen Gegenstände neben die Kerze legen. Dann setzen sich die Mitglieder mit Trommeln und Rasseln in einem Kreis um die Kerze.

Anschließend werden Kräuter oder Räucherwerk verbrannt, und der Behälter mit diesen Kräutern wird im Kreis herumgereicht, damit sich die Mitglieder segnen und reinigen können. Diese Handlung wird in den indianischen Traditionen als »smudging« bezeichnet.

Danach trommelt bzw. rasselt die Gruppe fünf bis zehn Minuten lang. Beim schamanischen Trommeln sollte im Einklang getrommelt und gerasselt werden, damit der Trommel- und Rasselrhythmus eine hypnotische Wirkung hat und hierdurch die Bewußtseinsänderung eingeleitet wird. »Freies« Trommeln oder Rasseln, bei dem eine Kakophonie von miteinander konkurrierenden Rhythmen entsteht, ist zu vermeiden. Das

Ziel ist, einen Rhythmus zu erzeugen, der eine einheitvermittelnde und bewußtseinsverändernde Wirkung hat.

Nach dem Trommeln ruft ein Mitglied der Gruppe mit einer Rassel die Geistwesen aus den vier Himmelsrichtungen herbei (oder macht eine Invokation der vier Himmelsrichtungen). Dies kann nonverbal erfolgen, indem man einfach in jeder der Himmelsrichtungen rasselt, oder derjenige, der die Invokation vollzieht, kann dabei eine einfache Formel sprechen, wie sie im dritten Kapitel beschrieben ist. Die Rolle der Person, die die Anrufung vornimmt, kann abwechselnd von jedem Mitglied wahrgenommen werden, wobei jedes Mitglied die Formel verwendet, die es möchte, oder die Gruppe kann eine Formel für die Anrufung der Geistwesen verfassen, die jedesmal verwendet wird.

Bei diesem Ritual sollten auch der Himmel und die Erde gewürdigt werden, indem über dem Kopf und am Boden gerasselt wird.

Schließlich rasselt die Person, die die Anrufung vollzieht, ein paar Augenblicke über dem Kopf jeder Person im Kreis, um jedes Mitglied und die Krafttiere und sonstigen Hilfsgeister des Mitglieds zu würdigen.

Wenn sich die Person wieder zurück in den Kreis gesetzt hat, halten sich die Mitglieder einige Minuten lang still an den Händen. Zum Abschluß dieser Zeit der Stille kann ein Lied oder ein »Chant« gesungen werden.

Der Leiter eröffnet dann die Diskussion, die dem eigentlichen Reisen vorausgeht. Hierbei können die einzelnen Mitglieder erzählen, was sich seit dem letzten Treffen in ihrem Leben ereignet hat. Der Leiter kann auch fragen, ob jemand im Kreis ein besonderes Anliegen hat, das die Gruppe in die Arbeit an diesem Abend einbeziehen sollte. Auch wenn sich die Gruppe in erster Linie als eine spirituelle Gemeinschaft trifft, können dennoch auch Reisen und Rituale für Heilungen vollzogen werden.

Zu diesem Zeitpunkt sollte die Gruppe entscheiden, welches Thema für die Reisen dieses Abends gewählt wird. Wenn die Reisen kurz sind – ungefähr zehn bis fünfzehn Minuten –, steht gewöhnlich ausreichend Zeit (und Energie) für zwei Reisen zur Verfügung. Gelegentlich kann sich die Gruppe auch für eine längere Reise von einer halben Stunde oder länger entscheiden. Wenn zwei Reisen gemacht werden, kann man so vorgehen, daß jedes Mitglied die erste Reise für seine persönlichen Zwecke macht und die zweite Reise einem gemeinsamen Zweck unterordnet. Eine andere Möglichkeit ist, daß die erste Reise einen gemeinsamen Zweck hat und sich das Thema der zweiten Reise dann aus der ersten Reise ergibt.

Wenn der Zweck der Reise festgelegt wurde, folgt das Tanzen der Krafttiere. Dieser Tanz kann mit Begleitung durch Trommeln und Rasseln erfolgen, es muß jedoch nicht jedes Mitglied trommeln oder rasseln. Es wird jemand ausgewählt, der den Rhythmus bestimmt und das Ende des Tanzes signalisiert. Wenn um die Kerze herum getanzt werden soll, sollte vorher festgelegt werden, in welche Richtung man sich hierbei bewegt, damit sich die Tänzer nicht in die Quere kommen. Natürlich kann man auch auf der Stelle tanzen. Das Tanzen der Krafttiere kann solange dauern, wie es die Gruppe entscheidet. Zehn Minuten ist eine gute Mindestdauer, aber es ist empfehlenswert, länger zu tanzen, da das Tanzen den schamanischen Bewußtseinszustand für das Reisen vertieft.

Wenn durch den Trommelrhythmus das Ende des Tanzens signalisiert wird, legen sich alle für die Reise auf den Boden, mit Ausnahme der Person, die trommelt. Sie kann in der Mitte neben der Kerze stehen oder sitzen. Nachdem sich die anderen hingelegt haben, sollte der Trommler die anderen mit ein paar Worten dazu anleiten, ein paarmal tief ein- und auszuatmen und sich zu entspannen, und sie an den Zweck der Reise erinnern.

Das von der Foundation for Shamanic Studies entwickelte und von ihr verwendete Signal für die Rückkehr besteht aus einer abrupten kurzen Pause im Trommelrhythmus, gefolgt von vier Trommelsequenzen aus jeweils sieben Schlägen, dreißig bis vierzig Sekunden sehr schnellem Trommeln und anschließend vier weiteren Sequenzen aus sieben Schlägen. Hierdurch hat in der Regel jeder ausreichend Zeit, um die Reise zu beenden und zum Normalbewußtsein zurückzukehren.

In einer kleinen Gruppe kann der Trommler darauf achten, ob sich jeder wieder zu bewegen beginnt und zum Normalbewußtsein zurückkehrt. Es ist jedoch ratsam, daß der Trommler leise fragt, ob alle »zurück« sind. Wenn jemand nicht genügend Zeit hatte, um die Reise zu beenden und zurückzukehren, kann er dies durch ein Handzeichen mitteilen, und der Trommler kann neben dieser Person weiter leise trommeln, bis sie zurückgekehrt ist.

Nach der Reise sollte jeder ausreichend Zeit haben, um zu einem normaleren Bewußtseinszustand zurückzukehren und die Reise aufzuschreiben oder sich Notizen zu machen. Anschließend können diejenigen, die dies wünschen, ihre Reise der Gruppe erzählen.

Nachdem die Reisen erzählt und besprochen wurden, wird die zweite Reise auf die gleiche Weise begonnen und zu Ende geführt.

Es gibt verschiedene Möglichkeiten, das Treffen zu beenden. Sie können nochmals in den vier Himmelsrichtungen rasseln, um so die Geistwesen zu würdigen und ihnen dafür zu danken, daß sie im Kreis anwesend waren. Die Gruppenmitglieder können sich auch an den Händen halten, und jemand kann ein Gebet, einen Segen oder ein Lied vorschlagen, mit dem das Treffen beendet wird.

Vorschläge für Reisen

Wenn man die schamanische Reise als spirituelle Übung anwendet, schließt dies nicht aus, daß auch Reisen für Heilungen, für das Einholen von Ratschlägen, für das Treffen von Entscheidungen oder für die Lebensplanung gemacht werden, der Schwerpunkt liegt jedoch stärker auf der spirituellen Entwicklung, der Erleuchtung und dem Streben nach Weisheit. Anders ausgedrückt könnte man sagen, daß wir reisen, um das geistige Universum zu erkunden, seine inneren Mechanismen kennenzulernen und uns selbst in Einklang mit dem Strom des Lebens zu bringen. Wir möchten mehr über die metaphysischen Gesetze und Muster lernen, die dem Kosmos zugrundeliegen, und wir möchten Wege dafür kennenlernen, wie wir anderen und dem Planeten als ganzem dienen können.

Reise, um einen Traum
nochmals zu träumen

Frühere Kulturen glaubten, göttliche Botschaften würden uns in Träumen übermittelt, und einer der spirituellen Dienste, den Schamanen und spirituelle Führer geleistet haben, bestand darin, den Träumern dabei zu helfen, die Bedeutung ihrer Träume zu verstehen. Die Reise zu dem Zweck, einen Traum nochmals zu träumen, können Sie entweder selbst machen, um die möglichen Bedeutungen eines Traumes herauszufinden (wie im achten Kapitel beschrieben), oder eine Gruppe kann diese Reise machen, wobei jedes Mitglied dem Träumer hilft, die in dem Traum verborgene Botschaft zu erkennen.

Das nochmalige Träumen eines Traumes als Gruppenübung wird folgendermaßen durchgeführt. (Die Anregung zu dieser Art der Reise stammt aus dem hervorragenden Buch *Working with Dreams* von MONTAGUE ULLMAN.) Der Träumer erzählt der Gruppe seinen Traum zweimal – einmal, damit alle den Traum als Geschichte hören können, und anschließend ein zweites Mal langsamer, damit die anderen sich Notizen machen oder den Traum kurz aufschreiben können. Wenn es sich um einen kurzen Traum handelt, sind keine Notizen notwendig, der Träumer sollte den Traum jedoch trotzdem zweimal erzählen, damit alle die wesentlichen Teile verstanden haben.

Anschließend können die anderen dem Träumer »klärende Fragen« stellen. Diese Fragen bezwecken, daß die anderen die Einzelheiten des Traumes deutlicher und genauer »sehen« können. Klärende Fragen sind keine »Fragen zur Deutung«. Beispiele für klärende Fragen sind: »Du sagtest, es seien viele Leute im Raum gewesen – wieviele ungefähr?«»Du sagtest, es fing an zu regnen – war das nur ein leichter Schauer oder ein Gewitterregen?« »Du sagtest, ein Mann sei die Straße hinunter gegangen – war er jung, alt, groß, klein, oder wie sah er aus? Kannst du ihn beschreiben?« »Du sagtest, du gingst in einen dunklen Raum – wie dunkel war es dort? Absolut dunkel oder schwach erhellt?«

Fragen zur Deutung sollten zu diesem Zeitpunkt in dem Verfahren nicht gestellt werden. Hiermit sind beispielsweise Fragen gemeint wie: »Was denkst du darüber, daß deine Mutter im Traum vorkam?« »Was glaubst du, hat das entlaufene Pferd in deinem Traum zu bedeuten?« »Wie würdest du die Beziehung zu deiner Tochter beschreiben?« Mit anderen Worten, die Teilnehmer sollten keine Hinweise darauf erhalten, wie der Träumer den Traum deuten würde oder welche Bedeutung er im Moment in dem Traum sieht. Wenn die Teilnehmer Informationen zur Deutung des Traumes vom Träumer erhalten, kann der Erfolg des Verfahrens des nochmaligen Träumens beeinträchtigt werden.

Bei dieser Reise geht es darum, daß jeder *den Traum so übernimmt, als wäre es der eigene und nicht der Traum des Träumers*, und entsprechend der Anweisungen im achten Kapitel in den Traum reist, als würde er in einen eigenen Traum reisen. Dies bedeutet, daß Sie ab dem Moment, in dem

Ihr Krafttier Sie zurück in den Traum bringt, an dem Punkt, an dem Sie anfangen möchten, Informationen über den Traum suchen, *als wäre es Ihr eigener Traum*. Dies ist sehr wichtig. *Sie reisen nicht, um herauszufinden, was der Traum für den Träumer bedeutet, sondern was der Traum bedeuten würde, wenn Sie ihn ursprünglich geträumt hätten.* Wenn Sie den Träumer bei Ihrer Reise sehen, ignorieren Sie ihn. Sprechen Sie nicht mit dem Träumer, und interagieren Sie auch nicht auf eine andere Weise mit ihm, da Sie ansonsten das Gefühl, daß es sich voll und ganz um Ihren eigenen Traum handelt, verlieren können.

Wenn also die Mutter, Schwester oder der Freund des Träumers in dem Traum vorkommt, müssen Sie Ihre eigene Mutter, Ihre Schwester bzw. Ihren Freund sehen. Wenn Sie keine Schwester haben, bitten Sie Ihr Krafttier darum, daß Sie einer geistigen Gestalt begegnen werden, die bei dieser Reise als eine Schwester fungiert. In Träumen kommt es bisweilen vor, daß man einen Bruder oder eine Schwester hat, die man in der alltäglichen Wirklichkeit nicht hat. Häufiger ist es vielleicht, daß man im Traum in einem Haus lebt, das überhaupt nicht so wie das Haus aussieht, in dem man tatsächlich wohnt.

Wenn die Reise vorüber ist, sollten Sie sie so ausführlich wie möglich aufschreiben. Anschließend erzählt jeder seine Reise so, als wäre der Traum in der Reise sein eigener Traum. Achten Sie darauf, daß Sie sowohl erzählen, was geschehen ist, als auch, was Sie dabei fühlten. Gefühle sind ein zentraler Bestandteil von Träumen, werden jedoch oft übersehen. Während des Erzählens sollte derjenige, der gerade erzählt, den Träumer nicht direkt ansehen, ansprechen oder miteinbeziehen. Der Träumer sollte sich zurücklehnen und sich Notizen darüber machen können, was er hört.

Zu hören, wie andere Menschen Ihren Traum besprechen, kann außerordentlich spannend und informativ sein. Die anderen Reisenden tragen mit zahlreichen Interpretationsmöglichkeiten zur Deutung des Traumes bei. Wenn der Träumer den Berichten zuhört, geht er die Einzelheiten durch und ist immer wieder erstaunt darüber, wie exakt die gesamte Reise oder ein Teil der Reise von jemand anderem zuzutreffen scheint. Auch eine Reise zu hören, die »falsch« oder dem ursprünglichen Traum nicht angemessen zu sein scheint, kann lehrreich sein, da es für das Finden der Bedeutung eines Traumes auch wichtig ist, zu wissen. was der Traum *nicht* bedeutet.

Ich erinnere mich an einen Fall, bei dem die Träumerin, die einen Umzug nach North Carolina plante, um sich dort einer spirituellen Gemeinschaft anzuschließen, träumte, sie würde an ihrem jetzigen Wohnort mit Aufgaben und persönlichen Verpflichtungen überschüttet. Sie befürchtete, daß der Traum ihr sagte, sie solle nicht umziehen, sondern dort bleiben, wo sie war. Ein Teilnehmer der Gruppe reiste in ihren Traum und entdeckte, daß dies für ihn genau die Botschaft des Traumes war: Zieh nicht nach North Carolina. Als er dies jedoch aussprach, wußte die Träumerin sofort, daß dies nicht die Bedeutung ihres Traumes war. Alles in ihr wehrte sich gegen die Vorstellung, nicht in ein neues Zuhause in North Carolina zu ziehen. Sie wußte, daß der Umzug die richtige Entscheidung war und daß es bei dem Traum um etwas anderes ging. Während sie den Berichten der anderen über deren Reisen zuhörte, erfuhr sie von anderen möglichen Bedeutungen des Traumes. Schließlich erkannte sie aus den Erlebnissen der anderen, daß der Traum ihr in erster Linie sagte, sie solle sich Zeit nehmen, um vor ihrem Umzug ihre Angelegenheiten zu regeln und möglichst viele Verpflichtungen abzugeben.

Auch der Träumer reist zurück in den Traum, teilt seine Reise jedoch erst mit, nachdem die anderen Gruppenmitglieder ihre Reisen erzählt haben. Als letzter erzählt der Träumer seine Reise. Zum Abschluß teilt der Träumer der Gruppe mit, was er im Moment als die Bedeutung (oder die Bedeutungen) des Traumes empfindet und welche Einzelheiten aus den Reisen der anderen ihm dabei geholfen haben, zu diesem Schluß zu kommen.

Die Reise zum Haupt
der Weisheit

Bei den Kelten war es üblich, den Kopf von jemandem, der zu Lebzeiten als weise oder heilig galt, als Reliquie aufzubewahren oder zum Gegenstand eines Wallfahrtsortes zu machen. Sowohl in heidnischen als auch in christlichen Zeiten boten die konservierten Köpfe oder die Schädel mächtiger oder heiliger Personen weiter denjenigen Weisheit und Rat, die danach suchten. Auch in unserem eigenen Leben haben wir einige Köpfe »durchgemacht«. Wie die Schlange, die jedes Jahr ihre Haut abstreift, legen wir beim Älterwerden Köpfe ab. Diese Köpfe und die

Weisheit, die sie enthalten, sind nicht verloren, sondern sie existieren in den zeitlosen und raumlosen Welten der nichtalltäglichen Wirklichkeit ebenso wie alles, das jemals geschah, gerade geschieht oder einmal geschehen wird. Die in diesem Abschnitt beschriebene Reise führt zurück zu einem früheren Kopf, damit Sie diesen wegen eines aktuellen Problems oder Themas in Ihrem spirituellen Leben um Rat fragen können.

So haben sich beispielsweise viele Menschen, die Core-Schamanismus praktizieren, von ihrer früheren religiösen Erziehung und ihren spirituellen Überzeugungen ganz oder teilweise abgewendet. Bei manchen hat dies weitere Konflikte und Spannungen zur Folge, die sich entweder in Form von bleibenden Schuldgefühlen dafür ausdrücken, daß sie die religiöse Tradition ihrer Eltern aufgegeben haben, oder in Form von psychologischen oder spirituellen Problemen, die durch mißbräuchliche oder beschämende Praktiken der früheren Religion ausgelöst werden. Manche Menschen sind andererseits aufrichtig darum bemüht, einige ihrer früheren Überzeugungen wiederzufinden oder zu erneuern und diese in ihre Praxis des Schamanismus zu integrieren.

Bei dieser Reise geht es darum, daß Sie Ihr Krafttier bitten, Sie zu einem Ort in der nichtalltäglichen Wirklichkeit zu bringen, an dem sich einer Ihrer früheren Köpfe jetzt befindet, einer, von dem Sie meinen, daß er Ihnen Ratschläge oder Unterweisungen bei den entsprechenden Themen geben könnte. Natürlich können Sie auch wegen Fragen, die nicht spiritueller Art sind, zu einem Ihrer früheren Köpfe reisen, beispielsweise wegen Fragen zu Beziehungen, beruflichen Entscheidungen, Erkenntnissen über die Jugend, damit Sie Ihre eigenen Kinder besser verstehen können, und ähnliches. Die folgenden Beispiele zeigen, wie Sie diese Reise für Ihr spirituelles Wachstum nutzen können.

Wenn Sie sich im Alter von 25 Jahren von Ihrer ursprünglichen Religion abgewendet haben und nun deswegen Schuldgefühle haben, können Sie zurück zu dem Kopf reisen, den Sie in diesem Alter hatten, und darum bitten, die Gründe für diese Entscheidung besser verstehen zu dürfen. Wenn Sie im Alter von 18 Jahren großen spirituellen Eifer besaßen und diesen in Ihrem gegenwärtigen Leben wieder entfachen möchten, sollten Sie zu Ihrem Kopf, den Sie im Alter von 18 Jahren hatten, reisen und diesen danach fragen, was Sie über diesen spirituellen Eifer vergessen haben. Reisen Sie zu einem Kopf, den Sie in einer Zeit hatten, als Sie keine spirituelle Lebensweise pflegten und keine spirituellen

Überzeugungen besaßen, und erklären Sie diesem Kopf, warum Sie Schamanismus praktizieren; fragen Sie ihn anschließend, wie Sie ihre gegenwärtige Praxis des Schamanismus vertiefen und stärken könnten.

Wenn Ihr Krafttier Sie zu einem Ihrer früheren Köpfe bringt, können Sie auf zwei verschiedene Arten mit dem Kopf interagieren. Sie können direkt mit dem Kopf sprechen, wie Sie es mit jeder anderen geistigen Gestalt auf einer Reise auch machen würden. Sie können aber auch den Kopf nehmen, ihn umdrehen und ihn sich wie eine Maske über Ihren jetzigen Kopf aufsetzen. Stellen Sie dann Ihre Fragen, oder gehen Sie innerhalb der Reise umher und empfangen Sie Informationen von dem Kopf, indem er Sie einfach an die alten Zeiten denken läßt, die Sie wieder erkunden möchten. Nehmen Sie den Kopf wieder ab, bevor Sie in die alltägliche Wirklichkeit zurückkehren, und bringen Sie ihn wieder an die Stelle zurück, an der Sie ihn gefunden haben.

Die Reise der Gralsfragen

Von der Geschichte der Suche nach dem Gral gibt es so viele unterschiedliche Versionen und Interpretationen, daß es wahrscheinlich sinnlos ist, nach der richtigen, ursprünglichen Fassung zu suchen. Das Wichtige bei der Gralsuche ist jedoch nicht so sehr das tatsächliche Finden des Grals, sondern vielmehr die Suche selbst, da die Suche letztendlich dem Selbst und dem Sinn des Lebens gilt, der für den Suchenden am wichtigsten ist.

Die Geschichte besteht grob vereinfacht aus den Erlebnissen eines gutherzigen Jungen oder Ritters, der mehrere Abenteuer ziemlich tölpelhaft übersteht, bis er über ein geheimnisvolles Schloß stolpert, indem ein gebrechlicher oder verwundeter König residiert. Nicht nur der König selbst, auch das Königreich leidet, da das Wasser des Lebens nicht mehr aus den kraftspendenden Quellen und Brunnen fließt. Der König herrscht über eine Einöde. An jenem Abend wohnt der Junge einem Bankett des Königs bei und sieht dabei eine Prozession schöner Frauen, von denen eine den heiligen Gral und eine andere eine blutende Lanze trägt. Aus Schüchternheit oder Höflichkeit wagt es der Junge nicht, die drei Fragen zu stellen, die ihn interessieren: Wem dient der Gral? Warum blutet die Lanze? Was bedeuten diese Wunder?

Als der Junge am nächsten Morgen erwacht, entdeckt er, daß das Schloß, der verwundete König und die Mädchen verschwunden sind. Er muß mit seiner Suche wieder von vorne anfangen. Unterwegs schimpft ihn jedoch eine weise alte Frau aus und sagt, daß der König und die Einöde geheilt worden wären, wenn der Junge jene Fragen gestellt hätte. Der Junge setzt seine Suche fort, findet schließlich den König und das Gralsschloß wieder, stellt diesmal die drei Fragen, und der König und sein Königreich sind gerettet.

Wenn wir davon ausgehen, daß das Stellen dieser drei Fragen an sich eine heilende und stärkende Wirkung hat, können wir eine Reise konzipieren, die eine Heilung und Stärkung unseres spirituellen Lebens einleiten wird. Da die Gralsuche in erster Linie eine Suche nach dem Selbst und dem Sinn des Lebens ist, können wir die Gralsfragen in bezug auf unser eigenes Leben stellen: Wem dient mein Leben? Warum blutet mein Leben? Was bedeutet mein Leben?

Die Antworten auf diese Fragen sind von Natur aus spiritueller Art, da jede Frage ein eigenes Licht auf den Weg der Seele wirft. Die erste Frage erinnert uns daran, daß unsere spirituelle Lebensweise nicht nur eigenen Zwecken dienen soll, obwohl uns spirituelle Entwicklung und Erleuchtung motivieren. Wir haben Verantwortung für andere und für den Planeten.

Die zweite Frage bietet Einsichten in das unvermeidliche Leid der menschlichen Existenz und ermutigt uns dazu, über den Kummer hinauszusehen, in dem Glauben, daß er eine größere Bedeutung hat.

Die dritte Frage zielt genau auf den Kern aller spirituellen Geheimnisse, dem letztendlichen Sinn unserer Inkarnation an diesem Ort und zu dieser Zeit: Was bedeutet mein Leben?

Wir können diese Fragen im Sinne der Gralsgeschichte angehen und an den Hinweis der alten Frau denken, die sagte, daß bereits das Stellen dieser Fragen eine positive Wirkung habe. Wir brauchen keine Antworten. Die alte Frau erinnert uns daran, daß der Weg des Suchenden darin besteht, im Kontext dieser Fragen zu leben, die Geheimnisse anzunehmen und Sicherheit in der Ungewißheit zu finden, und daß wir weiterhin Suchende bleiben müssen, unabhängig davon, welche Antworten wir auf unserem Weg finden werden.

Entscheiden Sie, welche Ihrer Hilfsgeister mit Ihnen zu diesen Fragen reisen sollen, gehen Sie dann zu diesen Hilfsgeistern und stellen Sie die Gralsfragen so, daß sie sich auf Ihr Leben beziehen. Sie können jede Frage einem bestimmten geistigen Lehrer stellen oder alle drei Fragen demjenigen Lehrer stellen, von dem Sie denken, daß er sie am besten beantworten kann. Wenn die Geistwesen eine Antwort auf eine oder mehrere der Fragen verweigern, so sollten Sie das vorläufig akzeptieren. Vielleicht ist es besser, wenn Sie nicht alle Antworten bereits jetzt wissen. Sie können diese Reise zu einem späteren Zeitpunkt wiederholen. Es ist in der Tat ratsam, diese Reise hin und wieder zu machen, immer dann, wenn Ihr Leben eine neue Richtung nimmt oder wenn Sie durch etwas beunruhigt werden. Denken Sie daran, daß es nicht notwendig ist, Antworten zu erhalten, und stellen Sie einfach nur die Fragen. Wenn Sie diese Fragen stellen und das Geheimnis annehmen, beginnt die Heilung der Seele.

Divinationsreise

Das Wort Divination (Weissagung) bedeutet wortwörtlich, den göttlichen Willen oder die göttlichen Botschaften herauszufinden, die unser Leben durchdringen. Jede Kultur kennt Methoden der Weissagung, angefangen vom Lesen der Zeichen und Omen in der Natur, bis zum Ziehen von Losen, zum »Sehen« von Zeichen in Materialien und Elementen, wie z.B. Kristall, Wasser, Rauch oder Wolken. Tarot-Karten, Runensteine und das I-Ging sind beliebte Divinationsmethoden in unserer Kultur.

Für Menschen, die Schamanismus praktizieren und durch schamanische Reisen in regelmäßigem Kontakt zur geistigen Welt stehen, ist die Divination ein fortlaufender Prozeß. Je mehr wir in der Lage sind, unsere eigene Tagesordnung und unsere eigenen Wünsche beim Reisen außer acht zu lassen, desto empfänglicher sind wir für unverfälschte und unverzerrte Informationen aus der Welt des Geistes. Die Reise selbst ist die Methode der Divination. Abhängig von der Zuverlässigkeit unserer geistigen Helfer und der Qualität der Informationen, die sie uns geben, können wir für andere als Wahrsager fungieren.

Jedes Lebensthema und jede Lebensfrage kann als spirituell betrachtet werden oder hat spirituelle Aspekte, wie weltlich oder materialistisch sie auch erscheinen mögen. Aus diesem Grund ist der Ausdruck *Divination* in seiner ursprünglichen Bedeutung auch nicht unangemessen für den Vorgang der Suche nach Informationen beispielsweise für einen Hauskauf, das Verliebtsein, einen beruflichen Wechsel oder Gesundheitsfragen. Die schamanische Reise kann dazu eingesetzt werden und wird dazu eingesetzt, Informationen zu diesen Arten von Themen zu erhalten. Wenn man Schamanismus als spirituellen Weg praktiziert, wird man jedoch Möglichkeiten finden, die schamanische Reise sowohl zur Bereicherung des eigenen spirituellen Lebens als auch zur Unterstützung anderer bei deren eigener Suche nach spirituellem Wissen und nach Weisheit einzusetzen.

Wenn andere Sie bitten, eine Divinationsreise für sie zu machen, sollten Sie einige Zeit mit der Person überlegen, wie die Frage formuliert werden soll. Generell sollten Sie Ja-oder-Nein-Fragen vermeiden, denn hierfür gibt es einfachere und schnellere Divinationsmethoden, beispielsweise das Pendeln, Kartenziehen oder Münzenwerfen. Berücksichtigen Sie statt dessen das Thema der Frage und bitten Sie um weitere Informationen, da Informationen genau das sind, was die schamanische Reise auf so wunderbare Weise liefert. Stellen Sie Fragen nach dem »Was« oder dem »Wie«, die beispielsweise folgendermaßen lauten können: Was muß ich tun (um etwas herbeizuführen)? Wie kann ich (etwas herbeiführen)? Wie wird mein Leben sein (wenn ich dies oder jenes tue)?

Außerdem sollten Fragen nach dem »Warum« vermieden werden, da ein Problem viele Ursachen haben kann, und es unter Umständen für die Problemlösung überhaupt nicht wirklich hilfreich ist, einen der Gründe oder alle Gründe zu kennen. Nur die Ursache eines Problems zu kennen, liefert noch keinen Plan für das Handeln. Fragen Sie nicht nach dem »Warum«, sondern »wie« oder »auf welche Weise« Sie das Problem lösen können. Sie werden überrascht sein, wie häufig die Reise dennoch spontan auch Erkenntnisse über die Gründe des Problems liefern wird.

Nachdem der Suchende und Sie die genaue Frage festgelegt haben, sollten Sie die Frage aufschreiben. Es ist empfehlenswert, sich die Frage dreimal in Gedanken zu wiederholen, bevor man durch den Eingang in die untere Welt geht. Wenn Sie Ihr Krafttier treffen, teilen Sie ihm mit, für wen Sie die Reise machen und daß dies die Frage der betreffenden Person ist. Sagen Sie Ihrem Krafttier die Frage in genau dem Wortlaut, in dem Sie sie aufgeschrieben haben. Ab diesem Zeitpunkt ist alles, was

Ihr Krafttier sagt oder tut, als eine für den Suchenden relevante Information zu betrachten. Sie können die Frage erforderlichenfalls im Laufe der Reise öfter wiederholen, um weiter auf die Frage konzentriert zu bleiben, insbesondere wenn Sie den Eindruck haben, daß die Reise keine relevanten Informationen liefert. Bedenken Sie jedoch, daß Sie während der Reise möglicherweise nicht erkennen können, was relevant ist und was nicht.

Wichtig bei der Divination für eine andere Person ist, daß Sie nicht zu wissen brauchen, was die Informationen bedeuten. Sie sind der Bote und nicht derjenige, der die Botschaft interpretiert. Ihre Aufgabe ist es, Informationen zurückzubringen, nicht diese zu interpretieren. Wenn Sie in die alltägliche Wirklichkeit zurückkehren, erzählen Sie dem Suchenden die Reise in allen Einzelheiten, auch wenn diese Ihnen völlig irrelevant und nicht zur Sache gehörend erscheinen mögen. Für den Suchenden kann genau die Information, die Sie als wenig wertvoll abtun möchten, den Schlüssel zu der Antwort für das gesamte Problem enthalten.

Lassen Sie stets den Suchenden selbst entscheiden, was die Reise bedeutet. Sie können jedoch auch eine Zeitlang zu zweit verschiedene Möglichkeiten für die Deutung der gesamten Reise oder Teile der Reise besprechen. Wenn der Inhalt der Reise in bezug auf das Thema unklar zu sein scheint, besteht eine Möglichkeit, den Kern einer Reise zu erfassen, darin, dem Suchenden die folgende Frage zu stellen (vielleicht stellt auch der Suchende Ihnen diese Frage): »Wenn Sie den Rat, der in dieser Reise gegeben wird, in einem kurzen Satz zusammenfassen sollten, wie würde dann dieser Satz lauten?« Häufig kann man die Bedeutung einer Reise eher begreifen, wenn man sich zwingt, zu irgendeiner Schlußfolgerung über die grundlegende Bedeutung der Reise zu kommen.

Das Holen von Krafttieren

Als Teil Ihrer schamanischen Arbeit für andere können Sie die schamanische Reise dazu einsetzen, anderen Menschen die Vorstellung nahezubringen, daß Tiergeister als Führer und Beschützer fungieren können. Wie wir bereits in früheren Kapiteln gesehen haben, wäre es vielleicht für Freunde oder Familienmitglieder hilfreich, zu erfahren, wer ihre

Krafttiere sind, wie sie eine Beziehung zu diesen Tieren aufbauen können und wie sie sie im täglichen Leben um Hilfe bitten können.

Eine vollständige Beschreibung der Zeremonie für das Holen von Krafttieren enthält das Buch *Der Weg des Schamanen* von Michael Harner, in dem der Autor ausführlich eine Methode erklärt, mit der man ein Krafttier für eine andere Person holt.[1] Wenn Sie Schamanismus praktizieren, werden Sie mit der Zeit auf der Grundlage der Methoden Harners oder anderer Lehrer eigene Heilungszeremonien für andere Menschen entwickeln. Zusammengefaßt kann man sagen, daß die Reise für das Holen von Krafttieren dazu dient, ein Krafttier mit zurückzubringen, das einem anderen Menschen in einem spezifischen Kontext helfen kann, beispielsweise wie bei dem im siebenten Kapitel geschilderten Fall des Jungen, der ein Krafttier brauchte, das ihm half, eine körperliche Verletzung zu überwinden.

Die Reise beginnt damit, daß Sie sich neben die Person legen, und zwar so, daß Ihre Knöchel, Hüften und Schultern die der anderen Person berühren. (Sie brauchen eine dritte Person, die trommelt, oder Sie können eine Trommelkassette oder -CD verwenden.) Reisen Sie dann in die untere Welt und bitten Sie Ihr Krafttier, Sie dem Krafttier vorzustellen, das für die Person, der Sie helfen möchten, geeignet ist. Wenn Sie dem Krafttier der anderen Person begegnen, verbringen Sie eine Weile damit, es zu würdigen und ihm für sein Kommen zu danken. Teilen Sie ihm mit, warum die Person ein Krafttier braucht, und fragen Sie es, ob es irgendeinen Rat hat, den Sie der Person übermitteln sollen. Wenn Sie das Krafttier kennengelernt haben, ziehen Sie es an Ihre Brust und nach innen und nehmen Sie seinen Geist auf diese Weise in Ihnen mit, wenn Sie in die alltägliche Wirklichkeit zurückkehren. Stehen Sie dann auf, und knien Sie sich neben die Person. Beugen Sie sich über die Person, wölben Sie Ihre Hände über der Brust der Person und blasen Sie das Krafttier kräftig in den Herzbereich. Richten Sie die Person auf, so daß sie sich in einer sitzenden Position befindet, wölben Sie Ihre Hände über dem Kopf der Person und blasen Sie das Krafttier in den Kopf der Person. Nehmen Sie anschließend, wie Harner vorschlägt, eine Rassel und schütteln Sie die Rassel um die Person herum, damit die geistige Energie in der Person eingeschlossen wird.

Sagen Sie der Person, um welches Tier es sich handelt, und teilen Sie der Person die Botschaft des Tieres mit, falls das Tier Ihnen dies aufgetragen hat. Es ist wichtig, daß Sie der Person die Bedeutung von Krafttieren erklären und ihr sagen, wie sie das Krafttier im täglichen Leben würdigen kann, sich bei Bedarf an das Tier wenden kann, die Beziehung zu dem Krafttier vertiefen kann und ähnliches. Hierfür können Sie die im zweiten Kapitel erläuterten Methoden anwenden. Die beste Methode besteht selbstverständlich darin, der Person beizubringen, wie man reist, damit sie in der nichtalltäglichen Wirklichkeit mit ihrem Tiergeist zusammen sein kann.

Reisen im Kontext
des Jahresrades

Reisen zu den traditionellen Wendepunkten des Jahresrades werden von vielen Einzelpersonen und Trommelgruppen durchgeführt, häufig in Verbindung mit einer jahreszeitlichen Zeremonie, mit der die in der Natur stattfindenden Veränderungen gewürdigt werden. Die Sonnenwendtage und die Tagundnachtgleichen sowie die Jahreszeitenfeste während der Quartale bilden die acht Speichen des Rades, die für den Wechsel stehen. Für Reisen gibt es mehrere unterschiedliche Möglichkeiten.

Sie können zu dem Geist der Jahreszeit reisen und ihn darum bitten, erfahren oder erleben zu dürfen, welche Veränderungen stattfinden. Häufig führt diese Art der Reise in die tieferen Regionen der Erde, des Erdbodens, des Wassers oder der Winde, damit man die beteiligten Energien und Lebenszyklen direkt wahrnehmen kann.

Eine andere Möglichkeit besteht darin, daß Sie Ihr Krafttier oder die Geister der Jahreszeiten bitten, Ihnen eine Aufgabe in der nichtalltäglichen Wirklichkeit zu geben, die die Änderungen unterstützen wird. Indem Sie diese Aufgabe erfüllen, bringen Sie Ihre eigene geistige Energie in die Jahreszeit ein und tragen dadurch dazu bei, daß sich das Rad dreht. Sie können als Bestandteil der Aufgabe oder unmittelbar nach ihrer Erfüllung tanzen und den Jahreszeitenwechsel feiern, bevor Sie in die alltägliche Wirklichkeit zurückkehren.

Eine dritte Methode besteht darin, eine Reise zu machen, um zu fragen, welche Art von Arbeit oder Ritual Sie in dieser Jahreszeit in der alltäglichen Wirklichkeit machen können. Die Anweisungen, die Sie erhalten, gelten entweder nur für Sie oder sollen vielleicht von einer

Trommelgruppe ausgeführt werden. Diese Anweisungen können sehr alltäglich sein, vielleicht sollen Sie einen Garten bepflanzen, häufiger spazierengehen oder sich abends vor dem Schlafengehen die Sterne am nächtlichen Himmel ansehen. Es kann aber auch sein, daß Sie in dieser Jahreszeit eine rituelle oder zeremonielle Handlung durchführen sollen.

Um ein Gruppenritual zu finden, können alle Mitglieder der Gruppe zu diesem Thema eine Reise machen. Nach der Reise sollten Sie die Informationen austauschen und sortieren, um ein Ritual oder eine gemeinsame Arbeit zu finden, die auf möglichst vielen der wichtigsten Ideen beruht, die von der Reise mitgebracht wurden. Sie brauchen nicht alles zu integrieren. Wählen Sie diejenigen Ideen aus, die das beste Ritual oder die beste Aufgabe ergeben.

Intensive Verwandlungsreise

Bei Reisen kommt es häufig vor, daß wir während eines Teils der Reise oder während der gesamten Reise mit Krafttieren oder Hilfsgeistern »verschmelzen«, d.h. deren Gestalt annehmen. Dies kann sich spontan ereignen, wir können jedoch auch bei bestimmten Reisen darum bitten. Das im folgenden geschilderte Verfahren, das fast schon eine Zeremonie darstellt, dient dazu, die Erfahrung der Verwandlung zu intensivieren und ein tieferes Wissen darüber zu erhalten, was es bedeutet, eine andere geistige Form zu sein. Da es uns bei spirituellen Übungen auch darum geht, uns bewußt zu werden, daß wir von Natur aus eins mit allen Dingen sind, und die Illusionen aufzulösen, die uns dazu bringen, uns als getrennte, isolierte Wesen zu betrachten, können intensive Verwandlungsreisen von großer Bedeutung sein.

Wenn Sie diese Reise alleine machen, können Sie für die Phase des eigentlichen Reisens eine Trommelkassette oder -CD verwenden oder jemanden bitten, für Sie zu trommeln. Sie müssen auch die Zeiten für Anfang und Ende der verschiedenen Phasen abschätzen. Eine Dauer von zehn bis fünfzehn Minuten wird für die einzelnen Phasen empfohlen, wenn Sie jedoch alleine reisen, können Sie sich auch mehr Zeit für die einzelnen Phasen nehmen und jede Phase ganz nach Ihrem Gefühl in die nächste übergehen lassen.

Die Vorbereitung für die Reise besteht aus drei Phasen, anschließend folgt die Reise selbst und zum Abschluß eine besondere Art der Aufzeichnung der Reise, die im siebenten Kapitel in dem Abschnitt über die Methode der »wortlosen Reise« besprochen wird. Bei den folgenden Anweisungen wird davon ausgegangen, daß Sie mit einem Krafttier verschmelzen, Sie können jedoch auch die Gestalt jedes anderen Hilfsgeistes annehmen, der Ihnen dies erlaubt. Bevor Sie anfangen, sollten Sie zunächst eine Weile rasseln, um Ihr Bewußtsein zu verändern, und während dessen Kontakt zu dem Geistwesen oder dem Krafttier aufnehmen, mit dem Sie verschmelzen möchten, um herauszufinden, ob dies zu diesem Zeitpunkt angemessen ist.

Erste Phase: Legen Sie sich mit einer Rassel in der Hand auf den Boden. Beugen Sie den Arm, so daß die Rassel den Boden nicht berührt und Sie sie schütteln können. Rasseln Sie, und fangen Sie an, *an das Krafttier zu denken*, mit dem Sie verschmelzen möchten. Der Ton der Rassel ist ein »Kopfton«, und der Schwerpunkt dieser Phase liegt darauf, Ihr Denken so zu fesseln, daß es sich ausschließlich auf das Krafttier konzentriert. Denken Sie an das Tier, visualisieren Sie das Tier, stellen Sie sich alles vor, was Sie über das Tier wissen.

Zweite Phase: Setzen Sie sich auf, ohne den in der ersten Phase erreichten Bewußtseinszustand zu unterbrechen, und trommeln Sie in einem leisen Herzschlag-Rhythmus (oder sitzen Sie einfach nur da, falls jemand anders trommelt). Atmen Sie ein wenig langsamer, atmen Sie tief ein- und aus und leeren Sie die Lunge beim Ausatmen mehr als sonst. Dies trägt dazu bei, Ihre Konzentration im Brust- und Herzbereich zu halten. Lassen Sie *die Gefühle oder Emotionen, die Sie mit Ihrem Krafttier assoziieren, Ihr Herz und Ihre Brust erfüllen.* Der Trommelschlag ist ein »Brust-/Herzton«, und der Schwerpunkt hierbei liegt darauf, daß Sie die Energie und die Gegenwart Ihres Tieres so intensiv wie möglich in Ihrem Herzen spüren.

Dritte Phase: Behalten Sie den Bewußtseinszustand aus der vorherigen Phase bei, stehen Sie auf, trommeln oder rasseln Sie und tanzen Sie Ihr Krafttier, wobei Sie *sich Ihres ganzen Körpers bewußt sind, vor allem jedoch Ihres Unterbauchs, Ihrer Hüften und Beine.* Durch das Tanzen wird die Aufmerksamkeit auf den Körper und seine Fähigkeit zur körperlichen Aktivität gerichtet. Werden Sie sich bewußt, wie die Energie Ihres Krafttieres nun Ihren ganzen Körper ausfüllt und das Tanzen lenkt, indem das Tier seinen Geist in Ihnen bewegt.

Bei jeder dieser drei Phasen wird ein anderer Bereich des Bewußtseins angesprochen: der Verstand, das Herz und der Körper. Wenn jede Phase ungefähr fünfzehn Minuten dauert, dauert der gesamte Ablauf ungefähr fünfundvierzig Minuten.

Die Reise: Wenn Sie diese Reise in einer Trommelgruppe machen, gibt der Leiter das Signal dafür, daß das Tanzen beendet ist. , und geht sofort in den Trommelrhythmus für die Reise über. Legen Sie sich an der Stelle auf den Boden, an der Sie sich gerade befinden, und *beginnen Sie, als Ihr Krafttier zu reisen.* Wenn Sie bereits während des Tanzens das Gefühl hatten, daß die Reise bereits begonnen hat, brauchen Sie nun nicht mehr durch Ihren Eingang und den Tunnel zu gehen. Manche Menschen spüren, daß die Reise während des Tanzens beginnt; wenn dies bei Ihnen jedoch nicht der Fall ist, gehen Sie sofort durch Ihren Eingang und durch den Tunnel nach unten. Zu diesem Zeitpunkt sollten Sie vollständig mit Ihrem Krafttier verschmolzen sein bzw. sich in Ihr Krafttier verwandelt haben, daher brauchen Sie es nicht herbeizurufen.

Der Zweck dieser Reise ist, zu lernen, wie das Tier Freude erlebt. Sie können diese Reise »Die Freude des Kojoten«, »Die Freude des Raben« oder »Die Freude des Schwans« nennen, um somit Ihr jeweiliges Krafttier zu würdigen. Je nachdem, wie weit Ihr Bewußtsein die Gestalt des Tieres angenommen hat, können Sie wahrscheinlich nicht unterscheiden, welche Gedanken, Gefühle und Erfahrungen Ihre eigenen sind und welche von Ihrem Krafttier stammen. Sie werden Ihr Krafttier sein. Lassen Sie zu, daß sein Geist durch Sie reist, während das Tier den Aktivitäten seines Lebens nachgeht, in denen es Freude findet und seine natürlichen Fähigkeiten verwirklicht. Wie bei der wortlosen Reise brauchen Sie nicht viel mit Ihrem Krafttier zu reden, und Sie sollten soweit wie möglich die normalen menschlichen Grübeleien vermeiden, die Sie von dem verwandelten Bewußtseinszustand ablenken können. Wenn Sie durch den Trommelrhythmus zurückgerufen werden, lösen Sie sich von Ihrem Krafttier, trennen Sie sich von ihm, bedanken Sie sich bei ihm und kehren Sie in die alltägliche Wirklichkeit zurück.

Das Aufzeichnen der Reise: Wie bei der wortlosen Reise notieren Sie Wörter, kurze Sätze und Bilder auf einem Blatt Papier, in dessen Mitte ein Kreis in der Größe eines Viertel Blattes gezeichnet ist. Ordnen Sie diese Vermerke willkürlich auf dem Blatt an, so daß die Reise nicht in einer logischen, linearen Reihenfolge aufgeschrieben wird. Sie können zusammengehörige Ereignisse so gruppieren, wie Sie Ihnen einfallen, sollten jedoch darauf verzichten, die Reise in Form einer prosaähnlichen Schilderung aufzuschreiben.

Zeichnen Sie anschließend einen Kreis um die vier oder fünf lebhaftesten oder eindrucksvollsten Elemente der Reise, die die Essenz der Reise enthalten, und verfassen Sie aus diesen Elementen ein drei- oder vierzeiliges Gedicht, wobei Sie die Erlebnisse, die sie ausdrücken, auch leicht variieren können. Stellen Sie sich vor, daß das Gedicht – je nachdem, welches Tier Ihr Krafttier ist – einen Titel wie z.B. »Die Freude des Kojoten« trägt. Lassen Sie aus dem Gedicht ein Lied werden, indem Sie auf die natürlichen Kadenzen und Muster der Formulierung achten oder indem Sie ein oder zwei Zeilen des Gedichtes zu einem passenden Trommelrhythmus singen; Sie können das Gedicht auch tanzen und sich durch die sich herausbildenden Rhythmen zu einer Melodie inspirieren lassen. Singen Sie das Lied bzw. sprechen Sie das Gedicht während der nächsten Tage, damit Sie sich an die Reise erinnern und dieses Erlebnis in Ihr tägliches Leben integrieren.

NACHWORT

Wir folgen einem spirituellen Weg, weil wir nach dem Sinn unseres Lebens innerhalb der Geheimnisse des Universums suchen. Und wenn wir uns in diese Geheimnisse begeben, müssen wir dazu bereit sein, einen großen Glauben, große Zweifel und eine große Entschlossenheit zu besitzen. Diese drei Aspekte gehören zu jedem spirituellen Weg, da wir in der Dunkelheit des Lebens das Licht suchen, das uns zu unserer wahren Heimat führt.

Wir sind bei unserer Suche jedoch nicht allein, da der Kosmos – wie die Schamanen in allen Kulturen wissen – uns von allen Seiten Hilfe bietet. Alle erschaffenen Dinge sind lebendig, haben ein Bewußtsein und möchten kommunizieren. Allen Kreaturen der Schöpfung wurde Weisheit und Freude gegeben, und sie sind begierig darauf, uns an ihrer Seinsweise in der Welt teilhaben zu lassen. Mit der Zeit werden wir sie als unsere Gefährten erkennen.

Ein altes keltisches Gebet, mit dem man jemanden segnet, der zu einer Reise aufbricht, erinnert den Abreisenden an folgendes:

> You are the pure love of the clouds,
> You are the pure love of the skies,
> You are the pure love of the stars,
> You are the pure love of the moon,
> You are the pure love of the sun,
> You are the pure love of the heavens,
> You are the pure love of each living creature,
> You are the pure love of the Creator of all life. [1]

> Du bist die reine Liebe der Wolken,
> Du bist die reine Liebe der Himmel,

Du bist die reine Liebe der Sterne,
Du bist die reine Liebe des Mondes,
Du bist die reine Liebe der Sonne,
Du bist die reine Liebe der himmlischen Gefilde,
Du bist die reine Liebe aller lebenden Kreaturen,
Du bist die reine Liebe des Schöpfers allen Lebens.

Dies sind gewiß gute Begleiter für unsere Reisen.

ANMERKUNGEN

VORWORT

1. Joan Halifax, *Shamanic Voices: A Survey of Visionary Narratives*. New York: E. P. Dutton 1979, S. 113–120. *Die andere Wirklichkeit der Schamanen. Erfahrungsberichte von Magiern, Medizinmännern und Visionären*. Bern, München: Scherz Verlag 1981, S. 143–151.

ERSTES KAPITEL

1. Hal Zina Bennet, »From the Heart of the Andes: An Interview with Q'ero Shaman Americo Yabar« in *Shaman's Drum* (Nr. 36, Herbst 1994), S. 45.
2. David Suzuki und Peter Knudtson, *Wisdom of the Elders: Honoring Sacred Native Visions of Nature*. New York: Bantam Books 1992, S. 16–18.
3. Joseph Campbell, *The Way of the Animal Powers, Volume I*. San Francisco: Harper & Row 1983, S. 169.

ZWEITES KAPITEL

1. Joseph Epes Brown, Hrsg., The Sacred Pipe: *Black Elk's Account of the Seven Rites of the Oglala Sioux*. New York: Penguin Books 1971, S. 44–46.
2. Michael Harner, *The Way of the Shaman: A Guide to Power and Healing*. New York: Bantam Books 1982, S. 84–86. *Der Weg des Schamanen. Ein praktischer Führer zu innerer Heilkraft*. Genf/München: Ariston Verlag 1994, S. 102–104.

DRITTES KAPITEL

1. Halifax, *Shamanic Voices*. S. 38. *Die andere Wirklichkeit der Schamanen*. S. 52–53.
2. Halifax, *Shamanic Voices*. S. 61. *Die andere Wirklichkeit der Schamanen*. S. 80.
3. Mircea Eliade, *Shamanism: Archaic Techniques of Ecstasy*. Princeton: Princeton University Press, 1964, S. 39. *Schamanismus und archaische Ekstasetechnik*. Frankfurt am Main: Suhrkamp 1975, S. 48–49.
4. Harner, *The Way of the Shaman*. S. 39. *Der Weg des Schamanen*. S. 81 ff.
5. Carlos Castaneda, *The Teachings of Don Juan: A Yaqui Way of Knowledge*. New York: Pocket Books, S. 115. *Die Lehren des Don Juan –Ein Yaqui-Weg des Wissens*. Frankfurt am Main: Fischer 1996, S. 119.

6. Eliade, *Shamanis*. S. 129–136. *Schamanismus und archaische Ekstasetechnik.* S. 133.
7. Holger Kalweit, *Dreamtime and Inner Space: The World of the Shaman.* Boston: Shambala 1988, S. 44. *Die Welt der Schamanen. Traumzeit und innerer Raum.* Frankfurt am Main: Fischer 1988. S. 55.
8. Holger Kalweit, *Dreamtime and Inner Space.* S. 36–37. *Die Welt der Schamanen.* S. 47.
9. Holger Kalweit, *Dreamtime and Inner Space.* S. 31. *Die Welt der Schamanen.* S. 42.

VIERTES KAPITEL

1. Donald Sander, *Navaho Symbols of Healing.* New York: Harcourt Brace Jovanovich 1979. vii.
2. Sander, *Navaho Symbols of Healing.* S. 64.
3. Alexander Carmichael, *Carmina Gadelica: Hymns and Incantations.* Hudson, New York: Lindisfarne Press 1992. S. 217.
4. Christopher Bamford und William Parker Marsh, *Celtic Christianity: Ecology and Holiness.* Hudson, New York: Lindisfarne Press 1982. S. 49.
5. Halifax, *Shamanic Voices.* S. 251. *Die andere Wirklichkeit der Schamanen.* S. 304.
6. John G. Neihardt, *Black Elk Speaks.* New York: Pocket Books 1975, S. 165.

FÜNFTES KAPITEL

1. Suzuki und Knudtson, *Wisdom of the Elders.* S. 102.
2. Halifax, *Shamanic Voices.* S.70. *Die andere Wirklichkeit der Schamanen.* S. 91.
3. Neihardt, *Black Elk speaks.* S. 279–280.
3. Suzuki und Knudtson, *Wisdom of the Elders.* S. 108.
5. Gary Snyder, *The Practice of the Wild.* San Francisco: North Point 1990, S. 109.
6. Halifax, *Shamanic Voices.* S. 37. *Die andere Wirklichkeit der Schamanen.* S. 52–61.
7. A. E. (George Russell), *The Candle of Vision: Inner Worlds of the Imagination.* Dorset, England: Prism Press 1990, S. 3.
8. Carmichael, *Carmina Gadelica.* S. 411.
9. Esther de Waal, *Every Earthly Blessing: Celebrating a Spirituality of Creation.* Ann Arbor: Servant Publications 1992, S. 16.
10. Carmichael, *Carmina Gadelica.* S. 267.

SECHSTES KAPITEL

1. Suzuki und Knudtson, *Wisdom of the Elders.* S. 57.
2. James A. Swan, Hrsg., *The Power of a Place: Sacred Grounds in Natural and Human Environments.* Wheaton, Illinois: Quest Books 1991, S. 68–72.
3. Halifax, *Shamanic Voices.* S. 69. *Die andere Wirklichkeit der Schamanen.* S. 90.

SIEBENTES KAPITEL

1. Bennet, »From the Heart of the Andes«. S. 44.
2. Holger Kalweit, *Dreamtime and Inner Space*. S. 248. *Die Welt der Schamanen*. S. 251.
3. Jean Liedloff, *The Continuum Concept: Allowing Human Nature to Work Successfully*. Reading, MA: Addison-Wesley Publishing Company 1993. S. 107. *Auf der Suche nach dem verlorenen Glück: gegen die Zerstörung unserer Glücksfähigkeit in der frühen Kindheit*. München: Beck 1994, S. 140–141.
4. Henry David Thoreau, *Walden, or Life in the Woods*. New York: Signet Classic 1960, S. 71.
5. O. Fred Donaldson, *Playing by Heart: The Vision and Practice of Belonging*. Deerfield Beach, Florida: Health Communications, Inc. 1993, S. 48.
6. Holger Kalweit, *Dreamtime and Inner Space*. S. 144. *Die Welt der Schamanen*. S. 149.
7. John Lame Deer und Richard Erdoes, *Lame Deer: Seeker of Visions*. New York: Pocket Books 1972, S. 96–97.
8. Richard Lewis, »Making a Language in Childhood«, in *Parabola* (August 1995), S. 27.
9. Donaldson, *Playing by Heart*. S. 48.

ACHTES KAPITEL

1. Eliot Cowan, »Interview with an Irish Shaman«, in *Shamanism: Quarterly of the Foundation for Shamanic Studies* (Sommer 1992), S. 17.
2. Eliade, *Shamanism*. S. 82. *Schamanismus und archaische Ekstasetechnik*. S. 92.
3. Eliade, *Shamanism*. S. 85. *Schamanismus und archaische Ekstasetechnik*. S. 94.
4. John Matthews, *Taliesin: Shamanism and the Bardic Mysteries in Britain and Ireland*. London: The Aquarian Press 1991, S. 297, 319.
5. Holger Kalweit, *Shamans, Healers, and Medicine Men*. Boston: Shambala 1992. S. 130. *Urheiler, Medizinleute und Schamanen. Lehren aus der archaischen Lebenstherapie*. München: Kösel 1987, S. 121.
6. Eliade, *Shamanism*. S. 391. *Schamanismus und archaische Ekstasetechnik*. S. 373.
7. D. Scott Rogo, »Spontaneous Contact with the Dead: Perspectives from Grief Counseling, Sociology and Parapsychology«, in *What Survives? Contemporary Explorations of Life After Death*, Hrsg. Gary Doore, Los Angeles: Jeremy P. Tarcher, Inc. 1990, S. 76ff.

NEUNTES KAPITEL
1. Harner, *The Way of the Shaman*. S. 98–109. *Der Weg des Schamanen*. S. 115–126.

NACHWORT
1. Carmichael, *Carmina Gadelica*. S. 247, 264.